das
kamasutra

Vatsyayana Mallanaga

das kamasutra

— Die vollständige indische Liebeslehre —

CRESSIDA BOOKS

– Bibliografische Information der Deutschen Nationalbibliothek –
Die Deutsche Nationalbibliothek verzeichnet diese Publikation in
der Deutschen Nationalbibliografie; detaillierte bibliografische Daten
sind im Internet über http://dnb.d-nb.de abrufbar.

IMPRESSUM

ISBN: 978-3751976817

VATSYAYANA MALLANAGA: DAS KAMASUTRA

— **DIE VOLLSTÄNDIGE INDISCHE LIEBESLEHRE** —

Übersetzt von Richard Schmidt

Originalausgabe 2020/2012 (Print & eBook) by © Cressida Books®

Endlektorat und Umschlaggestaltung: textkompetenz.net

Cover- und Innentitel-Motiv: Kamasutra-Illustration, vermutlich aus dem 19. Jahrhundert

Alle im Text verwendete Illustrationen: Aus antiquarischen Ausgaben des Werkes

Gesetzt aus der Garamond

Herausgeber: © Cressida Books®

Herstellung und Verlag: BoD - Books on Demand, Norderstedt

Dieses Buch gibt es auch als eBook,

z. B. im amazon Kindle Bookstore

Inhalt

Vorwort des Herausgebers

DAS MEIST MISSVERSTANDENE BUCH ALLER ZEITEN ist vermutlich das Kamasutra. Die indische Liebeslehre, geschrieben vor rund 1700 Jahren, wurde und wird nur allzu gern als bloße Sammlung von Sexstellungen missdeutet. Dabei ist dieser Klassiker der Liebesliteratur wesentlich mehr: Ein Einblick in die hinduistische Philosophie, ein Ratgeber zur Gestaltung von Partnerschaft, ein Wegweiser auf der Suche nach dem Glück. In Zeiten platter Pornographie auf allen Kanälen ist das altehrwürdige Lehrbuch aktueller denn je und ein wirksames Gegengift gegen sinnlose Sexualisierung.

Sie werden in dem Buch viel mehr als nur neue Sexstellungen entdecken. Denn das Kamasutra behandelt die ganze Palette des menschlichen Liebeszirkus: Lust, Liebe, Schüchternheit, Werbung, Ablehnung, Verführung, Manipulation, Partnerwahl, Ehe, Ehebruch, Dreiecksbeziehungen, käufliche Liebe, und sogar den Gebrauch von Drogen beim Sex.

*

»WER ÜBER SEX SCHREIBT, sollte sich nicht ständig dadurch ablenken lassen«, sagte sich eines Tages der indische Philosoph und Denker Vatsyayana Mallanaga, verordnete sich für eine Weile Enthaltsamkeit und schrieb das bis heute rigoroseste Buch über Sexualität. Als sein Werk fertig war, wählte er die Wortzusammensetzung Kamasutra, eine Kombination aus ›Kama‹ (= Verlangen) und ›Sutra‹ (= Lehrbuch). Für die etablierte brahmanische Priesterschaft, die damals asketische Praktiken und eine Verleugnung der Sexualität predigte, war das ein Schlag ins Gesicht. Das Kamasutra war also schon bei seinem erstmaligen Erscheinen im dritten Jahrhundert unserer Zeitrechnung ein Skandalbuch.

Vatsyayanas Ziel: Die Versöhnung von Körper und Geist, das Anerkennen von Sexualität als Weg zur Spiritualität. Neben diesem philosophischen Unterbau zeichnet sich das Werk aber vor allem durch die unverblümte Sprache und konkrete Sextipps aus, die es zum ersten Klassiker der Ratgeberliteratur werden ließen. Der Autor wollte, dass seine Leser nicht nur über Sex nachdachten, sondern all die Möglichkeiten und Stellungen, die er erklärte, tatsächlich ausprobierten. Er beschrieb klar und deutlich sämtliche Sexstellungen, die er gesammelt hatte, katalogisierte Penisse nach Länge und Dicke und Vaginen nach Tiefe und Flachheit. Er gab Tipps, welche davon am besten zusammenpassten. Er schrieb über weibliche Ejakulation genauso wie über

Schläge und Gewalt beim Liebesspiel, und gab dazu eine Aufstellung der wollüstigen Schmerzenslaute beim Liebesakt. Alles in allem war der indische Denker, von dem man sonst kaum etwas weiß, sextechnisch seiner Zeit um viele Jahrhunderte voraus.

Obwohl das Buch 1884 bei seinem europäischen Erscheinen in London stark entschärft worden war, wurde es sofort zu einem Skandalbuch und verkaufte sich großartig. Aber f(w)indigen Verlegern war das nicht genug: Sie nahmen immer mehr philosophische Aspekte des Werkes heraus und stellten – nach dem Motto »*Sex sells*« – die üppig bebilderten Sexstellungen in den Mittelpunkt. So kommt es, dass wir heute bei Kamasutra nur an Stellungen denken. Sie auch? Also gut, dann hier drei ausgewählte Luststellungen:

• ›Unterwerfung unter den Nagel‹. Von Hinten: Die Frau legt den Oberkörper möglichst flach auf die Unterlage und streckt den Po heraus. Er, stehend hinter ihr, dringt in sie ein und kann sich mit seinen Oberschenkeln auf ihrem Hintern aufstützen. Ausgeliefertsein und Passivität für die Frau – für viele Frauen erregend. Für Männer sowieso.

• ›Das Spalten des Bambus‹. Von Vorne: Sie liegt auf dem Rücken, er ist über ihr. Ein Bein legt sie über seine Schulter, das andere streckt sie aus. Zwischendurch Beinwechsel. Schnelleres Kommen für sie.

• ›Besteigung.‹ Im Stehen: Sie legt ihre Hände um seinen Hals, hält sich fest und schwingt die Beine um seine Taille. Er hält ihren Hintern und presst sie gegen eine Wand, während er sie hart nimmt. Für die schnelle Nummer im Lift oder in der Umkleidekabine.

Mehr dazu im Kapitel 13 und 14, sowie in der Bilderstrecke ab Seite 140.

*

Das Kamasutra ist alleine in Deutschland dutzendfach übersetzt und veröffentlicht worden, unter anderem von der indischen Schriftstellerin Sandhya Mulchandani und dem Psychoanalytiker Sudhir Kakar, die schon im Vorwort klar machten: »Das Fleisch war nie der Feind des Geistes.«

© Redaktion Cressida Books, 2020

Erster Teil, philosophische Grundlagen

§ 1 - Vorbemerkung des Vatsyayana Mallanaga

Da die Liebe in der fleischlichen Vereinigung von Mann und Frau besteht, verlangt sie Regeln, und diese lernt man aus dem Kāmasūtra. Im Folgenden sind also diese Mittel zu nennen. Sie zu schildern und zu erklären ist der Zweck, den das Lehrbuch der Liebe verfolgt. Denn wie sollte man anders als aus dem Lehrbuche lernen? Leute aber, die das Lehrbuch nicht studiert haben, können die Kenntnis der Mittel, die darin enthalten sind, erlangen, wenn sie sich von anderen unterrichten lassen – denn von selbst kommt diese Kenntnis nicht.

Diejenigen, welche mit dem Lehrbuche vertraut sind, heißen »Wissende«. Diese sollen den Wissensschatz des Buches in prägnanter und dennoch breiter Darstellung im Herzen tragen. Denn wenn der Stoff der Paragraphen bekannt ist, ergibt sich nach Belieben tiefere Versenkung in die Kunstfertigkeiten der Liebe, ohne Unsicherheit.

§ 2 - Die Erreichung der drei Lebensziele

DAS ERGEBNIS des Lehrbuches ist die Erreichung der drei Lebensziele. Da ist es denn angebracht, hier die Mittel für deren Erreichung resp. Nichterreichung anzugeben. Aus diesem Grunde wird nach der »Übersicht über das Buch« sofort von der »Erreichung der drei Lebensziele« gehandelt, was den Zusammenhang der beiden Paragraphen bildet. Wie geschieht der Hinweis, muss man denken, da ja die Erwartung eines solchen ganz dem Zusammenhang entspricht? Die Erreichung ist eine dreifache: die Praxis, die Theorie und die richtige Erfassung. Da befasst sich nun der Verfasser vor allem mit der Praxis, indem er sagt:

Der Mann, dessen Lebensdauer hundert Jahre beträgt, teile seine Zeit und beschäftige sich mit der Dreizahl der Lebensziele, eins an das andere anknüpfend, ohne dass sie sich dabei untereinander beeinträchtigen.

»Dessen Lebensdauer hundert Jahre beträgt«: einer, der hundert Lebensjahre hat. Das Wort »hundert« ist zwar eine allgemeine Bestimmung, gibt aber die Zahl der Jahre an, indem so das Wort in seiner uneigentlichen Bedeutung gebraucht ist; und was die Teilung der Zeit betrifft, so ist es damit ebenso: denn eine solche kann nicht vorgenommen werden, wenn die Lebensdauer abgekürzt wird. – »Der Mann«, um die Hauptsache zu nennen; die Frauen aber sind unselbständig und studieren deshalb die drei Lebensziele in Abhängigkeit von den Männern. – »Teilen«, in der später angegebenen Weise. – »Eins an das andere anknüpfend«, eines von den dreien, Dharma usw., mit zweien oder einem verbunden. Z. B. wenn sich jemand Kinder wünscht und sich seiner rechtmäßigen, aber ungeliebten Gattin zur Zeit nach der Menstruation nähert, so ist das Dharma, verknüpft mit Artha. Wenn jemand, der sich Kinder wünscht, sich seiner geliebten Gattin zur Zeit nach der Menstruation nähert, so ist das Dharma, verknüpft mit Kāma. Wenn ein unverheirateter Mann von einem Ebenbürtigen ein ungeliebtes Mädchen annimmt, so ist das Artha, verknüpft mit Dharma. Wenn ein verheirateter Mann ein geliebtes Mädchen aus einer tieferen Kaste annimmt, so ist das Artha, verknüpft mit Kāma. Wenn sich der Mann seiner rechtmäßigen, geliebten und liebeskranken Gattin nicht zur Zeit nach der Menstruation (nähert), so ist das Kāma, verknüpft mit Dharma. Wenn ein verheirateter Mann, der nichts sein Eigen nennt, eine unebenbürtige, reiche und geliebte Frau gewinnt, so ist das Kāma, verknüpft mit Artha. Das sind die Fälle, wo eines mit einem anderen verknüpft ist.

Wenn ein unverheirateter Mann mit einer ebenbürtigen, noch unberührten, geliebten Frau sich rechtmäßig verbindet, so ist das Dharma, verknüpft mit Artha und Kāma. Wenn eben derselbe ein geliebtes, ebenbürtiges Mädchen gewinnt, so ist das Artha, verknüpft mit Dharma und Kāma. Wenn eben derselbe eine reiche und schöne, auf Grund gegenseitigen Verlangens geheiratete Frau besitzt, so ist das Kāma, verknüpft mit Dharma und Artha. Das sind die Fälle, wo eines mit zwei anderen« verknüpft ist. – »Ohne dass sie sich dabei untereinander beeinträchtigen«: Wo keine Verknüpfung stattfindet, soll man so handeln, dass das eine die beiden anderen nicht schädigt; wo eine Verknüpfung mit einem stattfindet, soll man so handeln, dass das andere nicht geschädigt wird. Beispiele hierfür werden wir beibringen.

Jetzt gibt er die Einteilung der Zeit nach dem Lebensalter an:

In der Kindheit (beschäftige man sich) mit der Erlangung des Wissens und ähnlichen Gegenständen des Artha.

»In der Kindheit«: die Einteilung nach dem Lebensalter ist hier in diesem (Spruche) angegeben: »Bis zum sechzehnten Jahre ist man Kind, solange man von in Milch gekochtem Reis lebt; bis zum siebzigsten Jahre heißt man mittel, darüber hinaus alt.« – Man beschäftige sich mit denjenigen Gegenständen des Artha, deren erster die Erlangung des Wissens ist.

So –

Und in der Jugend mit der Liebe.

Weil sie da angebracht ist.

Im reifen Alter mit Dharma und Erlösung.

»Im reifen Alter mit Dharma und Erlösung«, weil man die weltlichen Dinge dann genossen hat. Das Erwähnen der Erlösung geschieht mit Bezug auf das höchste Wesen. Für die Wissenden ist das Lebensziel ein vierfaches: diese müssen eben in dieser Zeit ihre Gedanken auf die Allseele richten. – Da die drei Lebensziele jedes auf eine bestimmte Zeit beschränkt werden, so kann doch wohl keine gegenseitige Verknüpfung stattfinden, und dann ist die Möglichkeit da, gar keinem obzuliegen? (Nein!) So ist diese Beschränkung nicht zu verstehen! Wenn keine Verknüpfung vorhanden ist, dann spricht man auch, von Unverknüpftem. Oder man beschäftigt sich Tag für Tag, je nach der Zeit, weil die Beschränkung bezüglich des Dharma usw. auf ein Verbot (der anderen) hinauslaufen würde. Wenn man je nach der Zeit dem Dharma usw. obliegt und infolge davon eine Verknüpfung mit etwas anderem stattfindet, so sei es: es schadet nicht!

Oder man beschäftige sich mit ihnen, wegen der Unbeständigkeit des Lebens, wie es sich gerade trifft.

»Wegen der Unbeständigkeit« deutet an, dass man auch schon vor dem hundertsten Jahre sterben kann. – »Wie es sich trifft«, was sich gerade darbietet, dem möge man obliegen: in der Kindheit dem Artha und auch dem Dharma; in der Jugend dem Kāma, aber auch dem Dharma und Artha; im reifen Alter dem Dharma; aber wenn die Fähigkeit, dem Artha und dem Kāma obzuliegen, noch vorhanden ist, dann auch noch diesen beiden. Sonst, wenn man nur einem obliegt, dürften die Lebensziele nicht vollzählig erreicht werden. Die Wiederholung des Wortes »man beschäftige sich« dient dazu, den vorliegenden Fall von dem vorigen zu unterscheiden. In einem weiteren Falle bestimmt (der Verfasser), weil selbst in den drei Zeitabschnitten bei dem Streben nach der Erlangung des Wissens (bisweilen) nichts herauskommt:

Man bleibt aber Brahmanenschüler bis zur Erlangung des Wissens.

Solange man das Wissen nicht beherrscht, solange darf man nicht an Liebe denken. Sonst folgt nämlich Untugend, Unmöglichmachung des Erlangens der (Liebe) und die Unmöglichkeit, das Wissen und den Artha zu erreichen. Für die Erwerbung von Land usw. aber gibt es keine Beschränkung. Andere aber bestimmen, dass, abgesehen von der Erwerbung von Wissen, Land usw. (in der Kindheit) gewöhnlich nicht erworben werden darf, und teilen daher jedem Lebensabschnitte je dreiunddreißig Jahre und vier Monate zu. Da bei dieser Einteilung die Beschäftigung mit der Liebe nach dem sechzehnten Jahre stattfindet, so kann man schon in der Kindheit dem Dharma, Artha und Kāma obliegen. Damit ist die Praxis und die Theorie behandelt. Die Definition und woher man sie erlernen kann, das beides gibt er nun an:

Dharma ist das lehrbuchmäßige Anbefehlen von Opfern und ähnlichen Handlungen, die (aber) unterbleiben, weil sie nicht dieser Welt angehören und man (darum) keinen Erfolg sieht; sowie das lehrbuchmäßige Abhalten vom Fleischgenuss und ähnlichen Handlungen, die (aber) geschehen, weil sie dieser Welt angehören und man den Erfolg sieht.

Weil ihr Wesen hier in dieser Welt nicht wie bei greifbaren Dingen usw. erkannt werden kann, so nennt man die Opfer usw. nicht dieser Welt angehörig. Warum aber wohl, da ihr Wesen wohl doch erkennbar ist, weil dazu erlesene Dinge, Tugenden und Handlungen gehören? Darauf erwidert er: »Weil man keinen Erfolg sieht«; weil man bei ihnen unmittelbar darauf keine Früchte erblickt. Und diese nicht dieser Welt angehörigen (Handlungen), deren Früchte man nicht erblickt, lässt man ungeschehen, »unterbleiben«, gerade so, wie von Umsichtigen ein Heilmittel nicht angewandt wird, dessen Wirksamkeit sie nicht gesehen haben. – Das Wort »ähnliche Handlungen« bedeutet Kasteiungen usw.

»Das lehrbuchmäßige Anbefehlen« dieser Handlungen, »die unterbleiben«, ist Dharma; und zwar ist das der Dharma, soweit er die Gebote betrifft. – »Weil sie dieser Welt angehören und man den Erfolg sieht«: die Handlungen, bei denen man den Erfolg in Gestalt von Sättigung usw. sieht und die dieser Welt angehören, werden von den Leuten, die danach verlangen, vorgenommen, wie der Genuss des Fleisches von Gazellen usw. – Darum »geschehen sie«, der Genuss des Fleisches usw. – Das Wort »und ähnliche Handlungen« bedeutet das Kränken der Wesen, das Entwenden von fremdem Eigentum usw. – »Das lehrbuchmäßige Abhalten«, Verbot. Das ist der Dharma, soweit er die Verbote betrifft. – Wenn man nun hier fragt, wieso hier das Lehrbuch die Richtschnur abgibt, so wird der Verfasser weiter unten darauf antworten.

Diesen gewinne man aus der heiligen Überlieferung und dem Verkehr mit Rechtskundigen.

»Diesen«, den eben beschriebenen Dharma. – »Aus der heiligen Überlieferung« (Sruti) – aus dem Veda, der von der Smṛti ergänzt wird. Das ist der Dharma, der im Lehrbuche behandelt wird. Den dort nicht behandelten gewinne man »aus dem Verkehre mit Rechtskundigen«, d. h. aus dem Umgange mit Leuten, die das Wesen der Sruti und Smṛti kennen. – »Gewinne man«, lerne man.

Erwerb von Wissen, Land, edlem Metall, Vieh, Getreide, Geschirrvorrat, Freunden usw. und Mehrung des Erworbenen ist Artha.

»Wissen«, Logik usw. – »Land«, gepflügtes oder noch zu pflügendes. – »Edles Metall«, Gold usw. – »Vieh«, Elefanten, Pferde usw. – »Getreide«, frühe, mittlere und späte Aussaat. – »Geschirrvorrat«, Hausgerät aus Kupfer, Holz, Ton, Rohr und Leder. – »Freunde«, die am Spiele im Sande usw. teilnehmen. – Der Ausdruck »usw.« bedeutet Kleider, Schmucksachen usw. – »Der Erwerb« ist von zweifacher Art: die Aneignung von fertigen Dingen, wie Elefanten usw. und das Zustandebringen von unfertigen, wie Getreide usw. – »Des Erworbenen«: dieses eine Wort soll gehörig darauf hinweisen, dass sich der Erwerb und das Mehren auf jedes einzelne Ding beziehen; sonst wäre Artha nur das Erwerben und Mehren des Ganzen. »Die Mehrung« soll die Beschäftigung mit der Wohlfahrt, dem Genusse usw. andeuten, indem beides durch das Lehrbuch anbefohlen wird.

Diesen erwerbe man von dem Auftreten der Aufseher, den Kennern der Satzungen der Überlieferung und den Kaufleuten.

Wie die Aufseher auftreten, das bildet das »Auftreten der Aufseher«. – »Überlieferung«, Lehrbuch. Also ist der Artha gemeint, der im Lehrbuche behandelt ist. Den anderen lerne man »von den Kennern der Satzungen der Überlieferung«, den Kennern des Wesens des Ackerbaues, der Viehzucht, des Handels usw. – »Den Kaufleuten«, eine elliptische Bezeichnung: von Ackerbauern und Züchtern von Rindvieh usw. lerne man den Artha; so ist es zu verstehen.

Das in der gehörigen Ordnung und je auf ihrem Gebiete stattfindende Wirken der in dem zur Seele gehörenden Empfinden zusammengefassten (Sinne): Gehör, Gefühl, Gesicht, Geschmack und Geruch ist Kāma.

»Gefühl«, ein körperliches Organ. Der Kāma ist von zweifacher Art: von allgemeiner und besonderer. Mit Bezug auf jenen sagt der Verfasser: »in dem zur Seele gehörenden Empfinden«. Seele ist das zusammenfassende Organ, weil in ihr die Qualitäten des Schmerz- und Lustempfindens, des Wünschens, des Hasses, des Wollens usw. zusammengefasst sind. Wenn also bei ihr die Qualität des Wollens in Kraft tritt, dann ist sie mit Empfinden versehen.

Empfinden gleich Sinnesorgan. Der auf diesem Wege »zusammengefassten«: »je auf ihrem Gebiete«: in dieser Reihenfolge: Laut, Berührung, Gestalt, Speise, Duft. – »In der gehörigen Ordnung«: »das Wirken« der empfindenden Organe, des Gehörs usw., die über Aufzunehmendes und Nichtaufzunehmendes entscheiden, nach der natürlichen Ordnung, sobald die Seele den Wunsch hegt, Gegenstände der Sinnenwelt, Schlaf usw., zu genießen. Der Sinn ist: das Organ des Gehörs usw. ist von einem Wunsche erfüllt. Jenes Wirken, welches seinem Wesen nach das Genießen der Sinnenwelt ist, heißt metaphorisch Kāma. Denn wenn die Seele durch dessen Vermittlung die Sinnenwelt genießt und so Wonne empfindet, so ist diese Wonne hauptsächlich Kāma. Seine Grundbedingung ist das von einem Wunsche erfüllte Wirken, und das heißt Kāma. Darum ist der allgemeine Kāma, bei der Trennung zwischen Ursache und Wirkung, ein zweifacher. Ein Wirken aber in Opposition ist, weil es Schmerz verursacht, Hass. So ist der Sachverhalt klargelegt.

Der besondere Kāma ist von zweifacher Art: ein hauptsächlicher und ein nebensächlicher. Beides zeigt der Verfasser, indem er sagt:

Das erfolgreiche, infolge der besonderen Berührungen von der Wonne des Selbstbewusstseins begleitete richtige Empfinden derselben aber ist hauptsächlich Kāma.

»Infolge der besonderen Berührungen aber«: Stimme, Hände, Füße, After und Geschlechtsteile sind Organe für sinnliche Verrichtungen, insofern sie das Sprechen, das Reichen, das Gehen, die Entleerung und die Wollust bewirken. Da ist nun bei Mann und Frau das unten befindliche Geschlechtsglied, die Vulva usw., ein Organ des Gefühles, weil nur darauf sein Wesen beruht. Davon heißt eine gewisse Stelle das Geschlechtsorgan, welches bei Gelegenheit des Samenergusses das Wolllustgefühl erzeugt. – Das Empfinden, welches auf diesem Gebiete stattfindet, nämlich während der besonderen, an diesen Geschlechtsteilen vorgenommenen Berührung, ist das »richtige Empfinden«, nämlich das des Gefühlsorganes. Sein Grund ist der Zustand, der den Namen Verliebtheit führt und von dem Verlangen nach Beischlaf gekennzeichnet ist.

»Derselben«: der Seele der Frau und der Seele des Mannes. Hierbei kommt die Seele der Frau zum Verständnis des Gefühlsorgans der weiblichen Geschlechtsteile infolge der besonderen Berührung derselben seitens des Mannes; und die Seele des Mannes kommt zum Verständnis des Gefühlsorgans der männlichen Geschlechtsorgane infolge der besonderen Berührung derselben durch die Frau: so ist der Sinn. Durch die Wahl des Wortes »besondere Berührung« soll angedeutet werden, dass die (gewöhnliche) Empfindung, wie sie der Mann gelegentlich der (gewöhnlichen) Berührung in der Gegend der Schenkel, Achseln usw., die Frau gelegentlich der (gewöhnlichen) Berührung in der Gegend der Schenkel, des Nabels usw. hat, hier nicht gemeint ist: denn die ist ja nebensächlicher Art! – Eine solche Empfindung ist nur allgemeiner Kāma: wie ist es nun mit dem besonderen? Da sagt denn der Verfasser: »das erfolgreiche«. Wenn jenes Empfinden ununterbrochen hergestellt wird, dann spricht man von Wonne, nämlich dem Ergusse des Samens und dem gleichzeitig sich einstellenden Wollust genannten Erfolge. Ein damit verbundenes Empfinden gelegentlich besonderer Berührung ist ein sekundäres: sein Mittel ist eben das erste, erfolglose Empfinden. Also gibt es rücksichtlich des Gegenstandes und des Wesens ein zweifaches Empfinden. »Richtiges Empfinden«: selbst ein erfolgreiches Empfinden – das soll das »richtig« bedeuten – ist noch kein Kāma, da (z. B.) eine Berührung mit den Geschlechtsteilen im Schlafe nicht die richtige ist; weil sie dann Nebensache ist. Wenn es sich so verhält, dann ist eben solches richtiges Empfinden auch vorhanden bei unnatürlicher oder mechanischer Befriedigung und bei Abwesenheit von Zuneigung?

Darauf entgegnet der Verfasser: »Von der Wonne des Selbstbewusstseins begleitet.« Über die Wonne des Selbstbewusstseins, der Küsse usw., wird er noch sprechen! Wenn nämlich Küsse, Kratz- und Beißmale usw. hier und dort, jedes an seiner Stelle, angebracht werden, so gilt das als Wonne für Mann und Weib, da sie währenddem unter dem Banne leidenschaftlichen Verlangens stehen. Von dieser Wonne begleitet – ein bei so angedeuteten Zurüstungen vor sich gehendes richtiges Empfinden ist hauptsächlich Kāma: danach ist selbst ein erfolgreiches, richtiges Empfinden von Mann und Frau, bei unnatürlicher oder mechanischer Befriedigung und bei der Abwesenheit von Zuneigung, kein Kāma, da er der Wonne des Selbstbewusstseins entbehrt und nebensächlich ist. Darum also ist der besondere Kāma der, welcher zum Gegenstande Besonderheiten der zu berührenden Dinge hat.

Diesen lerne man aus dem Lehrbuche der Liebe und aus der Verbindung mit der Lebewelt.

»Diesen«, den eben gekennzeichneten allgemeinen und besonderen, hauptsächlichen und nebensächlichen. »Aus dem Lehrbuche der Liebe«: aus diesem hier. Das ist der im Lehrbuche behandelte Kāma: den andern »lerne man« aus »der Verbindung mit der Lebewelt«: aus der Berührung mit den Leuten, die sich auf Liebesgeschäfte verstehen. –

Da es also nicht angeht, den Dharma usw. auf einmal zu üben oder zu erfassen, so muss man auch deren Verhältnis zueinander betreffs ihrer relativen Wichtigkeit kennen. Darum sagt der Verfasser:

Bei einer Kollision derselben ist immer der Vorangehende der Wichtigere.

»Bei einer Kollision«, bei einem Zusammentreffen, wenn die Mittel dazu gegeben sind. – »Immer der Vorangehende«. Wichtiger als Kāma ist Artha, da der Kāma durch den Artha erst ermöglicht wird; und wichtiger als dieser ist der Dharma, da auch hierbei der Artha durch den Dharma erst ermöglicht wird.

Das ist aber nicht für alle die Reihenfolge der Regeln: deshalb sagt der Verfasser:

Für den König der Artha, weil darin der Gang der Welt wurzelt; und ebenso für die Hetäre. – Soweit die Erreichung der drei Lebensziele.

»Der Artha« aber ist »für den König« das wichtigste, »weil darin ... wurzelt«. Das Auftreten je nach den Kasten und Lebensstadien ist das Merkmal des Ganges der Welt. Darüber zu wachen, dass das nicht geändert werde, ist des Königs Pflicht; und das (kann nur geschehen), wenn er Herrschermacht besitzt. Diese beruht auf den Finanzen, dem Polizeiwesen und dem Heere; und da diese wiederum vom Gelde abhängen, so gründet sich auf dieses der Gang der Welt. – »Und ebenso für die Hetäre« ist das Geld das wichtigste, da ihr Lebensunterhalt vom Gelde abhängt. Einer Hetäre nämlich geht es so: sie lässt den ihr zusagenden Dharma und Kāma, nämlich einen liebeskranken Brahmanen und einen geliebten Lebemann, fallen, in der Meinung, dass diese ihr später auch noch zu Gebote stehen werden, und wendet sich zu einem wenn auch ungeliebten Manne, weil er Geld spendet.

»Soweit die Erreichung der drei Lebensziele«, d. h. gekennzeichnet nach der Seite der Theorie und Praxis.

Jetzt zeigt der Verfasser die richtige Auffassung unter Vorausschickung der falschen, indem er sagt:

Für den Dharma, der ja nicht dieser Welt angehört, ist ein Lehrbuch, welches darüber handelt, angebracht (und ebenso für den Artha), da er nur unter Beobachtung gewisser Regeln glücklich zustande gebracht wird. Die Regeln (aber) ersieht man aus dem Lehrbuche.

Im Lehrbuche der Liebe zeigt er gerade die falsche Auffassung davon: »der ja nicht dieser Welt angehört«, wie oben gesagt worden ist. »Welches darüber handelt«, belehrt. »Da er glücklich zustande gebracht wird«: Zustandebringen des Artha nennt man Erwerben und Mehren. – Sonst, wenn, man ohne Beobachtung von gewissen Regeln lebt, dürfte sich sogar Schaden einstellen und Gefahr.

Da ist also ein Lehrbuch für den Dharma und Artha am Platze; für den Kāma aber nicht! So sagt (der Verfasser):

Da jedoch sogar bei den Tieren der Kāma von selbst geübt wird und angeboren ist, so ist mit einem Lehrbuche (darüber) nichts anzufangen, sagen die Lehrer.

»Sogar bei den Tieren«: Bei den Kühen usw., die doch in tiefer Unkenntnis leben, sieht man, dass der Kāma ohne den Unterricht durch ein Lehrbuch geübt wird, und bei den Menschen, die so viel Intellekt besitzen, soll es nicht möglich sein?! Heißt es doch: »Ohne Unterricht, ungenannt und nicht gelehrt wird die Liebe doch mit Glück geübt: wer lehrt denn die Gazellen und Vögel das Mittel, die Geliebte zu ergötzen?« – »Und da er angeboren ist«: In der Seele, die zur Substanzkategorie gehört, wohnen immer Verlangen, Abneigung und andere Gefühle: darum ist auch der Kāma angeboren. Heißt es doch: »Die Herzen der Lebewesen hängen von Natur an dem Verlangen nach dem Sinnesgenusse, selbst nach Erlösung verlangend sind sie selig in ihrer Entsagung, die voller Leidenschaft ist!« Darum ist nicht das Handeln nach einem bestehenden Lehrbuche, sondern das Verzichten darauf in Ordnung. – »Die Lehrer«: die Kenner von Dharma, Artha und Erlösung.

Hier gibt der Verfasser die richtige Auffassung an:

Da (der Kāma) in der fleischlichen Vereinigung von Mann und Frau besteht, verlangt er ein Hilfsmittel.

»Da (der Kāma) in der fleischlichen Vereinigung besteht«: der besondere wie der gewöhnliche Kāma besteht in der fleischlichen Vereinigung. Diese nun ist von zweifacher Art: eine Vereinigung bezüglich des Gegenstandes und eine bezüglich der Attribute. Dabei ist der Gegenstand der Liebe das Substrat Frau, die Attribute sind Kränze usw. Heißt es doch: »Liebe ist Wonne, und ihre Attribute bilden Schmucksachen, Salben und Kränze; ferner ein Wäldchen, flaches Hausdach, Laute(nklang), berauschende Getränke usw. Ihr Gegenstand sind Frauen von ausgelassener Schönheit, Jugend und Koketterie, von artigem Wesen, die die Herzen der Menschen gewinnen.« – Hierbei ist nun die Vereinigung bezüglich des Gegenstandes von zweierlei Art: eine ist äußerlich und die andere innerlich. Die heimlich geschieht, ist die innerliche und heißt Beischlaf; sie ist das Anzeichen des besonderen Kāma. Die äußerliche hat als Kennzeichen das Zusammentreffen. Diejenige fleischliche Vereinigung, die durch die Vermittlung der einzelnen, jedes für sich wirkenden, empfindenden Organe entsteht, heißt die Vereinigung bezüglich der Attribute. Ihr Kennzeichen ist die nahe Beziehung zu den Objekten der Sinnesorgane; sie ist das Anzeichen des gewöhnlichen Kāma. Für diese beiden Fälle von Kāma ist, bei jedem einzelnen für sich, als Grundbedingung weiter oben das Verlangen genannt, weil dieses vorausgehen muss und, wo es fehlt, auch (der Kāma) nicht zustande kommt. – Da verlangt nun die erste Art der Vereinigung, die durch das Zusammentreffen gekennzeichnet ist, ein Hilfsmittel, wenn von Mann und Frau der eine Teil kein Verlangen empfindet, bewacht wird, sich schämt oder sich fürchtet, wenn die Frau einem andern gehört und so die Sache nicht glücken will. Und die zweite Art, genannt Beischlaf, wie soll die zustande kommen, wenn man die vierundsechzig Künste nicht kennt? Also das Lehrbuch ist das Hilfsmittel! Auch die zweite Art der fleischlichen Vereinigung erfordert Hilfsmittel, da sie ohne das alltägliche und besondere Treiben der Lebemänner nicht möglich ist.

Und die Kenntnis dieser Hilfsmittel schöpft man aus dem Lehrbuche der Liebe, sagt Vātsyāyana.

Man erfährt die Regeln aus dem Lehrbuche der Liebe, indem sie von diesem gelehrt werden. – »Vātsyāyana« ist der gemeinsame Name, den seine Familie trägt; und Mallanāga ist der Weihename.

Wie ist es nun bei den Kühen usw.? Darauf antwortet (der Verfasser):

Bei den Tieren dagegen findet die Ausübung (der geschlechtlichen Funktionen) ohne Hilfsmittel statt, da die Weibchen nicht versteckt gehalten werden, der Geschlechtstrieb während, der Brunstzeit bis zur Befriedigung gebracht wird und (der Akt) von keiner Überlegung begleitet ist.

Das Wort »dagegen« bezeichnet das Spezialisieren. »Da (die Weibchen) nicht versteckt gehalten werden«; da keine Verhüllung durch Bewachung usw. stattfindet. Die Weibchen leben selbständig; wozu braucht man da also ein Hilfsmittel? Darum »findet die Ausübung (der geschlechlichen Funktionen) ohne Hilfsmittel statt«; so ist der Zusammenhang. – Mit dem Worte »Ausübung« sind beide Arten von Vereinigung gemeint, da sie in dem Entstehen der Liebe ihren Ursprung hat. – Da hier kein Verstecken stattfindet, so geschieht das Zusammentreffen ohne die von den Lehrern erwähnten Hilfsmittel; das ist der Sinn. – »Während der Brunstzeit bis zur Befriedigung«: die Tiere begatten sich nur in der Zeit nach der Menstruation; die Menschen aber, wenn sie Kinder haben wollen, in der Zeit (unmittelbar) nach der Menstruation, wenn sie aber bloß die Frau ergötzen wollen, auch außerhalb dieser Zeit. Das ist der Unterschied. So heißt es denn: »In der Zeit nach der Menstruation nahe man der Frau jederzeit, da es nicht verboten ist.« – Und dabei begatten sie sich »bis zur Befriedigung«, bis eben das Ziel erreicht ist, welches durch die Sättigung gekennzeichnet ist; nicht aber verlangen sie nach einem zweiten Begattungsgenossen, indem sie denken: »Ist der satt geworden oder nicht?«

Darum findet (bei den Tieren), da sie nicht das gleiche Ziel verfolgen (wie die Menschen), die innerliche Vereinigung ohne Hilfsmittel statt. Wenn es nun heißt, eine Liebe, die aus (der Verfolgung) gleicher Ziele entsteht, sei kein Mittel, die Weiber zu bewachen, wohl aber bei den Menschen, so lautet die Lehre davon allerdings so; denn sonst wäre das kein (rechtes) Mittel, wenn das eigene Ziel dem anderer gliche. Wenn eine Frau mit einem fremden Manne lebt, dann erreicht der betreffende gar kein Lebensziel: denn es heißt: »Wenn jemandes Geliebte, von Leidenschaft erfüllt, einen andern genießt, dann flieht der Dharma, stirbt der gute Wandel, weilt das Glück ferne und wird die Familie getötet.«

Deshalb ist eine aus der Verfolgung gleicher Ziele entstehende Liebe doch das Mittel, die Frau zu bewachen. Was Manu wegen der Bewachung der Frauen angibt, häusliche Arbeit, Stampfen usw., um sie unzart zu machen, so ist das kein rechtes Mittel, da es in der Anwendung Ärgernis erregt. So heißt es denn: »Manu nannte um der Bewachung der Frauen willen unzarte Arbeiten, gleichsam Kränze, die einem Fesselpfosten für wilde Elefanten entsprechen sollen. Das alles geschieht nur bei mangelnder Liebe; so verharren die Lehrer: aus der Gleichwertigkeit lernt man das, nicht aber aus einem Lehrbuche.« – »Da der Akt von keiner Überlegung begleitet ist«: sie handeln nicht in dem Gedanken, dass Dharma, Artha, Nachkommen, Verwandte und Mehrung des Anhanges sich ergeben werde. Einzig nach der bloßen tierischen Art geschieht es; also findet die Funktion, die innerliche Vereinigung, ohne Hilfsmittel statt, da sie des Mittels der Motive entbehrt. Gott hat die kimśuka-Blüten rot gefärbt: was sollen also die Tiere, ebenso wie die Menschen, die sich gewogen sind, ein Lehrbuch handhaben? Auf der anderen Seite aber findet umgekehrt die Annäherung vermittels Hilfsmitteln statt: da ist die Handhabung eines Lehrbuches am Platze.

Nun nennt (der Verfasser) eine irrige Auffassung auf dem Gebiete des Dharma:

Man vollbringe keine Taten des Dharma, da der Lohn dafür erst künftig kommen soll und wegen der Zweifelhaftigkeit.

»Da der Lohn dafür erst künftig kommen soll.« Gemeint sind Opfer usw., die nicht dieser Welt angehören und erst in einer späteren Geburt Früchte bringen. Ein Wissender wünscht nicht, das in seinen Händen befindliche Gut wegzugeben; vielmehr verschafft er sich damit hienieden Nutzen in Gestalt von Ländereien usw. und genießt es, ohne eine stete Folge zu verlangen. – »Wegen der Zweifelhaftigkeit«, nämlich des künftigen Lohnes. Es wird die Zweifelfrage getan: »Wenn unter den gebührenden Vorbereitungen, mit mühsamer Askese und Geldverschwendung ein Opfer usw. veranstaltet worden ist, wird dann als Lohn der Himmel usw. erlangt werden oder nicht?« – weil man die Notwendigkeit des Eintretens der Wirkung dieser Taten nicht sieht. Und wo ist der Mann, der an eine zweifelhafte Sache einen unzweifelhaften Besitz verschwenden möchte? – Das sind die zwei Gründe.

Für das erste davon gibt (der Verfasser) eine sprichwörtliche Redensart an:

Denn welcher Nichtkindische würde wohl das in der Hand Befindliche einem andern einhändigen?

»Denn welcher Nichtkindische«, Wissende. Sowenig jemand das in seinen Händen befindliche Geld wegwirft, indem er es einem andern einhändigt, wobei er gedenkt, in der Zeit der Not hingehen zu wollen und sich dafür Gemüse oder (anderes) Essen zu verschaffen, ebenso wenig wird einer dasselbe wegwerfen, indem er es auf Opfer usw. verwendet, in der Hoffnung, er werde es in einer anderen Existenz genießen.

Hier kann jemand sagen: Hienieden kann man mit Geld so viel oder so lange Erfolg erringen; im Jenseits ist es anders; so sagt man:

Besser heute eine Taube als morgen ein Pfau.

Wie für jemand, der Vogelfleisch essen will, der Gewinn einer Taube heute wichtiger ist als die bedeutende Errungenschaft eines Pfaues morgen, so ist es auch hier.

Für das zweite gibt der Verfasser eine sprichwörtliche Redensart an:

Besser als ein zweifelhafter Brustgoldschmuck ist ein unzweifelhaftes Goldstück – Das sind die Ansichten der Materialisten.

(Es sagt jemand:) »Nimm das Goldstück: wenn nicht, (dann warte:) ich werde heute hundert Goldstücke einnehmen; dann will ich dir einen Brustgoldschmuck geben!« Da ist das zwar kleine, aber sichere Goldstück für jemand, der in Verlegenheit ist, mehr wert als der zweifelhafte Goldschmuck. – »Materialisten« sind diejenigen, welche ihre Gedanken auf das Irdische richten.

Nun gibt der Verfasser die richtige Auffassung an:

Da das Lehrbuch zum Misstrauen keine Veranlassung geben kann; da man sieht, dass Behexung und Beschwörung, bisweilen Erfolg hat; da man sieht, dass die Mondhäuser, der Mond, die Sonne und der Kreis der Planeten gleichsam mit Überlegung für die Welt wirken; da das Treiben der Welt durch das Leben nach den Satzungen der Kasten und Stadien gekennzeichnet wird, und da man sieht, dass man den in der Hand befindlichen Samen um des künftigen Getreides willen auswirft, so vollbringe man die Handlungen des Dharma. So lehrt Vātsyāyana.

»Das Lehrbuch«: für den Dharma, der ja nicht dieser Welt angehört, ist ein Lehrbuch, welches darüber handelt, angebracht. Dieses Lehrbuch stammt entweder von den Menschen oder es stammt nicht von den Menschen. Da ist denn das erste misstrauisch zu betrachten: »Ist es Wahrheit oder Lüge?« Denn die Menschen reden auch Unwahres, wenn sie von den Leidenschaften usw. und von Unwissenheit verblendet sind. Das nicht von den Menschen stammende Lehrbuch, genannt Veda, ist nicht schlecht und darf kein Misstrauen erregen, weil es mit den Menschen keinen Zusammenhang zeigt. So heißt es denn: »Bei einem von Menschen herrührenden Werke ist es angebracht zu sagen, dass es Mängel hat oder keine Mängel hat; bei dem Veda aber, der nicht gemacht worden ist, haben wir keinen Mangel zu befürchten.« Über seinen nichtmenschlichen Ursprung ist anderwärts gehandelt. – Darum vollbringe man hier die Handlungen des Dharma, so ist der Zusammenhang.

So gilt jenes (oben Gesagte) also nicht, dass man von Zweifelhaftigkeit spricht. – »Behexung« ist eine Handlung, die in einer Schädigung an Leib oder Gut besteht; »Beschwörung« ist eine Zeremonie, die auf das Ausbleiben einer üblen Wirkung und auf das Gedeihen abzielt. Wenn diese beiden ausgesprochen werden, wie z. B.: »Wer behexen will, soll einen Falken opfern« usw. – »Bisweilen«: wo sie angewendet werden, da sieht man den Erfolg in Gestalt von Schädigung, Ausbleiben übler Wirkung und Gedeihen: darum wird auch das übrige, das Feueropfer usw., seinen Erfolg in Gestalt des Himmels usw. haben, und deshalb möge man die Handlungen des Dharma vollbringen. Denn da die einzelnen Glieder des Lehrbuches infolge ihres nichtmenschlichen Ursprungs nicht auseinandergerissen werden können, ist auch dabei die Annahme eines Unterschiedes von wahr und unwahr nicht am Platze: wenn das eine unwahr wäre, ergäbe sich auch für das andere Unwahrheit.

Nun nennt der Verfasser übernatürliches Wirken: »Mondhäuser«. Mondhäuser, Aśvinī usw. »Sonne und Mond« sind bekannt. »Die Planeten«, fünf, Mars usw. Deren radförmiger »Kreis«, die auf die zwölf Teile der Ekliptik verteilte, besondere Art der Stellung. »Für die Welt«, nicht für sich selbst. »Gleichsam mit Überlegung«: gerade als ob er[1] Überlegung hätte. Wie irgendein Mensch mit Überlegung handelt, so sieht man auch jene, die Sonne usw., vereinigt mit dem Mondhause, bald so, bald so wandeln; und doch auch wieder nicht so, sagt das Wort »gleichsam«. Denn sie handeln nicht in der Absicht: »Das wollen wir für die Welt tun!« Das ist in einem anderen Lehrbuche sehr ausführlich behandelt. – Mit dem Ausdrucke »man sieht« wird gezeigt, dass man das

---

[1] *Der Kreis der Planeten*

deutlich durch die sinnliche Wahrnehmung erkennt. Der Erfolg für die Welt ist bei diesem Wirken ein günstiger oder ungünstiger und von zweierlei Art: ein allgemeiner und ein besonderer. Der allgemeine besteht in guten und schlechten Zeiten usw. und ist aus der Astrologie zu ersehen. Der besondere aber beschränkt sich auf das einzelne Wesen, auf Gewinn, Verlust, Glück, Unglück usw. und ist aus der Nativitätslehre zu ersehen. Dieses so beschaffene Wirken lässt auf eine besondere, übernatürliche Ursache schließen, deren Wirkung aus der Wohlfahrt oder dem Missgeschick der Welt ersehen werden kann.

Was sonst sollte das stete Wirken oder Nichtwirken dieser eingestaltigen, von anderen Wirkungen unabhängigen Körper sein? Etwa Schicksalsnotwendigkeit? Aber auch sie ist ja von Ursachen ewig unabhängig! Darum ist also deren Tätigkeit eine übernatürliche, und man liege deshalb dem Dharma ob. Es heißt: »Das Netz der Mondhäuser und Planeten ruht Tag und Nacht auf dem Treiben der Welt; zwischen Glück und Unglück schwankt das All und offenbart die Taten in den früheren Existenzen.« – »Kasten, Stadien usw.«: Kasten, Brahmanen usw.; »Stadien«; Brahmanenschüler, Hausherren usw. – Deren »Satzungen«: ihr Dharma.

»Das Leben darin«: der Zustand. »Das Treiben der Welt«, welches diesen als Kennzeichen besitzt, ist gemeint. Deutlich wird darauf abgezielt, dass es durch die Materialisten kein rand- und bandloses werden und keine »Fischordnung«[2] bekommen solle: denn die Dreizahl[3] dient nur zur Zügelung. – Die Kenner des Treibens der Welt, die danach handeln, um Zutrauen in der Welt zu erwecken – warum leben die nicht nach dem Dharma? Was ist das für eine Verkehrtheit, wenn einer, der den Sachverhalt kennt, handelt wie einer, der ihn nicht kennt! Mit jenem Worte: »Man vollbringe keine Taten des Dharma« zeigt der Verfasser, dass das ein Hindernis ist, die wahre Erkenntnis zu erlangen; und wenn gesagt worden ist: »da der Lohn dafür erst künftig kommen soll«, so beweist er, dass das auch bei sichtbaren Gegenständen geschieht, wenn er sagt: »den in der Hand befindlichen«. Wenn man auf der einen Seite handelt, auf der anderen sich zurückhält, während in gleicher Weise der Erfolg erst ein künftiger ist, so ist das Ungereimte dieser Handlungsweise gekennzeichnet. Wenn man niemals dabei also etwas sieht, warum dann die Verschiedenheit der Handlungsweise in der Welt? Denn nirgends erlangt man einen Erfolg wie H e r r s c h a f t u s w. a u s e i n e r s i c h t b a r e n g l e i c h a r t i

---

[2] *Wo einer den anderen vernichtet, wie die Fische*

[3] *Dharma, Artha und Kāma*

gen Ursache. Das wäre auch nicht natürlich, da immer die Möglichkeit des Gelingens oder Nichtgelingens vorhanden ist.

Nun nennt der Verfasser eine irrige Ansicht über den Artha:

Man vollbringe keine Taten des Artha: denn selbst mit Mühe erstrebt werden Gelder (bisweilen) niemals erlangt; sogar ohne dass man danach strebt, kommen sie ganz von selbst.

Geld erlangt man durch Anwendung von Hilfsmitteln. Der Sinn ist, man soll so streben, dass man dabei Hilfsmittel beobachtet, da Vermögen gemäß dem Ausschluss oder der Zulassung eines solchen glücklich erlangt wird. So sagt der Verfasser: »mit Mühe«. Der Sinn ist: Wenn man sie mit Gewalt zu erreichen sucht, werden sie niemals erlangt. Geschieht es doch, dann meinen die Leute, es geschehe nach Schicksalsverfügung. – »Ohne dass man danach strebt«, d. h. mit Mühe, »kommen sie ganz von selbst«, zufällig, durch Entdeckung eines Schatzes usw. Darum ist auch das Lehrbuch überflüssig, welches die Erkenntnis der Hilfsmittel zum Gegenstande hat. Wie ist es also hiermit? – Darauf lautet die Antwort:

Das alles wird vom Schicksal bewirkt.

»Schicksal«, das ewige, gehört zur Kategorie der Substanz. Von diesem »bewirkt« bedeutet, dass der Mensch davon abhängig ist, da das Wirken des Schicksals ein ursächliches ist.

Das zeigt (der Verfasser), indem er sagt:

Das Schicksal nämlich bringt die Menschen zu Reichtum und Armut, Sieg und Niederlage, Glück und Unglück.

Der Sinn ist: Bei diesen sechs Dingen, Gewinn – Verlust usw., die zu verwerfen oder zu wählen sind, ist eben das Schicksal die Grundursache; darum gebe man sich selbst keine Mühe wegen des Aufgebens oder Annehmens.

Nun nennt er eine sprichwörtliche Redensart:

Vom Schicksal wurde Bali zu Indra gemacht, vom Schicksal wurde er gestürzt; eben das Schicksal wird ihn auch wieder erhöhen. – Das ist die Meinung der Fatalisten.

Wiewohl er von zu meidender Art und infolge seines Halbgötterstandes unwürdig war, wurde er doch an die Stelle Sakras gesetzt, wo er weilte, bis er »gestürzt« wurde. Durch das umschlagende Schicksal wurde er aus dieser Stellung entfernt und in die Unterwelt gestürzt. – »Wird ihn wieder erhöhen«: der Sinn ist: wenn das Schicksal wieder umschlägt, wird es ihn (aus der Unterwelt wieder) entlassen und zu Indra machen. So sagt man denn: »Das Schicksal reift die Wesen, das Schicksal rafft die Geschöpfe weg; das Schicksal wacht bei den Schlafenden: dem Schicksal kann man ja nicht entgehen«. –

»Fatalisten« sind diejenigen, welche ein Walten des Schicksals annehmen. Ebenso kann man die Deisten betrachten, weil sie jenen nach Erwerb und Erhaltung ihres Besitzes ähnlich sind.

Nun gibt der Verfasser die richtige Auffassung:

Die Grundlage aller Betätigungen sind die Hilfsmittel, da sie von der menschlichen Wirksamkeit abhängen.

Die Betätigungen eines nach der Erreichung von Reichtum, sei es durch Schicksalsgunst, sei es durch Hilfsmittel-Verlangenden, sind insgesamt als von menschlicher Wirksamkeit abhängig anzusehen, indem dieselbe in beiden Fällen dabei beteiligt ist. Die menschliche Tätigkeit vermag aber ohne Hilfsmittel keinen Reichtum zustande zu bringen; darum »sind die Hilfsmittel die Grundlage«, d. h. die Ursache des glücklichen Erwerbes von Reichtum. Denn gerade wie die menschliche Tätigkeit bei dem Erwerben von Reichtum auf das Schicksal angewiesen ist, ebenso auch die Fähigkeit, Gelegenheit und Ausführung auf die Hilfsmittel: wenn sie alle fehlen, kann auch das Schicksal nichts machen; und wenn das Schicksal fehlt, sind sie auch ohnmächtig. Darum sind diese aufeinander angewiesenen Faktoren: Fähigkeit, Gelegenheit, Schicksal und Ausführung der Hilfsmittel, die das Ziel erreichen helfen. So erlangt man also Reichtum, indem die menschliche Wirksamkeit sich auf dem Gebiete der Fähigkeit usw. betätigt. Bei dem Vorhandensein unendlich vieler Vorzüge kann es sicherlich auch einmal vorkommen, dass jemand zufällig in den Besitz von Reichtum kommt: das geschieht aber auch unter dem Einfluss eines Hilfsmittels, nämlich des zufällig Geschehenden. So sagt der Verfasser:

Auch ein notwendig erfolgendes Vermögen ist durch Hilfsmittel bedingt: ein Untätiger hat kein Glück. – So lehrt Vātsyāyana.

Weil es so ist, deshalb hat »ein Untätiger«, der des Beobachtens der Hilfsmittel ermangelt, »kein Glück«, Wohlfahrt. Da soll man also die Taten in früheren Existenzen für nutzlos erachten? Nein! Es ist vielmehr die Sache so anzusehen, dass beides, einander erfordernd, wirksam ist; wie es denn heißt: »Götter- und Menschenwerk waltet über der Welt.« Damit ist auch die Theorie widerlegt, die nur das Göttliche gelten lässt.

Nun führt (der Verfasser) eine irrige Auffassung vom Kāma an:

Man vollbringe keine Taten des Kāma, wegen ihrer Rivalität mit den beiden Hauptsachen Dharma und Artha und anderen trefflichen Menschen. Sie bewirken bei dem Menschen Verkehr mit Niedrigen, schlechte Unternehmungen, Unreinlichkeit und Vernichtung der Zukunft.

Die »beiden Hauptsachen«, weil aus ihnen der Kāma ersteht. »Wegen ihrer Rivalität«: weil man, im Banne des Kāma, nicht nach dem Wandel im Dharma fragt, ja entgegengesetzt handelt und auch kein Geld zu erwerben sucht: der Kāma bildet dafür ein Hindernis, wegen der hässlichen Ausgaben für berauschende Getränke, Hurenlohn und Geschenke. »Treffliche Menschen«: eifrige Gelehrte und fromme Büßer, diese Trefflichen meiden den dem Kāma Ergebenen. – »Niedrige« sind solche, die diesen feindlich gegenüberstehen, Schauspieler, Tänzer, Sänger usw. Berührung mit diesen »bewirken« sie. »Schlechte Unternehmungen«, unrühmliche Beschäftigung, wie die nächtlichen Liebesbesuche, Überklettern über Mauern usw. »Unreinlichkeit« wegen der genannten Umgehung des Reinlichen. »Vernichtung der Zukunft«, Unfähigkeit bei dem »Liebesesel«[4]

Ferner Nachlässigkeit, Leichtsinn, Misstrauen (bei Anderen) und Meidung (seitens der Mitmenschen).

»Ferner Nachlässigkeit«, Beschädigung des Leibes beim Besuche usw. fremder Frauen usw. »Leichtsinn«, Wankelmut infolge ihres unbedachten Lebenswandels. »Misstrauen«: Verlust der Vertrauenswürdigkeit wegen des Umganges mit schlechten Menschen. »Meidung«, Verwerfung wegen ihres ehrlosen Treibens.

Man hört von vielen der Liebe Ergebenen, die sogar samt ihrer Begleitung untergegangen sind.

»Viele«, nicht nur einer, der Liebe Untertane »sind untergegangen«, so ist der Zusammenhang. »Samt ihrer Begleitung«: d. h. nicht nur die Verliebten selbst, sondern auch ihre Diener.

Um das zu erhärten, folgt noch eine kleine Geschichte:

So ging der Bhoja namens Dāndakya, welcher die Tochter eines Brahmanen beschlafen hatte, infolge der Liebe samt Sippe und Reich unter.

»Dāndakya« ist der Name. »Bhoja« bedeutet, aus dem Bhoja-Geschlechte stammend. »Beschlafen«, entehren. Als er nämlich auf die Jagd gegangen war, erblickte er in einer Einsiedelei die Tochter des Bhārgava, verliebte sich in sie und entführte sie auf seinem Wagen. Da kam Bhārgava mit Holz und heiligem Grase zurück, und als er jene nicht sah, erkannte er durch Meditation den wahren Sachverhalt und verfluchte den König. Da fand dieser »samt Sippe und Reich«, von einem Sandregen verschüttet, seinen Tod. Diese Stätte wird heute noch als Dandaka-Wald besungen.

---

[4] *Vermutlich Name für eine venerische Krankheit*

Der Götterkönig, der die Ahalyā; der übermächtige Kīcaka, der die Draupadī, und
Rāvana, der die Sītā (entehrte) und noch viele andere, die später lebten, sieht man, der
Liebe ergeben, untergehen, – So ist die Meinung der Opportunisten.

»Der Götterkönig«, Indra, der die Ahalyā »beschlief«. So ist es zu konstruie-
ren. In der Einsiedelei des Gautama nämlich verliebte er sich in dessen Gattin,
Ahalyā. Als nun Gautama mit Holz und heiligem Grase heimkehrte, verbarg
dessen Gattin Ahalyā den Indra im Mutterleibe, worauf sich Gautama samt
seinem Weibe auf deren Einladung nach einer anderen Einsiedelei begab. Da
er nun mit seinem übernatürlichen Auge sah, dass Indra da gewesen war und
er die Dreizahl der Sitze bemerkte, die da für diesen zurechtgemacht worden
waren, empfand er Argwohn: »Was soll das für mich, der ich mit meiner Frau
allein bin?« Durch Meditation erkannte er den wahren Sachverhalt und vor
Wut verfluchte er jenen mit den Worten: »Tausend Vulvas sollst du
bekommen!« Da bekam er, trotzdem er der Götterkönig war, infolge der Liebe
diesen Zustand, der dem Tode gleichkam. Dieser sein Makel, der Buhle der
Ahalyā zu sein, ist auch heute noch nicht verlöscht. – »Der übermächtige«,
weil er tausendfache Schlangenmacht besaß. Dieser wurde von Bhīmasena
getötet, da er der Draupadī in Liebe begehrte. Das ist allbekannt. – »Man sieht
untergehen« bedeutet, dass der Augenschein das beweist.

Warum also dabei von alten Geschichten erzählen? meinen sie.

Hier gibt der Verfasser die richtige Auffassung an:

Die Taten des Kāma stehen auf gleicher Stufe mit dem Essen, da sie das Gedeihen des
Leibes bedingen; und sind die Frucht von Dharma und Artha.

»Auf gleicher Stufe mit dem Essen«, dem Essen gleichwertig. Wie das Essen,
auch wenn es den Nachteil der Indigestion usw. nach sich ziehen kann, Tag
für Tag um des Gedeihens des Körpers willen stattfindet, so auch der Kāma.
Sonst kann der Leib nicht bestehen, weil dann infolge des Übermaßes an
feuriger Leidenschaft Schäden wie Geistesverwirrung usw. entstehen. – »Und
sind die Frucht von Dharma und Artha«. Um des Glückes willen dient man
dem Dharma und Artha; unterlässt man diesen Dienst, so sind sie unnütz und
bringen nur Mühe ein. So heißt es denn: »Als im Dharma wurzelnd gilt der
Himmel; dort weilen die höchsten Frauen: unwiderstehlich ist für die Männer
der Stand des Hausherrn, der aus der Mühe des Dharma erwächst. Geehrt
durch die Fortpflanzung des Geschlechtes durch Kinder sind die Frauen hier
und dort; aber das ist ganz klar: die Frauen sind da zum Zwecke außerordentlichen Genusses.«

Wenn es sich so verhält, so gibt es dabei doch möglicherweise Nachteile? Dazu sagt der Verfasser:

Wie an den Nachteilen muss man lernen. Denn man unterlässt die Bereitung der Topf-speisen nicht, weil es Bettler gibt (die sie wegessen könnten); man unterlässt die Aussaat des Getreides nicht, weil es Gazellen gibt (die es abweiden könnten). – So lehrt Vātsyāyana.

»Man muss lernen«: wie aus den Nachteilen der Indigestion usw. muss man lernen; Vorkehrungen zu treffen, ist zu ergänzen. Das gibt er an: Wo auch immer man Nachteile hat und doch notwendig der Liebe pflegen muss, da tue man es unter Vorkehrungen gegen Schädigungen. Dieser Brauch ist auch unter den Menschen gang und gebe, was er mit den Worten »denn« usw. zeigt. So heißt es denn auch:

»Wertlos wie das Dasein des Grases ist das Dasein der Menschen, die die Lust hassen; Nachteile freilich sind zu vermeiden: so haben es die Weisen festgesetzt.«

Nun nennt der Verfasser den Lohn eines Verfahrens, welches durch die Beschäftigung (mit den drei Lebenszielen) gekennzeichnet ist:

Hier folgen einige Sloken:

Der Mann, der so dem Artha, dem Kāma und dem Dharma obliegt, der erlangt hier wie dort dornenloses, unendliches Glück.

»So«: indem man nach der angegebenen Regel zuerst dem Artha obliegt, sobald man seinen Lebenswandel beginnt; dann, wenn man den Artha erlangt hat, dem Kāma und Dharma. – »Hier wie dort«: in dieser Welt und in jener Welt »erlangt er dornenloses Glück«, ohne Leid. Der Sinn ist: »Ich habe die gesamten Lebensziele erreicht: darüber empfindet das Herz Freude«. Denn wer die drei Ziele nicht verfolgt, der empfindet Reue, weil er, solange er hier weilte, das Glück dieser Welt durch die Beschäftigung mit der unendlichen Liebe nicht erlangt hat; und auch nicht in der andern Welt, durch emsiges Betreiben des Dharma: »Ich Tor habe früher keine lautere Tat vollbracht!« Atheisten, Weltfremde und Lusthasser aber erlangen das Glück nur mit Mühsal verbunden, indem je ein einzelnes Glied fehlt. So ist die Meinung.

In zwei Sloken fasst (der Verfasser) nun seinen Ausspruch zusammen: »Eins an das andere anknüpfend, ohne dass sie sich dabei untereinander beeinträchtigen«:

Bei einer Tat, wo die Befürchtung nicht entsteht, was anderswo geschehen mag, und wo ein Glück erlangt wird, welches den Artha nicht tötet, bleiben die Edlen stehen.

Was die drei Lebensziele erreichen hilft, zwei oder auch nur eines, die Tat vollbringe man, aber nicht eine, die die beiden anderen schädigt.

»Was anderswo geschehen mag«: Vernichtung des Späteren durch das Frühere, oder des Früheren durch das Spätere. Gemeint ist ein Unternehmen, bei dessen künftiger Ausführung (?) jene »Befürchtung nicht entsteht«: Schädigung oder Nichtschädigung?, weil der Dharma nicht geschädigt wird. – Ein »Glück, welches den Artha nicht tötet«, bei einem solchen Artha und Glücke »bleiben die Edlen«, die Kenner der drei Ziele, »stehen«, um ihm obzuliegen. Bei einem aber, welches das Vorhergehende schädigt, bleiben sie nicht stehen. Bei einer Handlung des Dharma, welche im Spenden den Artha und durch den Stand des Brahmanenschülers das Erlangen des Wissens schädigt, und bei einer Handlung des Artha, die den Kāma schädigt, als bei Handlungen, die das Nachfolgende schädigen: bei einer solchen bleiben sie stehen. So ist der Sinn. »Wohl vollbringe man bei diesen drei Zielen eine das Nachfolgende schädigende Tat, aber keine darf man vollbringen, die das Vorhergehende schädigt, weil dieses das Wichtigere ist.«

»Was die drei Lebensziele erreichen hilft«: wenn irgendeine Tat auf dem Gebiete des Dharma usw. auszuführen ist, die sich selbst, aber auch die beiden anderen zum Ziele nimmt, die soll man vollbringen. Dieses ist die beste Klasse, bestehend in der Verbindung mit zweien. – »Zwei oder auch nur eines«: was von den dreien zwei, sich selbst und ein anderes, vollendet, das soll man auch vollbringen. Dieses ist die mittlere Klasse, bestehend in der Verbindung mit einem. Das beides ist früher genannt worden. Was nur eins, nämlich sich selbst, vollendet, das soll man auch vollbringen. Das ist die unterste Klasse, die verbindungslose. Damit ist es so: Die Vollbringung der fünf großen Opfer ist verbindungsloser Dharma; Erwerbung von Land usw. ist verbindungsloser Artha; Liebe zu einer geliebten Dienerin ist verbindungsloser Kāma. In dieser Klasse zeigt er, wie gegenseitig keine Schädigung stattfindet, indem er sagt: »aber nicht eine, die die beiden anderen schädigt«. Eine solche einfache Handlung, die die beiden anderen schädigt und deren einziger Gegenstand, Ziel, das eigene Wesen ist, soll man nicht vollbringen. Durch außerordentlich reiche Spenden schädigt der Dharma den Artha und schädigt den Kāma. Wenn man durch endlos betriebene Kasteiung den Kāma geschädigt hat, tötet man auch den Artha, infolge des Verlustes des Leibes. Ebenso schädigt der Artha, wenn er als einziges Ziel gesetzt wird, Dharma und Kāma, indem er den Menschen gleichsam beherrscht. Die Liebe aber schädigt beides, wenn sie wie bei Dāndakya allzu heftig bei Frauen hoher Abkunft oder auch anderswo im Übermaß gepflegt wird. – Was das eine fördert und das andere schädigt, das soll man tun, indem man darauf achtet, dass das Vorangehende das Nachfolgende schädigt, wie das früher auseinandergesetzt worden ist.

§ 3 - Die Darlegung des Wissens

SO FOLGT NUN für die glückliche Erlangung der anerkannten drei Lebensziele das erste Hilfsmittel: die Erfassung des Wissens, indem einer, der noch nicht in den Besitz des Wissens gelangt ist, die unmittelbar darauf folgenden Taten nicht vollbringen kann. Darum wird nun eine »Darlegung des Wissens« gegeben: Darlegung ist hier gedrängte Übersicht: die näheren Angaben sind aus einem anderen Lehrbuche und aus mündlichem Unterrichte zu entnehmen.

Wie man nun jene Wissensgegenstände sich aneignen müsse, zeigt (der Verfasser), indem er sagt:

Der Mann soll das Lehrbuch der Liebe und dessen Nebenzweige studieren, ohne die richtigen Zeitpunkte für die Wissenschaften des Dharma und Artha, sowie deren Nebenzweige zu verpassen.

»Des Dharma« usw.: hier sind die Wissenschaften des Dharma die heilige und profane Überlieferung; die Wissenschaft des Artha das Lehrbuch des Gewerbes; deren beider Nebenzweige: die Gerechtigkeitslehre, indem dadurch Erwerbung und Erhaltung des Vermögens gewährleistet wird; Logik aber, weil sie zur Erkenntnis über das philosophische Denken verhilft. »Ohne die richtigen Zeitpunkte« für das Studium dieser Hauptsachen, einer jeden einzelnen, »zu verpassen«, zu versäumen, soll der Mann in der Zwischenzeit »das Lehrbuch der Liebe«, das vorliegende eben, und dessen Nebenzweige, Gesang usw., »studieren«, durch Lesen und Hören.

Die Frau vor der Jugendzeit, und, wenn hingegeben, nach der Meinung des Gatten. – Da die Frauen ein Lehrbuch nicht erfassen können, ist auch der Unterricht der Frauen in diesem Lehrbuche hier unnütz, sagen die Lehrer.

»Vor der Jugendzeit« soll die Frau das Lehrbuch der Liebe und dessen Nebenzweige studieren, und zwar im Vaterhause. Wie soll die Schöne, wenn sie infolge ihrer Verheiratung keinen eignen Willen mehr hat, noch studieren? – Eine andere Lesart hat »als Jungfrau«: darin hat man ein Synonym für Frau zu sehen. »Und wenn hingegeben«: mit besonderer Feierlichkeit hingegeben. ... Der Sinn ist, wenn sie verheiratet ist. Das Hingeben geschieht auf dreierlei Art: in Gedanken, mit Worten und mit der Tat. – »Nach der Meinung des Gatten«: wenn der Gatte es erlaubt, soll sie das Lehrbuch studieren; sonst dürfte sie als Emanzipierte zu beargwöhnen sein. – »Da die Frauen ein Lehrbuch nicht erfassen können«: weil es für sie nicht berechnet ist und es (ihnen) auch unmöglich ist, ein Lehrbuch zu erfassen. »Hier«: die auf die

Frauen abzielende Unterweisung in dem Lehrbuch der Liebe, in der Form: »das ist erlaubt, das ist nicht erlaubt«. Die ist als Unterrichtsmittel unnütz, meinen die Lehrer.

Aber die Praxis können sie erfassen; die Praxis aber beruht auf dem Lehrbuche. – So lehrt Vātsyāyana.

»Die Praxis können sie erfassen.« Das, was praktisch geübt wird (prayujyate), heißt Praxis (prayoga), Wirklichkeit; die Erfassung derselben steht bei ihnen. Wer diese kennt, braucht das Lehrbuch nicht zur Hand zu nehmen. Wie aber soll diese für die Weiber nützliche, aus dem Lehrbuche gelernte Praxis von anderen gelehrt werden? Die Unterweisung der Frauen ist also nicht unnütz.

Das geschieht nicht nur hier: denn überall in der Welt gibt es nur wenige, die das Lehrbuch kennen; die Praxis aber gehört allen Menschen.

»Das geschieht nicht nur hier«: jene Erfassung der Praxis geschieht nicht nur hier, in diesem Lehrbuche der Liebe: »denn überall« – denn bedeutet den Grund – sieht man das bei allen Lehrbüchern, der Grammatik, der Astrologie usw. Das zeigt der Verfasser: »in der Welt« usw. »Nur wenige, die das Lehrbuch kennen«, die fähig sind, dasselbe zu erfassen: von denen lernen Fähige und Unfähige die Praxis: so »gehört sie allen Menschen«. Die Erfassung der Praxis ist auch wichtiger als die Erfassung des Lehrbuches, weil die Erkenntnis der Praxis einem Lehrbuche, wenn es auch erfasst ist, doch erst die Krone aufsetzt.

Auch ist für die Praxis selbst ein fernstehendes Lehrbuch noch die Ursache.

Denn ein Lehrbuch, »selbst ein fernstehendes«, bildet, nachdem es einmal erfasst worden ist, die Stütze für die Leute, die das Lehrbuch kennen. Selbst ein weit entferntes Lehrbuch bildet die Ursache in einer langen Reihe: ein Kenner des Lehrbuches erfasst die Praxis, von diesem lernt sie ein anderer, von diesem wieder ein anderer usw.

Dafür gibt (der Verfasser) Beispiele:

Es gibt Grammatik: dabei wenden die Kenner des Opfers, die doch keine Grammatiker sind, bei den Opferhandlungen den ūha an.

Ūha ist die angemessene, wohl bedachte Festsetzung eines dem lautlichen Bestande nach nicht bestimmten Wortes. Er wird in der Grammatik behandelt mit Erwähnung des Nominalthemas, des Geschlechtes und der besonderen Aussprache. Das ist die Grammatik. Weil dieser ūha nun von da aus durch eine lange Reihe von Mittelgliedern gegangen ist, so wenden ihn auch Nicht-grammatiker, nämlich die Kenner des Opfers, bei den Opferhandlungen an. Z. B. »Dem Feueropfer entsprechend opfere man Opferkuchen in acht

Schalen verteilt«. Das ist die natürliche Anwendung. »Der Sonne entsprechend opfere man Opferspeise als Freund des brahmacarya.« Das ist die modifizierte Anwendung. Hier bezieht sich der ūha auf die Sonne. Der Sonne entsprechend opfere man Opferspeise, wie dem Feueropfer entsprechend.

Es gibt Astrologie: und doch vollbringen an den geeigneten Tagen (auch Nichtastrologen) ihre Werke.

»Es gibt Astrologie«: aber auch Nichtastrologen, die sie irgendwoher erlernt haben, vollbringen an den Glück verheißenden Tagen ihre Werke. Da ist das Lehrbuch eben die Ursache.

Ebenso verstehen Rosse- und Elefantenlenker, die doch die Lehrbücher darüber nicht studiert haben, mit Pferden und Elefanten umzugehen.

»Die die Lehrbücher darüber nicht studiert haben«, die Heilkunde für Elefanten und Pferde und die Dressur des Elefanten nicht aus Texten gelernt haben, vollbringen doch die Handlung des Fütterns, des Zähmens usw. Auch hier ist das Lehrbuch die Ursache.

Aber nicht nur bei dem Lehrbuche ist es so, dass auch ein Entferntes wirkt, sondern auch im gewöhnlichen Leben. So sagt (der Verfasser):

Ebenso gibt es Könige: aber selbst weit entfernte Völker überschreiten die Schranken nicht: das ist ebenso.

»Weitentfernte«, indem sie den König nicht zu sehen bekommen. Er ist der Bestimmende, von dem dieser oder jener Zustand herrührt: aus Furcht vor ihm überschreiten sie die Schranken nicht. »Das ist ebenso«: es passt in diese Erläuterung durch Beispiele.

Jedoch gewisse Frauen erfassen auch das Lehrbuch: so sagt (der Verfasser):

Es gibt freilich auch Frauen, deren Geist von dem Lehrbuche getroffen wird: die ganikā (-Hetären), die Töchter von Königen und die Töchter von hohen Beamten.

»Deren Geist von dem Lehrbuche getroffen«, hart geübt, »wird«. »Hohe Beamte«, deren Befugnis eine große ist, Vasallen oder Hauptvasallen. Oder man muss in der hastiśikṣā[5] deren Merkmale nachsehen.

Von einer solchen Vertrauensperson lerne die Frau heimlich die Praxis, das Lehrbuch oder nur einen Teil.

»Von einer solchen«, durch welche beides, die Erlernung der Praxis und die Erlernung des Lehrbuches, ermöglicht wird. »Vertrauensperson«, die Vertrauen verdient: um der Scham keinen Raum zu geben. Die »Praxis« lerne

---

[5] *»Dressur des Elefanten«*

eine Frau, die das Lehrbuch zu erfassen unfähig ist; eine von geringem Verstande; das ganze »Lehrbuch« eine, die das zu erfassen fähig ist, eine verständige, »oder nur einen Teil« des Lehrbuches, den Abschnitt über die fleischliche Vereinigung, eine von mäßigen Geistesgaben.

Als Mädchen lerne sie die zu den vierundsechzig Künsten in Beziehung stehenden und wiederholt anzuwendenden Werke in der Einsamkeit und allein.

»Die zu den vierundsechzig Künsten in Beziehung stehenden«, in den vierundsechzig Künsten bestehenden. »Als Mädchen«, das damals Erlernte wird in der Jugendzeit angewendet. »In der Einsamkeit«, um der Scham keinen Raum zu geben. »Allein«, ohne einen Lehrer zu gebrauchen.

Wer ist nun aber Vertrauensperson? Da sagt (der Verfasser):

Die Lehrer aber der Mädchen sind: die zusammen aufgewachsene Milchschwester, die sich bereits mit einem Manne fleischlich vermischt hat; oder eine ebensolche Freundin, mit der man gefahrlos reden kann und eine gleichaltrige Tante; an deren Stelle eine vertraute alte Dienerin oder eine von früher her bekannte Bettelnonne und eine Schwester, wenn man ihr trauen kann.

»Die Lehrer aber«. Das Wort aber bedeutet das Spezialisieren: für die Männer, die sich ungehindert bewegen können, sind Lehrer leicht zu finden. – »Die sich bereits mit einem Manne fleischlich vermischt hat« und infolge der schon früher genossenen Leidenschaft erfahren ist. »Die Milchschwester«, das Kind der Amme. Diese ist nämlich vertrauenswürdig, weil sie zusammen aufgewachsen sind. Das ist die eine Lehrerin. – »Oder eine ebensolche Freundin«, die sich bereits mit einem Manne fleischlich vermischt hat. »Gefahrlos«: sie ist vertrauenswürdig, weil man ohne Schädigung mit ihr reden kann. Das ist die zweite. – »Gleichaltrig«: eine Frau ähnlichen Alters ist ein Gegenstand der Liebe und des Vertrauens. Das Wort »und« bedeutet, dass das »eine ebensolche« auch hier gilt. »Tante«, Mutterschwester. Das ist die dritte.

»Vertraut«, vertrauenswürdig. »An deren Stelle«, der Tante gleich, eine als Mutterschwester genommene alte Dienerin, die viele Erlebnisse (zu berichten) weiß. Das ist die vierte. – »Eine von früher her bekannte«, mit der man früher Freundschaft geschlossen hat; die ist vertrauenswürdig. »Bettelnonne«, irgendeine Frau, die umher bettelt und sich auf das Durchwandern des Landes versteht. Das ist die fünfte. – »Und eine Schwester«, die älteste Schwester, »wenn man ihr trauen kann«: wenn sich das durch Zutrauen deutlich ergibt, dürfte sie mit einem fremden Manne vereint sein, andernfalls belehrt keine Schwester die andere, aus Eifersucht. Das ist die sechste. –

Es hieß, man müsse das Lehrbuch der Liebe und dessen Nebenzweige erlernen: hier folgt nun eine kurze Aufzählung dieser Nebenwissenschaften; in einem anderen Lehrbuche sind die vierundsechzig Grundkünste genannt. – Da gibt es denn vierundzwanzig Künste, die in (ernsten) Handlungen bestehen, nämlich: Gesang, Tanz, Instrumentalmusik, Schreibkunst, edle Ausdrucksweise, Malen, Bossieren[6], Blattschneiden, Kranzbinden, Bereitung von Leckerbissen, Juwelenkunde, Nähen, Bühnenkunde, Werkzeugkunde, Messkunde, Kenntnis des Lebensunterhaltes, Tierheilkunde, Kenntnis der ketzerischen Lehren, Erfahrenheit in den Spielen, Weltkenntnis, Geschicklichkeit, Massieren, Körperpflege und spezielle Erfahrenheit. – Zwanzig, die sich auf Spiele beziehen; darunter fünfzehn leblose, nämlich: Lebenerlangen, Würfeln, Schönheitnennen, Opferweg, Körnergreifen, Staatskunde, Grundangeben, Bunt und Nichtbunt, geheim Zahl, Ähnliches herbeibringen, Schnellgreifen, Erinnerung an Geschriebenes, Feuerschritt, Listverblendung und Planetengeben. – Lebende fünf: Aufwarten, Kämpfen, Schreien, Gehen und Tanzen. – Sechzehn, die sich auf die Besorgung des Lagers beziehen, nämlich: Würdigung der Gesinnung des Mannes, Offenbaren der eigenen Leidenschaft, Darreichung jedes einzelnen Körperteiles, Prüfung der Nägel und Zähne, Lösen des Unterkleides, Berührung der Schamteile in der richtigen Ordnung, Erfahrenheit in der höchsten Wahrheit[7], geschlechtliche Erregung, Zufriedenheit über die Ebenbürtigkeit, Aufstacheln, Zurschautragen von mäßigem Zorn, Vermeidung von wirklichem Zorn, Versöhnung des Zornigen, Verlassen des Schlafenden, zuletzt Einschlafen und Verhüllung der Scham.

Vier hohe Künste, nämlich: Beschwören des Geliebten unter Tränen, sich selbst Verwünschen, dem Aufbrechenden nacheilen, wieder und wieder ansehen. – Das sind die vierundsechzig Grundkünste. Die unter diese fallenden Sonderkünste zählen fünfhundert, vermehrt um achtzehn. Hierbei gehen die auf ernste Tätigkeit und Spiel bezüglichen gewöhnlich bis auf die Kinder herab. Diese sind es, welche hier in anderer Verteilung die Vierundsechzig genannt werden. Die Künste aber, die sich auf die Bereitung des Lagers beziehen und die höheren Künste bilden gewöhnlich den Anhang des Lehrbuches. So muss man die besonderen Künste innerhalb der Vierundsechzig des Pāñcāla kennenlernen, und diese werden bei der passenden Gelegenheit behandelt werden.

---

[6] *in Ton, Gips oder Wachs modellieren*

[7] *Koitus*

Nun nennt der Verfasser die angemessenen vierundsechzig Künste:

Gesang, Instrumentalmusik, Tanz, Zeichnen, das Einritzen von Zeichen, Verfertigen mannigfacher Linien aus Reis und Blumen, (kunstgerechtes) Blumenstreuen, Zähne und Gewänder zu färben, Auslegen des Bodens mit Juwelen, Herstellung des Lagers, Wassermusik, das Schlagen mit Wasser, wunderbare Kniffe, die verschiedenen Arten Kränze zu winden, die Anordnung von Diademen und Kronen, Toilettenkünste, die verschiedenen Arten die Ohren zu schmücken, das Mischen von Wohlgerüchen, das Anlegen von Schmucksachen, Zauberei, die Kniffe des Kucumāra, Geschicklichkeit der Hände, die Verfertigung der verschiedenen Arten von Gemüse, Brühen und Speisen, die Herstellung von Getränken, Fruchtsäften, Würzen und Likören, die Arbeiten des Webens mit der Nadel, das Fadenspiel, das Musizieren auf der Laute und der Trommel, Rätselspiel, Versespiel, das Hersagen schwerer Worte, das Vorlesen von Büchern, Kenntnis des Schauspieles und der kleinen Erzählungen, Ergänzung eines gegebenen Verses eines Gedichtes, die verschiedenen Arten, Zeug und Rohr zu flechten, Drechslerarbeiten, Behauen, Baukunst, Prüfen von Silber und Edelsteinen, Metallurgie, Kenntnis des Färbens und der Herkunft der Juwelen, Anwendung der Lehre von der Pflege der Bäume, Einrichtung der Kämpfe von Widdern, Hähnen und Wachteln, Sprechenlehren der Papageien und Predigerskrähen, Erfahrung im Frottieren, Massieren und Frisieren des Haares, das Erzählen vermittelst der Fingersprache, die verschiedenen Arten verabredeter Sprachen, Kenntnis der Dialekte, die Kunst der Blumenwagen, Kenntnis der Vorzeichen, Alphabet der Diagramme, Kenntnis des Abc der Gedächtniskunst, Zusammendeklamieren, Geistspiel, Anfertigung von Gedichten, Kenntnis des Lexikons, Kenntnis der Metrik, Kenntnis der literarischen Arbeit, Vortrag von Liedern unter Gestikulationen, das Verstecken in Kleidern, die verschiedenen Glücksspiele, das Würfelspiel, die Spiele der Kinder, und die Kenntnis der Wissenschaft des guten Tones, der Strategie und der körperlichen Übungen: das sind die vierundsechzig einzelnen Nebenzweige des Lehrbuches der Liebe.

Die vier Gegenstände: Gesang, Instrumentalmusik, Tanz und Zeichnen werden gewöhnlich in den sie betreffenden Lehrbüchern ausführlich behandelt; trotzdem werden sie auch in knappen Worten gekennzeichnet: »Unter Gesang versteht man ein Vierfaches, welches Stimme, Rhythmus, ferner Tempo und Aufmerken des Geistes erfordert. – Instrumentalmusik besteht aus Schlaginstrumenten aus Metall, Schlaginstrumenten aus Fell, Saiteninstrumenten und Blasinstrumenten und daher in entsprechender Reihenfolge aus Messing, Trommeln, Saiten und Rohr. – Stellungen, Gestikulationen, künstlerische Darstellung und Effekt, Symptome der Gemütsverfassung und die Geschmacksarten: das ist in Kürze alles, was der Tanz enthält.« Er ist von zweierlei Art: mimisch und nichtmimisch. So heißt es denn:

»Die Nachahmung der Taten der Bewohner des Himmels oder der Welt der Sterblichen oder der Unterwelt, mimischer und nichtmimischer Tanz, kommt den Tänzern zu.« In dem besonderen Lehrbuche aber ist, um die verschiedenen Arten des Tanzes kenntlich zu machen, die Kunst des mimischen Tanzes besonders behandelt, wie man wissen muss. – »Zeichnen«: »Die sechs Erfordernisse des Gemäldes sind: die verschiedenen Erscheinungsformen, Proportionen, Darstellung der natürlichen Schönheit, Ähnlichkeit, Farbentreue und Richtigkeit der Tracht (?).« Diese Künste dienen dazu, bei anderen Leidenschaft zu erwecken und sich selbst zu unterhalten. – »Das Einritzen von Zeichen«: ein Zeichen ist das Mal, welches man sich auf die Stirn zeichnet, das mannigfach geartete Schneiden dieses aus dem Blatte der Birke usw. bestehenden Zeichens ist eben das Einritzen. »Blatteinritzen« muss man eigentlich sagen. Der Verfasser sagt ja später (p. 281; nicht genau zitiert!): »Sie schicke eingeritzte Blätter mit den Darstellungen verschiedener Gedanken«. Mit Recht! Das Erwähnen des Zeichens bedeutet zarte Rücksicht, weil es den Schönen außerordentlich lieb ist. »Das Verfertigen mannigfaltiger Linien aus Reis und Blumen«: die Darstellung mannigfaltiger Streifen aus ganzen Reiskörnern von verschiedenen Farben auf dem Edelsteinestrich im Tempel der Sarasvatī oder des Liebesgottes.

Ebenso die Darstellung mannigfaltiger Streifen aus zusammengebundenen, verschiedenfarbigen Blumen zum Zwecke der Verehrung des Siva, des Phallus usw. Hierbei ist das Zusammenbinden in dem Kränzebinden enthalten; das Darstellen verschiedener Streifen ist aber eine besondere Kunst. – »(Kunstgerechtes)«: damit ist gemeint, wenn verschiedenfarbige, durch Nähen, Weben usw. verbundene Blumen hingeworfen werden. Eine andere Bezeichnung dafür ist »Blumenlager«, im Schlafgemach, Saal, Pavillon usw. – »Zähne und Gewänder zu färben«: das Wort »färben« bezieht sich auf jedes einzelne. Das Färben, Einreihen geschieht hierbei mit Safran usw. Während man von »Vornahme des Färbens« reden sollte, geschieht die Erwähnung der Zähne usw. aus zarter Rücksicht, weil den Schönen das Schmücken der Zähne usw. außerordentlich erwünscht ist. – »Das Auslegen des Bodens mit Juwelen«. Ein Juwelenboden ist ein Fußboden, der aus (Edelstein-) Estrich besteht, indem er mit verschiedenen Edelsteinen, Smaragden usw. eingelegt ist, um in der heißen Jahreszeit darauf ruhen und Trinkgelage abhalten zu können. – »Herstellung des Lagers«: Einrichtung der Lagerstätte unter Berücksichtigung der Zeit, ob Verliebtheit, Gleichgültigkeit oder Unentschiedenheit vorhanden ist und Neigung zum Essen sich zeigt. – »Wassermusik«: Musik im Wasser wie von Trommeln usw. –

»Das Schlagen mit Wasser«: das Bespritzen mit dem aus den Händen wie aus Maschinen geschleuderten Wasser. Dies beides bildet ein Glied des Wasserspiels. – »Wunderbare Kniffe«: Bewirkung mannigfachen Missgeschickes, machen, dass jemand nur ein Organ hat, grau wird usw. Sie dienen dazu, aus Eifersucht jemand zu schädigen. (Der Verfasser) wird sie in dem Upanishad-Abschnitte nennen. Sie fallen nicht unter die Kniffe des Kucumāra und sind darum besonders namhaft gemacht, weil sie von Kucumāra nicht behandelt werden. »Die verschiedenen Arten, Kränze zu winden«: die verschiedenen Arten des Windens von Kränzen, Kränzen für Kahlköpfe usw., zur Verehrung der Götter und zur Toilette. – »Die Anordnung von Diademen und Kronen«: das ist eine bestimmte Art des Windens: die Anordnung hingegen ist eine besondere Kunst, weil hierbei das Diadem so umgelegt wird, dass es auf dem Scheitel schwebend befestigt wird, und ebenso die Krone, in Gestalt eines Kreises gewunden, so angetan wird, dass man wie ein Holzträger aussehen lernt. Verfertigung, Anordnung aus verschiedenfarbigen Blumen. Das nochmalige »Verfertigung« deutet die besondere Rücksicht an. Beides bildet für den Elegant den Hauptbestandteil der Toilette. – »Toilettenkünste«: die Weisen, unter Berücksichtigung von Ort und Zeit den Körper der Verschönerung halber mit Kleidern, Kränzen, Schmucksachen usw. zu schmücken. –

»Die verschiedenen Arten, die Ohren zu schmücken«: verschiedene Sorten des Ohrschmuckes vermittelst Elfenbeins, Muscheln usw.; ein Gegenstand der Toilette. – »Das Mischen von Wohlgerüchen«, ausführlich in den betreffenden Lehrbüchern behandelt und von bekannter Anwendung. – »Das Anlegen von Schmucksachen«: der Gebrauch des Schmuckes. Dieser ist zweifach: zusammengesetzt und nicht zusammengesetzt. Darunter besteht der zusammengesetzte in der Verbindung mit Halsketten, Perlenschnüren usw. mit Edelsteinen, Perlen, Korallen usw., der nicht zusammengesetzte in der Verfertigung, Anlegung von Armbändern, Ohrringen usw. Beides bildet einen Teil der Toilette. Nicht hierher gehört jedoch das Anlegen des Schmuckes an den Leib, da das schon bei den »Toilettekünsten« abgetan ist. –

»Zauberei«: die Kniffe, die aus dem Lehrbuche über das Zaubern stammen usw.: Dinge, die infolge des Zeigens von Heeren, Tempeln usw. Selbstbewusstsein und Staunen erregen. »Die Kniffe des Kucumāra«: das sind die dem Kucumāra angehörenden Dinge, die durch andere Mittel sonst Unerreichbares erlangen machen, wie z. B. das Gewinnen der Frauen. »Geschicklichkeit der Hände«: in allen Dingen eine leichte Hand haben, um Verzögerungen zu verhüten; oder bei dem Verschwindenlassen von Gegenständen Leichtigkeit, des Spieles und der Staunenerregung halber. – »Die Verfertigung der verschiedenen Arten von Gemüsen, Brühen und Speisen, die Herstellung von Getränken, Fruchtsäften, Würzen und Likören.« Das Essen ist ein vierfaches: feste Speisen, lockere Speisen, Speisen, die geleckt werden und trinkbare Speisen. Davon (zunächst) die lockeren Speisen: Dass von den Speisen und ihren Zutaten die Bereitung der Zutaten gewöhnlich nicht leicht zu erkennen ist, beweist (der Verfasser) damit, dass er das Gemüse, die vorzüglichste unter den Zutaten, erwähnt. Das Gemüse nun ist von zehnerlei Art, wie es denn heißt: »Wurzeln, Blätter, Schößlinge, Spitzen, Früchte, Stengel, Ausläufer, Schalen, Blüten und Stacheln: dies Zehnfache gut für Gemüse.« – Das Trinkbare ist von zweierlei Art: das am Feuer herzustellende und das übrige.

Das erste davon nennt man Brühe, und diese ist auch von zweierlei Art: die eine, hergestellt aus dem ausgepressten Safte von Bohnen usw., die andere aus Abkochungen. Feste Speisen sind Naschwerk usw. Die Herstellung dieser verschiedenartigen Speisen, die Fertigstellung durch die Vorrichtung des Kochens. – Das Trinkbare, welches ohne Anwendung von Feuer hergestellt wird, ist von zweierlei Art; eins, was durch Mischen bereitet wird und das andere. Da ist nun das erste tropfbar oder nicht tropfbar. Was dabei unter Beifügung von Zucker-, Tamarinden- und anderem Wasser bereitet wird, dieses Tropfbare heißt Getränk. Was man bereitet unter Vermischung von Weinpalmenfrüchten und Bananen mit einem nichtflüssigen Kräuterstoffe, dieses Nichttropfbare heißt Fruchtsaft. –

Mit der Wahl des Wortes »Likör« deutet (der Verfasser) elliptisch ein Mischen an. Er wird in der Weise eben hergestellt, dass man Mischungen von Mildem, Mittlerem und Scharfem vornimmt. – Die Wahl des Wortes »Würze« deutet an, dass das Betreffende durch Lecken genossen werden muss, da es dreifach ist. So heißt es denn: »Würze gilt bei denen, die sie zu bereiten verstehen, als durch Lecken zu genießen, feinkörnig und flüssig; der Geschmack ist salzig, sauer oder bitter, mit wenig Zucker versehen.« – Diese vierfache, mannigfaltige Kochkunst dient dazu, den Leib zu erhalten. Die Sonderung nach der Anwendung zeigt, dass die Speisen entweder mit oder ohne Feuer hergestellt werden: durch Kochen stellt man Gemüse usw. her, ohne Kochen Getränke usw. Sonst wäre gesagt worden »Kochkunst«. Auf Grund dieser Verschiedenheit der Handlung ergibt sich, dass einer, der die Kochkunst versteht, zweierlei kann. Infolgedessen ist diese eine Kunst auch in zwei Teilen behandelt. –

»Die Arbeiten des Webens mit der Nadel«: das Werk des Zusammenfügens vermittelst der Nadel ist »Weben mit der Nadel«, und das ist von dreifacher Art: Nähen, Weben und Wirken. Das erste davon bezieht sich auf Mieder usw., das zweite auf durchbrochene Gewänder, das dritte auf Decken usw. Diese Kunst ist wohl bekannt. – »Das Fadenspiel« das bald so, bald so Zeigen von Fäden, von Lotusstengeln usw., begleitet von scherzhaften Rätselreden. Man zeigt als nichtzerschnitten und nichtverbrannt, was man zerschnitten und verbrannt hat; und zwar geschieht das durch Fingerstellung. Man zeigt auch Göttertempel usw. – Diese also beschaffene Kunst ist ein Gegenstand des Spieles. – »Das Musizieren auf der Laute und der Trommel«: wiewohl es zu einem Musikchore gehört, ist doch das Musizieren auf den Saiteninstrumenten das vorzüglichste. So gibt es denn auch ein besonderes Musizieren auf der Laute: das auf der Trommel gehört notwendig dazu, indem dann die Kinder herbeikommen und (die Musik sonst) schwer zu verstehen wäre. Denn dann hört man einen deutlich erklingenden Rhythmus. – »Rätselspiel«: weltbekannter Gegenstand des Spieles und Wettstreites. – »Versespiel«: auch bekannt unter dem Namen »Endbuchstabenspiel«. Es ist Gegenstand des Spieles und des Wettstreites. – So heißt es: »Wenn zwei Leute gegenseitig Verse hersagen, indem sie der Reihe nach bei jedem Verse mit dem Endbuchstaben des letztgenannten beginnen, so nennt man dies das ›Versespiel‹. – »Das Hersagen schwieriger Worte«: was sich hinsichtlich der Lautform und der Bedeutung schwer aussprechen lässt, das nennt man schwierige Worte. Man wendet sie an beim Spiele und beim Wettstreite. So heißt es im Kāvyādarśa[8]

damstrāgrarddhyā prāg yo drāk ksmām ambvantahsthām ucciksepa
devadhrutksid dhy rtvikstutyo yusmān so'vyāt sarpātketuh.

Der Sinn ist: Der durch die übernatürliche Kraft seiner Fangzahnspitze prāg, einst, drāk, schnell, ksmām, die Erde, ambvantahsthām, die in dem Wasser sich befand, ucciksepa, emporhob, der devadhrutksid: sie schädigen die Götter, also Götterschädlinge, Dämonen; er vernichtet sie, also: – der Götterfeindvernichter. Das Wort *dhy* soll nur den Vers füllen. Der von den Priestern zu preisende. Er verzehrt Schlangen, also Schlangentöter, Garuda: der diesen als ketu, als Flagge führt, der ist gemeint. (Visnu: der möge euch schützen.) – »Das Vorlesen von Büchern«: das unter Berücksichtigung der Affekte der Liebe usw. stattfindende singende Hersagen der in den Büchern stehenden Gedichte, wie des Bhāratam usw., um Leidenschaft zu erwecken und um der eignen Unterhaltung halber. –

»Kenntnis des Schauspiels und der kleinen Erzählungen«: da das Schauspiel unter den in Prosa und Versen abgefassten Dichtungen außerordentlich stark

---

[8] *In welchem? Nicht in dem von Dandin verfassten!*

vertreten und die kleine Erzählung das Hauptwerk in Prosa ist. Kenntnis, Erfahrenheit. Mit besonderer Rücksicht sind die Sondernamen gewählt, und es heißt nicht »Kenntnis der Dichtungen«. Das Schauspiel hat nun zehn Unterarten, wie es denn heißt: »nātaka, aṅka, vīthī, prakarana, īhāmrga, dima, bhāna, vyāyoga, samavakāra und prahasana: das sind die verschiedenen Arten des Schauspieles.« – »Ergänzung eines gegebenen Verses eines Gedichtes«: Ergänzung, weil das Betreffende zu ergänzen ist, nur knapp angegeben wird .... Der Sinn ist, das zu Ergänzende bei einem Verse eines Gedichtes ist ein Versfuß. Das Ergänzen desselben ist Gegenstand des Spieles und des Wettstreites. Darüber heißt es im Kāvyādarśa[9]: »āśv āsam janayatirājamukhyamadhye«. Dieser Versteil aus dem Udyogaparvan, aus der Reise des Visnu, muss mit drei anderen Versteilen verknüpft werden: so ist also das zu Ergänzende gegeben. Hier sind diese drei Versteile:

dautyena Dviradapuram gatasya Visnor
bandhārtham prativihitasya Dhārtarāstraih
rūpāni trijagati bhūtimanti rosād
āśv āsam janayatirājamukhyamadhye.

Hier ist von Duryodhana usw. ein Anschlag verabredet, Visnu gefangen zu nehmen. Die in den drei Welten glückbringenden Gestalten waren schnell, kamen zum Vorschein. Unter den Leuten in der Versammlung, den Büßern, Rāma, Karna usw. und den ersten unter den Königen, den Bālhīkās usw. – Diese sechs, auf der Gewandtheit im Sprechen beruhenden Künste, Rätselspiel usw., sind hier zusammengefasst, weil sie gewöhnlich zur Anwendung gebracht werden. – »Die verschiedenen Arten, Zeug und Rohr zu flechten«. Die verschiedenen Arten, Zeug zu weben und die verschiedenen Arten, aus Rohr Bettstellen und Sitze zu flechten, sind bekannte Dinge. – »Drechslerarbeiten«, Arbeiten auf der Drehscheibe zur Herstellung von künstlichen Phalli. – »Behauen«, Arbeiten des Zimmermannes, zur Herstellung des Lagers, der Stühle usw. »Baukunst«: die beim Bau des Hauses in Anwendung kommt. – »Prüfen von Silber und Edelsteinen«: Silber ist geprägtes Geld, Denare usw., Edelsteine sind Diamanten, Juwelen, Perlen usw. Deren Prüfen nach guten oder schlechten Eigenschaften, dem Preise usw. bildet einen Teil des Geschäftsverkehres. –

»Metallurgie«: Geologie. Diese ist Gegenstand des Artha, da sie die Kenntnis des Fällens, Reinigens, Vermischens usw. des Lehmes, der Steine, Juwelen

---

[9] *In welchem? Nicht in dem von Dandin verfassten!*

und Erze vermittelt. »Kenntnis des Färbens und der Herkunft der Juwelen«: die Kenntnis des Färbens der Bergkristalle dient zum Erwerbe und als Schmuck; die Kenntnis der Fundorte der Rubine und anderer Edelsteine dient zum Erwerbe. – »Anwendung der Lehre von der Pflege der Bäume«: sie betrifft den Hausgarten und ist vielfach gegliedert in das Pflanzen, Pflegen und Heilen. – »Einrichtung der Kämpfe von Widdern, Hähnen und Wachteln«: das ist die Veranstaltung eines Spieles, mit lebenden Wesen. Die Einrichtung dieses Kampfes nun in vier Gliedern, Anmarsch usw. dient als Spiel und zum Wettstreite. – »Das Sprechenlehren von Papageien und Predigerskrähen«: nämlich Papageien und Predigerskrähen sagen, wenn sie nach der menschlichen Sprache sprechen gelernt haben, schöne Sprüche her und rufen Befehle. – »Erfahrung im Frottieren, Massieren und Frisieren des Haares«. Es gibt zweierlei Arten von Reiben: mit den Füßen und mit den Händen. Das Reiben mit den Füßen nennt man Frottieren, die Vornahme des Salbens des Kopfes mit den Händen ist das Frisieren des Haares. Da dieses dabei geschmeidig wird, so ist daher die Bezeichnung genommen[10]. Das Reiben an den übrigen Gliedern ist Massieren. Die Erwähnung des Haares geschieht hier aus besonderer Rücksicht: Erfahrung auf diesem Gebiete dient dazu, andere für sich zu gewinnen. –

»Das Erzählen vermittelst der Fingersprache«: Fingersprache ist Geheimhaltung, gleichsam eine Handvoll Buchstaben. Sie ist ohne falschen Schein oder mit falschem Scheine begleitet. Da heißt denn die letztere aksaramudrā, Buchstabensiegel. Vermittelst derselben berichtet man den Inhalt geheimer Beratungen und gibt in Kürze den Inhalt eines Buches an. Der Meister Ravigupta hat dar über in seinem Gedichte »Candraprabhāvijaya« einen besonderen Abschnitt. So heißt es: »In dem Meere der Unterhaltung umhergeschlagen wird der, welcher diese aksaramudrā nicht studiert hat, die alles in undurchdringliches Dunkel hüllt, etliche Lehren und unendlich viele Mundöffnungen hat.« Dafür ein Beispiel:

mevrmikasimkatuvrdhamakummī,

mūdhasabāmsuśakanidhakaāvyāh,

phācaivaijyeāśrābhāākāmāpaumā caiva.

Der Sinn dieser Strophe ist dieser: In der ersten Verszeile sind die Zodiakalbilder genannt, mesa (Widder) usw.; in der zweiten die besonderen Bezeichnungen derselben, anfangend vom Ausgangspunkte der Sonne: mūrti,

---

[10] *kesamardanam: kesānām tatra mrdyamānatvāt!*

dhana, sahaja, bāmdhava, suta, śatru, kalatra, nidhana, dharma, karma, āya und vyaya; in der anderen Hälfte die Monate, phālguna usw. – Die Geheimsprache »ohne falschen Schein« heißt bhūtamudrā: vermittelst dieser berichtet man über geheim zu haltende Beratungen. So heißt es denn: »Faust, Knospe, Klumpen, Hand mit drei ausgespreizten Fingern, Fahne, Haken und Ring: diese sieben Gruppen bilden die Mudrā-Geheimsprachen. Die Finger sind die Buchstaben derselben, die Vokale befinden sich in den Fingergelenken: der Buchstabe wird in der Vereinigung angefügt – das nennt man bhātamudrā.« So ist auch noch eine andere bhūtamudrā, mit Namen kāvya, zu betrachten. – »Die verschiedenen Arten verabredeter Sprachen«: was zwar aus richtigen Worten besteht, aber infolge einer (bestimmten) Reihenfolge der Buchstaben keinen deutlichen Sinn gibt, das heißt eine verabredete Sprache und dient bei geheimen Beratungen. Ihre zahlreichen Arten sind von früheren Meistern behandelt worden, z. B.: »Die (Geheimsprache) des Kautilya besteht in (der Vertauschung der Konsonanten von) d-ks (mit denen von k-th); die ›schwer zu verstehende‹ nennt man es, wenn die langen und kurzen Vokale sowie die Nasale und Sibillanten vertauscht werden; man spricht von ›der des Mūladeva‹, wenn a und k, kh und g, gh und ṅ, ebenso c und t, t und p, y und ś verwechselt werden, der Rest aber bestehen bleibt; die schwer zu lesende ›Geheimschrift‹ ist es, wenn dabei Planeten (9), Augen (2) und Götter (8) sind, die Namen des Sechsmündigen (1), Meere (4), Heilige (7), Feuer (3), Glieder (6), tuka und Hörner (?) sind.« So sind auch noch andere Arten zu beachten. –

»Kenntnis der Dialekte«: behufs Mitteilung von Dingen, die nicht ausposaunt werden sollen und wegen des Handelsverkehrs mit den betreffenden Provinzialen. – »Die Kunst der Blumenwagen«: Blumen sind daran schuld, dass ich überbracht worden bin (?). – »Kenntnis der Vorzeichen«: Vorzeichen sind die Vorbedingung zur Kenntnis Glück oder Unglück verheißender Wahrsagungen und gehören der Klasse der Frömmigkeit und Geduld an (?). Sie dienen auch zur Erkennung des Fragenden. »Mit einer solchen Frau wirst du dich vereinigen«: so lauten die Wahrsagungen, deren der Liebesgott gewöhnlich lacht. »Kenntnis der Vorzeichen« ist ganz allgemein gesagt. –

»Kenntnis des Alphabetes der Diagramme«: Viśvakarman hat ein Lehrbuch über die Verschaffung der lebendigen und leblosen Diagramme für Reisen, Wasser und Kampf geschrieben. – »Kenntnis des Abc der Gedächtniskunst«: ein Lehrbuch, welches lehrt, wie man einen vernommenen Text behalten kann. So heißt es denn: »Gegenstand, Wortschatz, ebenso Stoff, Ziel und Erkenntnis: das sind die Lehren der Gedächtniskunst, ein Leib geziert mit fünf Gliedern.« – »Zusammen deklamieren«: geschieht vereint des Spieles und der Unterhaltung halber. Hierbei sagt einer einen früher memorierten Text her, der andere, der diesen noch nicht gehört hat, spricht jenem nach. – »Geistspiel«: ein im Geiste entstehendes Nachdenken. Es ist von zweierlei Art, je nachdem es sich auf Sichtbares oder Unsichtbares bezieht. Hierbei schreibt jemand einen Vers auf, ohne dessen Sinn anzugeben, indem er nur die Konsonanten in der Gestalt von padma- und utpala-Lotusblüten usw. setzt und sie in der gehörigen Weise mit Nasal- und Hauchlauten versieht; der andere bemüht sich, ihn richtig zu lesen, indem er die Moren, die euphonischen Regeln, Vereinigung, Abtrennung, Versmaß usw. angibt. Das bezieht sich auf Sichtbares. Wenn man aber in derselben Weise etwas der Reihe nach vortragen hört und es dann wie vorher herauskriegt und vorliest, dann bezieht es sich nicht auf Sichtbares: dieses heißt auch »Luft-Geistspiel«. Beides, dient als Spiel und zur Unterhaltung. – »Anfertigung von Gedichten«: die Herstellung von Gedichten in Sanskrit, Prākrit und Apabhramśa ist eine bekannte Sache. – »Lexikon«: die Utpalamālā usw. –

»Kenntnis der Metrik«: Kenntnis der von Piṅgala u. a. verfassten Metrik. – »Kenntnis der literarischen Arbeit«: die Mache der Dichtungen, d. h. der Redeschmuck der Kunstgedichte. Eine Dreizahl bilden die Teile der Herstellung eines Gedichtes und dienen zum Verständnis eines fremden Erzeugnisses. – »Vortrag von Liedern unter Gestikulationen (chalita)«: dienen dazu, andere zu verblenden. So heißt es: »Ein Maskenscherz, wobei man seine Gestalt in der eines andern zeigt, unter Vorführung von Göttern und anderen, ist als chalita anzusehen ...« »Das Verstecken in Kleidern«: Verbergung einer nicht zu enthüllenden Stelle mit dem Kleide, so dass dieses, auch wenn es heftig bewegt wird, sich davon nicht entfernt; Umlegen eines zerrissenen Gewandes, als sei es nicht zerrissen; Großes durch Verhüllen mit dem Gewande usw. klein machen: das sind die verschiedenen Arten des Verbergens. –

»Die verschiedenen Glücks-Spiele«: dies ist die Veranstaltung von Spielen mit Leblosem. Hierher gehören die bekannten mannigfaltigen Spiele, musti, ksullaka usw., die in fünfzehn Gliedern, Erlangung usw. bestehen. – »Das Spiel des Würfelns«: Würfelspiel. Wiewohl das eine besondere Art des Glücksspieles ist, wird es doch aus bestimmten Rücksichten noch besonders genannt: weil es zur Liebe gehört oder schwer zu kalkulieren ist. Bei der Unkenntnis der Würfelherzen nämlich wurden Nala und Yudhisthira besiegt. – »Die Spiele der Kinder«: die Spiele der Kinder mit Häuser(bauen), Bällen, Puppen usw. werden gespielt, wenn Kinder zu Besuch kommen. – Damit sind einundsechzig Künste genannt. –

»Kenntnis der Wissenschaft des guten Tones«: Wissenschaft des guten Tones wegen der Anwendung auf den eignen und fremden Wandel; Lehrbücher des gesitteten Benehmens. Auch Dressur der Elefanten usw. – »Wissenschaft der Strategie«: die zum Siege verhelfende Wissenschaft ist Strategie: eine göttliche und eine menschliche: die göttliche umfasst die Unbesieglichkeit usw., die menschliche die Kunde des Kampfes, Waffenlehre. – »Wissenschaft der körperlichen Übungen«: körperliche Übungen, Jagd usw., die in körperlichen Anstrengungen bestehen. Diese drei bilden den Kern des Lebens und dienen ganz besonders zur Erhaltung des eignen Ichs. – Das sind die vierundsechzig Nebenzweige, die »einzelnen« des Lehrbuches der Liebe; sie bilden seine Glieder. Wenn sie nicht da sind, kann auch das Lehrbuch der Liebe nicht vonstatten gehen.

Die Vierundsechzig nach Pāñcāla sind anders. Deren Anwendungen werden wir in dem Abschnitte über den Liebesgenuss besprechen, indem wir ihnen nachgehen; denn die Liebe besteht ihrem Wesen nach aus ihnen. »Nach Pāñcāla«: von Pāñcāla herrührend oder weil sie von diesem erwähnt werden.

»Die Vierundsechzig«, die Nebenzweige (sind anders), da sie auch neben den anderen zur Geltung kommen. »Deren«, der Künste nach Pāñcāla, (Anwendungen) werden wir in dem Abschnitt über den Liebesgenuss besprechen, »indem wir ihnen nachgehen«, indem wir jeden einzelnen Gegenstand der Reihe nach begleiten. – »Denn die Liebe besteht aus ihnen«: weil ihr Wesen auf den vierundsechzig Künsten beruht. – Da die vorher erwähnten Vierundsechzig aber in einem anderen Leitfaden in ihrer Anwendung gezeigt werden, ist hier, um die Erkenntnis zu ermöglichen, dass sie hierher gehören, nur eine kurze Aufzählung gegeben worden.

Nun nennt der Verfasser den Lohn, der auf das Erfassen der Künste folgt:

Eine Hetäre, die sich durch diese auszeichnet und mit Charakter, Schönheit und Vorzügen begabt ist, bekommt den Titel ganikā und eine hohe Stellung im Kreise der Leute.

Geehrt ist sie stets bei dem Könige und bei den Trefflichen gepriesen; begehrenswert ist sie, des Besuchens würdig und ein Vorbild.

Die Tochter eines Königs und ebenso eines hohen Beamten, die sich auf (jene) Praktiken versteht, macht den Gatten sich geneigt, auch wenn er tausend Frauen im Harem hat.

Ebenso kann eine Frau während der Trennung von dem Gatten und wenn sie in schweres Missgeschick geraten ist, sogar im fremden Lande von (diesen) Wissenschaften bequem leben.

»Durch diese« Künste »ausgezeichnet«, den Vorrang einnehmend. – »Eine Hetäre«, um anzudeuten, dass diese in erster Linie (die Künste) erlernt. –

»Charakter«, gute Eigenart. – »Schönheit«, Gestalt und Aussehen. »Vorzüge«, der Liebhaberin, die in dem Abschnitte über die Hetären beschrieben werden sollen. – »Den Titel ganikā«, das heißt: die Hetäre, die sonst diesen gewöhnlichen Titel führt, erhält den auserlesenen Namen einer ganikā, indem diese eben so gekennzeichnet wird. – »Hohe Stellung im Kreise der Menschen«: sie bekommt in der Gesellschaft einen Sitzplatz und wird nicht als Hetäre verachtet. – »Bei dem Könige geehrt«, durch Darreichung eines Sonnenschirmes, Wasserkruges usw. – »Bei den Trefflichen gepriesen«, gelobt, weil ihre Erfahrenheit in den Künsten keine alltägliche ist. »Begehrenswert«, würdig des Aufsuchens seitens der Leute, die nach dem Unterrichte in den Künsten verlangen. Für Unterrichtete, nach Liebesgenuss Begehrende »ein Vorbild«, Beispiel, wie Devadattā. – »Die sich auf (jene) Praktiken versteht«, auf die Anwendung von Gesang usw. »Auch wenn er tausend Frauen im Harem hat«: eine elliptische Bezeichnung für viele Weiber. – »Sich geneigt«, dem eignen Ich geneigt. – »Ebenso während der Trennung von dem Gatten«: wenn der Gatte in die Fremde gegangen ist. Ferner »wenn sie in schweres Missgeschick«, bestehend in Witwenschaft, »geraten ist« und aus Kummer ihre Heimat verlassen hat, kann sie sogar in einem anderen Lande »bequem leben«; indem sie Unterricht in den Wissenschaften erteilt.

Mit Bezug auf den Mann sagt der Verfasser:

Ein Mann, der in den Künsten erfahren, gesprächig und Schmeichler ist, findet das Herz der Frauen schnell, auch wenn er nicht bekannt ist.

Infolge der Erlernung der Künste eben entsteht das Glück; je nach Ort und Zeit aber soll ihre Anwendung stattfinden oder nicht.

»Gesprächig«, nur infolge der Vertrautheit mit den Künsten viel sprechend; nicht anders: um keine Gelegenheit zu geben, als Nicht-Elegant zu erscheinen. – »Schmeichler«, einer der Liebes tut; indem durch die Erlernung der Künste nämlich korrektes Wesen erzielt wird. »Auch wenn er nicht bekannt ist«: nicht vertraut. »Findet das Herz«, gewinnt es. »Schnell«, ohne lange Zeit zu gebrauchen. – Infolge des Liebesgenusses von Mann und Frau, »infolge der Erlernung eben« entsteht das Glück. Geld ist die Abwehr der Armut, Liebe ist Ruhm, so ist der Sinn. Auch hier ist Ort und Zeit zu berücksichtigen. In dem einen Lande sind die Elegants in den Künsten erfahren, oder es herrscht das Verlangen nach der Abhaltung von Prozessionsfesten usw.: darum Anwendung der Künste! Oder das Land ist leer von Elegants, oder die Bewohner hassen Vorzüge, oder für die Elegants ist eine unglückliche Zeit, oder sonst etwas: darum keine Anwendung der Künste, sonst könnte ihre Kenntnis zum Schaden ausschlagen!

§ 4 - Das Leben der Elegants

DER VERFASSER nennt den Zusammenhang mit dem (vorigen) Paragraphen:

Nach Erlangung des Wissens und nach Gründung des Hausstandes für die Gelder, die man durch Geschenke, Siege, Handel oder Bezahlung erworben oder ererbt hat oder auch für beide, führe man das Leben eines Elegants.

»Nach Erlangung des Wissens«: weil dann die Führung des eleganten Lebens am Platze ist. Da aber ein Mann, auch wenn er das Wissen besitzt, die Führung eines eleganten Lebens nicht beginnen darf, solange die Verbindung mit einer Frau noch nicht stattgefunden hat, so sagt (der Verfasser): »Nach Gründung des Hausstandes«. Wenn nun aber auch der Hausstand, das häusliche Leben, in Verbindung mit einer Gattin, für den Elegant passt, so ist das doch nicht ohne Vermögen denkbar. So sagt denn (der Verfasser): »Für die Gelder«: und auch diese erlangt man nicht ohne Hilfsmittel; darum heißt es: »durch Geschenke«. Da erlangt es denn der Brahmane durch Geschenke, indem das so seine Art ist; der Krieger durch »Siege«, indem er vom Waffenhandwerke lebt; der Kaufmann durch »Handel«, was sein Gewerbe elliptisch bezeichnet; der Sūdra, Handwerker, Schauspieler usw. durch die Bezahlung, Löhnung für eine Arbeitsleistung: dadurch »erworben«. Die Vorschrift, dass der häusliche Herd gegründet sein müsse, ist (also) keine Sache für einen Habenichts. –

»Ererbt«: vom Vater oder Großvater erlangt. In diesem Falle erfolgt unmittelbar auf die Verbindung mit einer Frau die Gründung des Hausstandes. – »Oder auch für beide«, das durch Geschenke usw. Erhaltene und das Ererbte. Das bedeutet: auch wenn ererbtes Geld vorhanden ist, soll man noch nicht vorhandenes zu erwerben suchen. – Der Elegant ist ein gebildeter Mensch; oder unter Berücksichtigung von dessen Lebensweise wird (auch ein Ungebildeter) durch die künftige Lebensweise zum Elegant. Dessen Leben führe man: so wird das gewöhnliche Leben zu einem durch den Elegant ausgezeichneten Leben oder Handeln. – Dieses Lehrbuch bezieht sich auf den Hausherrn unter den vier Kasten; und davon ist dies Kapitel das Haupt. Das ganze Lehrbuch nämlich betrifft die hier behandelte Person.

(Der Verfasser) gibt die Stätte an, wo er leben kann:

In einer Großstadt, einer Hauptstadt, einem Flecken oder einem großen (Orte) kann er leben, wo es treffliche Menschen gibt, oder (sonst wo) unter Berücksichtigung des Lebensunterhaltes.

Eine »Großstadt« liegt inmitten von achthundert Dörfern und bildet für diese die Handelsstätte. Eine »Hauptstadt«, wo die Residenz des Fürsten ist. Ein »Flecken« liegt inmitten von zweihundert Dörfern. »Oder einem großen (Orte)«: inmitten von vierhundert Dörfern, führt die Bezeichnung ›dronamukha‹ und ist größer als ein Flecken. In einer von diesen ist der Aufenthalt passend. Warum? Darauf antwortet (der Verfasser): »Wo es treffliche Menschen gibt«. Dies gehört zu jedem einzelnen Gliede! – »Oder (sonst wo) unter Berücksichtigung des Lebensunterhaltes«: oder wo es Lebensmittel gibt, die Erhaltung des Leibes ermöglicht ist; im Dorfe; da kann man auch wohnen. Das übrige Leben hängt ja davon ab.

Auch dort lebt er nicht, ohne ein Haus zu besitzen:

Dort lasse er, mit Wasser in der Nähe, eine Wohnung mit einem Baumgarten, einem geräumigen Hofe für die Arbeiten und zwei Schlafgemächern bauen.

»Dort«, in einer der genannten Stätten, Großstadt usw., »lasse er eine Wohnung bauen«, ein Haus, so ist die Verbindung. »Mit Wasser in der Nähe«: in der Nachbarschaft eines Flusses, Teiches usw. Wasser ist etwas Fröhliches und bildet einen Teil der Spiele. – »Mit einem Baumgarten«: wo Wasser ist, da ist es auch mit einem Baumgarten, Hausgarten verbunden. – »Mit einem geräumigen Hofe für die Arbeiten«; dessen eingeschlossene Räume, Plätze in der Nähe der Tore, für die Arbeiten geräumig genug sind. Wenn nämlich die häusliche Arbeit (im Hause selbst) verrichtet wird, die so verschieden ist, dürfte das Haus ungemütlich werden. – »Mit zwei Schlafgemächern«: versehen mit einem Gegenstande zum Lagern. – So weit die Herstellung eines zum Leben hinreichenden Hauses, das übrige ist aus der Baukunst zu ersehen.

Was da nun für Gegenstände hineinkommen, wenn es fertig ist, gibt (der Verfasser jetzt) an:

In dem äußeren Schlafgemache sei eine sehr weiche, beiderseits mit Kissen versehene, in der Mitte vertiefte Lagerstätte mit weißer Decke und ein Nebenlager. An deren Kopfende sei der Platz für das Grasbündel und die Opferbank. Dort seien die von der Nacht übriggebliebenen Salben und Kränze, ein Körbchen mit gekochtem Reis, ein Gefäß mit Parfums, Zitronenbaumrinde und Betel; auf dem Fußboden stehe ein Spucknapf; eine an einem Haken hängende Laute; ein Malbrett; eine Farbendose; irgendein Buch; Kränze aus gelbem Amaranth; nicht weit davon auf dem Erdboden ein Streulager, den Kopf aufzulegen; Würfelbrett und Spielbrett. Außerhalb desselben Käfige mit zahmen Vögeln; der Platz abseits für Zimmer- und Schnitzarbeiten und andere Spiele; in dem Baumgarten eine gut gepolsterte, beschattete Stoßschaukel und eine aus Erde bestehende, mit Blumen bestreute Bank. So ist die Anordnung der Wohnung.

»In dem äußeren«: das innere Schlafgemach dient zum Ruhen für die Frauen drinnen. In dem äußeren, in der Nähe des Tores gebauten sei eine Lagerstätte für den Liebesgenuss. »Weich«, durch die auf der Bettstatt liegenden Decken, Baumwollmatratzen usw., und wohlriechend. – »Beiderseits mit Kissen versehen«: indem am Kopf- und Fußende Kissen gelegt sind. – »In der Mitte vertieft«, bestiegen; d. h. mollig. – »Mit weißer Decke«: da weißes Bettzeug Tag für Tag oder alle zwei bis drei Tage gewaschen werden muss, so ist durchaus eine solche aufzulegen. – »Und ein Nebenlager«: in deren Nähe sei für den Liebesgenuss ein Ersatz derselben, dessen Höhe ein wenig geringer ist; ein Ruhebett. – So ist die Anordnung, und zwar so nur bei Leuten von tugendhaftem Wandel: Liebhaber einer Hetäre aber vereinigen beides in der Lagerstätte und haben kein Nebenlager. So heißt es denn: »Wo der Liebhaber weilend mit der Geliebten zusammmen sich vereint, auf diesem besudelten Lager ruhe der Wissende, Reine nicht.« »An deren«, der – Lagerstätte, »Kopfende«, ab dem gegenüber den Seiten- und Rückenteilen bevorzugtesten, sei die Stätte für den Grassitz, der dem Gedenken an die Götter dient. So heißt es: »Nachdem der Reine auf dem lauteren, am Kopfende der Lagerstätte hingestreuten Grase mit seiner Schutzgottheit sich vereinigt hat, suche der sich selbst Beherrschende das Lager auf.« –

»Und die Opferbank«: an die Wand sich anschließend, von gleicher Höhe mit dem Lager, in der Breite von nur einer Hand[11], befinde sich ein viereckiger Platz aus Estrich. »Dort«, auf dieser Opferbank, befinden sich »die von der Nacht übriggebliebenen«, der Rest der in der Nacht benutzten »Salben«, Sandel u. dgl., zum Gebrauche am Morgen. – »Kränze«, ebenfalls von der Nacht übriggeblieben. – »Ein Körbchen mit gekochtem Reis«, eine runde Dose mit gekochtem Reis. – »Ein Gefäß mit Parfums«, gefüllt mit wohlriechenden Sachen, um den Schweiß zu vertreiben. Das Gefäß dazu besteht aus Blättern der Laurus cassia u. a. – »Zitronenbaumrinde«, um den schlechten Geschmack im Munde zu vertreiben und schlechten Geruch fernzuhalten. So heißt es denn:

»Der Liebhaber, der abends eine Paste aus Stückchen von mit Honig bestrichener Zitronenbaumrinde lutscht, kommt, in das Netz der Arme der Frau verstrickt, nicht in Verlegenheit über schlechten Geruch aus dem Munde.« – »Und Betel« liege bereit zum Genusse in der Nacht. – »Auf dem Fußboden stehe ein Spucknapf«; nicht auf der Opferbank: so ist es gemeint und so wird es genau bestimmt. Der Platz ist es, an welchem befindlich der Liebhaber den

---

[11] 18 Zoll

genossenen Betel usw. ausspeit und der das Ausgespiene auffängt. Da soll er stehen und nicht anderswo, weil sonst kein Platz für ihn ist. »Eine Laute« zum Musizieren, mit einem Futteral versehen. – »Ein Malbrett« zum Malen. – »Eine Farbendose«, notwendig bei Malarbeiten. – »Irgendein Buch«; wenn auch nur im allgemeinen gesprochen wird, so meint der tiefere Sinn doch ein Buch, welches das gerade neueste Dichterwerk enthält, zum Vorlesen. – »Kränze aus gelbem Amaranth«: da diese bloß schön aussehen sollen und selbst bei dem heftigen Drücken in der Wollust nicht unscheinbar werden. Bei dem Tragen derselben weist man besonders auf seinen Ruf der Beliebtheit hin. – Diese Gegenstände, Laute usw. hängen, um sie nicht zu beschädigen, an Pflöckchen in der Wand des Schlafgemaches und sind je nach Bedarf herunterzunehmen. Wiewohl das (nur) die entsprechende Art der Aufbewahrung ist, merkt man doch, dass sie auch einen wohnlichen Eindruck hervorbringt. – »Nicht weit davon«, von der Lagerstätte. – »Auf dem Erdboden«; nicht auf dem Ruhebette oder dem Rohrsitze, weil es da nicht schön aussehen würde; »ein Streulager«: das ist weltbekannt.

»Den Kopf aufzulegen«: es diene als Sitz, indem man den Kopf darauflegt. Auf dem Graslager sitzt man nur zu gewissen Zeiten. – »Würfelbrett und Spielbrett« zum Spielen sollen auf der Erde, an die Wand gelehnt, stehen. Seiner Zeit hole man sie. – »Desselben«, des Schlafgemaches. Nicht zu weit »außerhalb«, in dem diesem benachbarten Raume seien an Wandhaken aufgehängte Käfige, besetzt mit Vögeln zum Spielen. Nicht drinnen, wegen der Unannehmlichkeit bei dem Entleeren des Unrates usw. – »In der Einsamkeit«, an einer Stelle, wo man zur unrechten Zeit nicht hinsieht. Dort ist die Stätte für die Zimmer- und Schnitzarbeiten. »Und anderer«, des Spieles halber, die Scham erregen. Stätte ist in der Einsamkeit. – »Gut gepolstert«. Gut beschattet, indem dichte Zweige darüber hängen, um die Hitze abzuhalten. – »Stoßschaukel«, die durch Stoß geschaukelt wird. Sie dienen, als Vergnügen bereitend, zum Spielen. Nicht im Hause! Eine Radschaukel aber wird durch Umlaufen eines Rades bewegt. Jene heißt *preṅkhā*. »Beschattet«: da sie von oben durch Blumen und Lianen verdeckt ist, ist sie besonders gut mit Schatten versehen. – »Und eine aus Erde bestehende Bank«: ein aus Estrich gefertigter Sitz. – »Mit Blumen bestreut«: sie sei bedeckt mit den von den Lianen herabfallenden Blüten. In dem Baumgarten eben. Gemeint ist ein Lianenpavillon, indem man sich dort bei Gelagen usw. aufhält. – »Anordnung der Wohnung«: nach Einteilung und Ausstattung.

Seine Beschäftigungen in diesem Heime sind zweifacher Art: ständig und durch besondere Anlässe geboten. Mit Rücksicht auf die ersten sagt der Verfasser:

Nachdem er am Morgen aufgestanden ist, die ständigen Verrichtungen vollbracht, seine Zähne geputzt, mäßig Salben gebraucht, Räucherwerk und einen Kranz genommen, einen Mundvoll gekochten Reis genossen und Lack aufgelegt, sein Gesicht im Spiegel betrachtet und Mundkügelchen sowie Betel genommen hat, soll er seinen Beschäftigungen nachgehen.

Nachdem der Liebhaber »am Morgen« vom Lager »aufgestanden ist«, um das Aufgehen der Sonne über seinen Handlungen zu vermeiden. – »Die ständigen Verrichtungen vollbracht«, sein Wasser gelassen und den Leib entleert hat. – »Seine Zähne geputzt«: nachdem er das zum Reinigen der Zähne dienende Holz gekaut hat. Inzwischen hat er in gehöriger Weise frommer Zucht, der Morgenandacht usw., obgelegen. – »Mäßig«: wer viel Salben usw. anwendet, ist kein Elegant mehr! Das ist ja in der Praxis wohl bekannt. »Räucherwerk«, aus Aloeholz usw. »Kranz«, Diadem oder Krone. – »Lack«, um eine hervorragende Farbe zu erzielen. »Aufgelegt«, nämlich auf die Lippen. Die Reihenfolge ist dem Sinne nach diese: nachdem er die Lippen mit einem etwas feuchten Stück Lack gerieben und Betel hinzugefügt hat, treffe er sie mit einer Kugel aus gekochtem Reis. – »Sein Gesicht im Spiegel betrachtet«: weil das glückverheißend ist, und um die Schönheiten und Mängel der Toilette zu erkennen. – »Mundkügelchen sowie Betel genommen hat.« Der Sinn ist: nachdem er ein wohlriechendes Mundkügelchen in die Backe gesteckt und wieder um des Genusses halber Betel in Pastenform genommen hat. – »Seinen Beschäftigungen«, die die Erreichung der drei Lebensziele bezwecken, »soll er nachgehen.«

Nachdem das ausgeführt ist, beschreibt (der Verfasser) den Inhalt der Körperpflege:

Beständig baden, alle zwei Tage einreiben, alle drei Tage Sepia, alle vier Tage Rasieren, alle fünf oder zehn Tage Glätten; ohne Ausnahme. Beständiges Entfernen des Schweißes an den verhüllten Höhlungen; am Vor- und Nachmittage Abhaltung der Mahlzeit, nach Cārāyana am Abend; nach dem Essen Unterrichtserteilung an die Papageien und Predigerskrähen; Wachtel-, Hahnen- und Widderkämpfe; diese und jene Kunstspiele; Beschäftigungen, die dem Pīthamarda, Vita und Vidūsaka zukommen; Mittagsschlaf; am Nachmittage, wenn er Toilette gemacht hat, belustigende Unterhaltungen; am Abend Musizieren; wenn das vorüber ist, zusammen mit den Freunden in dem zurechtgemachten, vom Dufte des Räucherwerks durchzogenen Schlafzimmer auf dem Lager Erwarten der zum Liebesbesuche kommenden Frauen; Absenden der Unterhändlerinnen oder persönliches Hingehen; zusammen mit den Freunden Begrüßung der Angekommenen mit freundlichen Reden und Höflichkeiten; eigenhändiges Wiederzurechtmachen der durch den

Regen in Unordnung geratenen Toilette der bei schlechtem Wetter zum Liebesbesuche kommenden Frauen; oder Bedienen durch die Schar der Freunde: das ist das Treiben bei Tage und in der Nacht.

»Beständig«: Tag für Tag baden, weil es stärkt und reinlich ist. – »Alle zwei Tage«: es finde statt, um den Körper zu stählen, an dem Tage, der der zweite ist nach dem ersten, unmittelbar dem Tage folgenden, an welchem das Einreiben stattgefunden hat; d. h. indem ein Tag dazwischen liegt. – »Alle drei Tage«: am dritten Tage soll an den Schenkeln Sepia angewendet werden; d. h. indem zwei Tage dazwischen liegen; sonst werden die Schenkel in der Folge rau. – »Alle vier Tage«: dreimal in einer Monatshälfte soll er Bart, Nägel und Haar [12] verschneiden, gemäß der Überlieferung. Hierbei findet bei einigen Elegants je nach dem Instrumente dazu auch ein Unterschied der Zeit statt, wo diese Handlungen vorgenommen werden: Danach soll das »Rasieren«, die Behandlung des Bartes mit dem Schermesser, am vierten Tage stattfinden, d. h. indem drei Tage dazwischen liegen; mit der Schere aber geschehe das Schneiden der Nägel. –

»Glätten«, das Hantieren mit dem Schermesser an heimlichen Orten geschehe am fünften Tage; wobei aber die Haare gewaltsam ausgezogen werden, das soll am zehnten Tage stattfinden; so sagt (der Verfasser): »Oder alle zehn Tage«, weil dort die Haare langsam wachsen. So heißt es denn: »Das Rasieren, welches in dem Gebrauche des Schermessers besteht, geschehe am vierten Tage; das Glätten, welches in dem Ausrupfen der Haare besteht, am zehnten Tage.« So ist durch die allgemeine Angabe nicht gesagt, dass die Verschönerung dreimal im Halbmonat vorgenommen werden müsse. – »Ohne Ausnahme«: d. h. diese fünf Verrichtungen, Baden usw., sollen vollzählig stattfinden. – »Beständiges«: man soll immer die Achselgruben offen halten. Wenn man irgendwie arbeitet, dann bildet sich dort infolge der Berührung regelmäßig Schweiß, den man beständig mit einem Lappen entfernen soll; sonst verursacht er üblen Geruch und verrät Mangel an Bildung. – »Am Vor- und Nachmittage.« Indem man den Tag und die Nacht in acht Teile teilt, soll man am Vormittage drei Teile darauf verwenden, seinen Beschäftigungen obzuliegen. Im vierten Teile soll man essen, nachdem man gebadet hat usw. Am Nachmittage, im letzten Teile, soll man nochmals essen, um Kräfte zu bekommen. Dies muss man als die Meinung der Lehrer ansehen, wenn es

---

[12] *So nach der Lesart* romāni *der Mss.: Notices XI, p. 25; Peterson II, 108 und IV, 25. Die englische Übersetzung lautet: »(He should ...) get his head (including face) shaved every four days«.*

auch nicht ausgesprochen wird, indem eine abweichende Ansicht gegeben wird: »am Abend«.

Des *Cārāyana* Meinung ist, man solle am Vormittage und abends essen, weil die zweite Mahlzeit, wenn sie am Nachmittage stattfindet, nicht so kräftigt als am Abend. So heißt es: »Durch das Essen, welches man bei schlechter Verdauung genießt; durch das, was man bei guter Verdauung nicht genießt und durch das, welches man nicht nachts genießt: dadurch werden die Menschen hinfällig.« – »Nach dem Essen«: nach dem Essen am Vormittage sollen Beschäftigungen, wie das Unterrichten der Papageien und Predigerskrähen usw., stattfinden, die mit dem Mittagsschläfchen beschlossen werden. Diese Zeit passt gerade dafür. – »Diese und jene«: die genannten Spiele, wie das Rätselspiel, Versespiel usw. – Von dem »Pīthamarda« usw. wird (der Verfasser) noch reden. Die diesen zukommenden »Beschäftigungen«, Vereinigung und Entzweiung (von Liebenden) usw. – »Mittagsschlaf«. Am Tage zu schlafen ist zwar unrecht, aber in der heißen, schwächenden Jahreszeit erlaubt, wegen der Stärkung des Körpers. Der Leib ist ja die Grundbedingung für die Ausübung des Dharma. – »Wenn er Toilette gemacht hat«: wenn er die genannten Beschäftigungen beendet und Gesellschaftskleider angelegt hat, finden am Nachmittage, im vierten Teile des Tages, »belustigende Unterhaltungen«, Spiele bei Unterhaltungen statt.

Das ist das Leben am Tage: nun schildert (der Verfasser) dasselbe in der Nacht: »am Abend«. Nach Eintritt der Dämmerung, bei Anbrach der Nacht finde ein »Musizieren« statt, Aufführungen von Tanz, Gesang und Instrumentalmusik. »Wenn das vorüber ist«, das Konzert. – »Zurechtgemacht«, durch Kehren, Aufstellen von Blumen, Ordnen des Lagers usw. – »In dem Schlafgemache«; dem äußeren. – »Durchzogen«: wo sich der »Duft des Räucherwerkes« verbreitet hat. Der Sinn ist, er hat das Schlafgemach durchdrungen und strömt nun nach außen. – »Zusammen mit den Freunden«. Über die Freunde wird (der Verfasser) noch reden. Sie haben hierbei auch zu tun. – »Auf dem Lager«: in der Nähe des Lagers befindlich. Er setze sich nicht eher auf das Lager, als bis er seine Hochachtung und Liebe bekundet hat. Manchmal findet auch »persönliches Hingehen« statt. – Die von Angesicht zu Angesicht dem Geliebten gegenübertreten, das sind die »zum Liebesbesuche kommenden Frauen«[13] – »Erwarten« derselben, wenn sie nach Verabredung eintreffen. –

»Absenden der Unterhändlerinnen«. Wenn die Geliebte trotz des Absendens derselben nach Ablauf der festgesetzten Zeit infolge ihres Schmollens nicht

---

[13] *ābhimukhyena kāntam saranñ ty abhisārikāh!*

kommt, dann geht er wohl auch persönlich hin, um seine Hochachtung und Liebe zu bekunden. – »Mit freundlichen Worten«: ›Willkommen! Hier nimm Platz! Schön, dass du gekommen bist, Geliebte: mein Leben hängt an dir! Warum also hast du dich so verspätet?‹ Mit solchen und ähnlichen Worten. – »Begrüßung«: Entgegeneilen usw. – »Zusammen mit den Freunden«: auch die Freunde sollen dieselben Worte gebrauchen wie er und sie für ihr Teil begrüßen. »In Unordnung geraten«, zerstört. – »Bei schlechtem Wetter zum Liebesbesuche kommende Frauen« sind solche, die zur Zeit eines Unwetters sich zum Liebesbesuche begeben. – »Eigenhändiges«, nicht durch einen andern: um denen, die es betrifft, seine Hochachtung und Liebe kundzutun. – »Wiederzurechtmachen«, indem sie durch den Regen entstellt worden und die Zeit des Liebesgenusses gekommen ist. – »Durch die Schar der Freunde«, zum Unterschiede von sich selbst, »Wiederzurechtmachen«. »Bedienen« der Neulinge: so muss er das Massieren, Befächeln usw. aller durch seine Umgebung besorgen lassen. Das bezieht sich auf fremde Frauen, nicht auf die Gattinnen im Harem. – »Das Treiben bei Tage und in der Nacht«, was bei Tage und in der Nacht geschieht. Das, was bei der fleischlichen Vereinigung in der Nacht geschieht, wird (der Verfasser) in dem Abschnitte über den Liebesgenuss sagen.

Nun nennt der Verfasser die gelegentlichen Beschäftigungen:

Abhaltung von Prozessionen; gesellschaftliche Unterhaltungen; Zechgelage; Besuch der Gärten und gemeinschaftliche Spiele möge er unternehmen; an einem bekannten Tage des Halbmonates oder Vollmonates beständige Zusammenkunft der Aufgeforderten im Tempel der Sarasvatī. Ihnen sollen die fremden Künstler ein Schauspiel geben; am Tage darauf sollen sie von ihnen Ehrungen und ihre festgesetzte (Belohnung) empfangen. Darauf, je nachdem die Neigung ist, (abermaliges) Zusehen oder Entlassung; bei Unfällen und Festen derselben sollen sie gegenseitig die gleichen Rollen spielen. Ehrung und Schutz der Gäste, die in ihre Gesellschaft kommen. Das sind die gesellschaftlichen Sitten. – Damit sind auch die Prozessionen abgetan, die bald dieser, bald jener besonderen Gottheit gelten und ihrem Wesen nach feststehen.

»Abhaltung von Prozessionen«: eine Prozession ist ein Gang zu den Göttern. Dort finden sich die Elegants zusammen. Deren »Abhaltung«, Einrichtung nach der gesellschaftlichen Sitte. – »Gesellschaftliche Unterhaltungen«: die Zusammenkunft der Elegants zu Unterhaltungen über Dichtkunst und Künste soll die Überlegung fördern. Wenn es unter den ständigen Beschäftigungen heißt: »Am Nachmittage belustigende Unterhaltungen«, so ist dieses hier davon zu unterscheiden, da es nur ein Spiel sein soll. – »Zechgelage«: Zechgelage sind gemeinschaftliches, allseitiges Trinken. Wenn ein einzelner Mann mit der Geliebten zusammen trinkt, so heißt das Genuss berauschender Getränke und ist eine ständige Beschäftigung. – »Besuch der Gärten«: der Sinn ist, das Wandeln und die Belustigung in einem außerhalb gelegenen, selbst oder von einem anderen angelegten Garten. Das Wandeln in dem Hausgarten hingegen ist eine ständige Beschäftigung. –

»Gemeinschaftliche Spiele«: diejenigen heißen gemeinschaftliche, bei denen die Elegants zusammenkommen, alle beisammen sind ... Der Sinn ist wie oben, Spiele in Gesellschaft. Diese sind von zweierlei Art: allgemein gebräuchliche und lokale. – Diese fünferlei Beschäftigungen »möge er«, der Liebhaber, »unternehmen«. Davon schildert (der Verfasser) die »Abhaltung der Prozessionen«: an dem Tage, da ein verflossener Halbmonat oder Vollmonat aufhört. »Bekannt«: jeder Tag, der als einer Gottheit heilig allgemein gehalten wird, ist ein bekannter: so ist der vierte dem Ganapati, der fünfte der Sarasvatī, der achte dem Siva heilig usw., weil dann die betreffende Gottheit gegenwärtig ist. Sarasvatī ist für die Elegants die Schutzgottheit für Wissen und Künste. In deren Tempel am fünften Tage.

Die von dem Liebhaber ehrenhalber jeden Halbmonat und jeden Vollmonat zur Aufführung »Aufgeforderten«, Elegants, Schauspieler usw.; deren Zusammenkunft, Vereinigung in Ausführung ihrer Obliegenheiten. Bei dieser Gelegenheit finden sich die Elegants zusammen. – »Beständig«, bald an diesem, bald an jenem Tage. Je an diesen Tagen findet mit Räucherwerk und Salbungen die Prozession statt, deren Verlauf (der Verfasser) so schildert: »die Künstler«. »Die fremden«, anderswoher kommenden Schauspieler und Tänzer »sollen ihnen ein Schauspiel geben«, aufführen, an dem bekannten Tage oder an einem anderen. Die Aufgeforderten, gegen Lohn Verpflichteten aber, die eben Prozessionskünstler sind, spielen nur an dem bekannten Tage. Damit soll gesagt werden, dass dieselben von den Preisrichtern sicherlich ohne Ansehen der Person zur Vorstellung gebracht werden. – »Am Tage darauf«: da am ersten Tage das Schauspiel alles in Anspruch nimmt. Am dritten usw. Tage finde die Beschenkung der Erschöpften statt. –

»Von ihnen«, den Aufgeforderten, die die Belohnung austeilen. Die »Belohnung« ist der Preis für das Schauspiel. – »Festgesetzt«: sie sollen den vorher bestimmten Preis bekommen, der sich auf so und so viel für das Spielen Fremder beläuft. Schauspieler, denen kein Preis gemacht wurde, können sogar am ersten Tage schon auf offener Szene, wenn sie hinreißend spielen, von den Elegants Belohnungen in Gestalt von Gewändern usw. bekommen. – »Darauf«, später. »Je nachdem die Neigung ist«, wenn Neigung vorhanden ist, die fremden Künstler abermals zu sehen, dann schaut man ihrem Spiele abermals zu; sonst erfolgt die »Entlassung«, Verabschiedung unter freundlichen Worten. Wenn der Wunsch rege wird, sie immer wieder zu sehen, für diesen Fall gibt (der Verfasser) die besonderen Fälle an: »Bei Unfällen und Festen derselben«. Von den fremden Künstlern befindet sich einer krank oder bekümmert, oder es trifft ihn ein Unfall, oder er ist auf einem Feste, wie Hochzeiten usw. beschäftigt: dann ist seine Rolle von dem fest angestellten Schauspieler zu übernehmen, um das Stück nicht zu gefährden. Oder einer der Festangestellten ist von einem Unfalle betroffen oder von einem Feste in Anspruch genommen: dann tritt für ihn ein Fremder ein: so »sollen sie gegenseitig die gleichen Rollen spielen«. –

»Die in ihre Gesellschaft kommen.« Diejenigen, welche zum Stande der Elegants gehörig anderswoher kommen, um die Prozession zu sehen, die finden »Ehrung« seitens der Preisrichter in Gestalt von Bekränzung, Salben usw. und seitens der der Gesellschaft angehörenden Elegants glückbringende Gegenstände, je nach dem Grade der Bekanntschaft. – »Und Schutz«, bei Missgeschick Beistand durch Abwehr desselben. – »Das sind die gesellschaftlichen Sitten«: die Pflichten jedes einzelnen gegen die ansässigen und fremden Schauspieler und Elegants sind dadurch angegeben. – »Damit«: durch die Anordnung der Sarasvatī-Feier usw. – »Bald dieser, bald jener«: die in der Welt wegen ihrer Anwesenheit sichtbarlich überwiegt. – »Ihrem Wesen nach feststehen«: unter Berücksichtigung von Ort und Zeit festgesetzt sind.

(Der Verfasser) schildert (jetzt) die gesellschaftlichen Unterhaltungen:

Wenn in der Wohnung einer Hetäre, im Saale oder in der Behausung des einen oder anderen die an Wissen, Verstand, Charakter, Vermögen und Alter Gleichen unter entsprechenden Unterhaltungen mit den Hetären zusammen Platz nehmen, so ist das eine Gesellschaft. Dabei findet unter ihnen ein Gedankenaustausch über Gedichte und über die Künste statt. Währenddem sind die glänzenden, Weltgeliebten zu verehren, und an Liebe gleiche Frauen werden herbeigeholt.

»Im Saale«, in der Halle. – »Oder in der Behausung«, dem Hause, »des einen oder anderen«, Elegants. Die Elegants von gleichem Wissen usw. dürfen sich an diesen Orten ungehindert zusammenfinden, ferner solche, die in außerordentlichem Wohlstande leben und nicht gleich an Wissen usw. sind. »Verstand«, Erkenntnis oder Überzeugung. – »Mit den Hetären«: um die den (ehrbaren) Frauen verbotenen Künste vorzuführen, nehmen jene an der Unterhaltung teil. – »Mit entsprechenden«, begleitet von gegenseitigen Komplimenten, Freundlichkeiten und Scherzen. – »Nehmen Platz«, setzen sich auf die Sitze, wie es sich gebührt. Es geschehe an einem bekannten Tage im Halb- oder Vollmonate, da es sich da geziemt. – Nun schildert (der

Verfasser) ihre Unterhaltung daselbst: »Gedankenaustausch über Gedichte und über die Künste«: gemeinschaftliches Betrachten, Untersuchen, ist Gedankenaustausch, d. h. Unterredung ... Es finde eine Unterredung statt über Dichterwerke, wie das Bhāratam, oder über Kunst, wie das Tanzen usw. Davon verschieden ist das früher genannte Ergänzen eines gegebenen Teiles eines Gedichtes, und wird wie die Unterredung über die Kunst hier mit einbegriffen. – »Währenddem«, während der Unterhaltung. Wenn jene Unterredung zu Ende ist, soll, um die Liebe zu festigen, unter Beschenkungen mit Gewändern usw. eine Anerkennung der gegenseitigen Kunstfertigkeit stattfinden. – »Glänzende«, nicht bäuerische. »Weltgeliebten«, Welterfreuenden. »An Liebe gleiche«, an Liebe entsprechende. »Werden herbeigeholt«, von Dienern geleitet.

Nun schildert (der Verfasser) das Zechgelage:

Zechgelage (sollen) gegenseitig in den Wohnungen (stattfinden).

»Gegenseitig in den Wohnungen«: einmal in der Wohnung des einen, ein andermal in der eines anderen; an einem bekannten Tage des Halb- oder Vollmonates, weil es sich da passt. – »Zechgelage«, Unterhaltungen beim Trinken, sollen stattfinden.

Das Treiben bei den Gelagen schildert (der Verfasser nun):

Hierbei sollen die Hetären zutrinken und mittrinken: madhu, maireya, Branntwein und Likör, mit verschiedenen Reizmitteln, Salzigem, Früchten, Grünem, Gemüse, Bitterem, Scharfem und Sauerem. Damit wird der Besuch der Gärten angedeutet.

»Madhu«, Honigmeth. »Maireya« und »Likör« sind zwei bestimmte Sorten berauschender Getränke. So heißt es: »maireya ist ein Branntwein, der aus einer Abkochung der Rinde von Odina pinnata besteht, in welche Melasse gegossen wird, eine gehörige Menge Piper longum und Strychnos potatorum unter Beifügung von Muskatnuss, Arekanuss und Gewürznelken; ein Maß Blätter von Feronia elefantum und Sirup sowie Honig gibt Likör.« – »Branntwein« (surā) wird aus Cassiarinde und Reis hergestellt und Melasse dazu getan. Während man (allgemein) von »berauschendem Getränke« (madya) sprechen sollte, steht die besondere Bezeichnung, um anzudeuten, dass es drei Sorten gibt. So heißt es denn: »Rum aus Zucker, Kornbranntwein und Honigschnaps soll man kennen als die drei Arten des Branntweins (surā).« Hier ist also das Wort »Branntwein« als allgemein gebraucht anzusehen. – So findet das Gelage mit mannigfachen Getränken statt. Zu diesen gehören noch Reizmittel: mannigfaltige, besonders salzig und bitter schmeckende, Grünes und Beißendes, Moringa pterygosperma, Betelblätter usw. Derlei »sollen die Hetären zutrinken« und auf vorausgegangene Aufforderung »mittrinken«. Wenn sie zum ersten Male trinken, dürften sie ihre Hochachtung und Zuneigung noch nicht kundgetan haben. Hierbei muss die lokale Sitte beobachtet werden, ob gemeinsam oder einzeln getrunken wird. – »Damit«, durch das Treiben bei dem Gelage. Der Sinn ist, dass auch die in die öffentlichen Gärten Gegangenen solche Gelage in derselben Weise veranstalten können.

Nun nennt (der Verfasser) das Besondere beim Besuch der Gärten:

Am Vormittage sollen sie schön geschmückt und zu Pferde mit den Hetären und begleitet von Dienern sich (dorthin) begeben; und nachdem sie dort die täglichen Festlichkeiten genossen und mit Hahnenkämpfen und Spielen, Schauspielbesuch und gefälligen Unternehmungen die Zeit hingebracht haben, sollen sie am Nachmittag mit den Beweisen des Gartengenusses ebenso zurückkehren. Damit ist das Aufsuchen des Wasserspieles in der heißen Jahreszeit seitens derjenigen, die sich von Raubtieren freie Wasserbehälter gebaut haben, angedeutet.

Dann nämlich beginnt, wenn sie dorthin gegangen sind, die tägliche Festlichkeit. »Schön geschmückt«, nachdem sie festliche Gewänder angelegt haben. »Zu Pferde«, weil die Rosse einen anmutigen Gang haben. – »Mit den Hetären«: diese sind ebenfalls, hinten oder vorn, auf das Pferd zu setzen. – »Diener«, die jeder für sich mit bestimmten Leistungen aufwarten. Von diesen »begleitet«. An einem bekannten Tage des Halb- und Vollmonates »sollen sie hingehen«, weil der sich für den Besuch eignet. – »Die täglichen Festlichkeiten«, die Tag für Tag stattfindenden Unterhaltungen des Leibes. Nachdem sie diese »dort«, in dem Garten, »genossen« und »mit Hahnenkämpfen und Spielen«, Spielen mit lebenden und leblosen Wesen, durch »Besuch« von Dramen u. a. »Schauspielen« und »gefälligen Unternehmungen«, jeder für sich in Gesellschaft mit den Hetären »die Zeit hingebracht haben«. »Am Nachmittage«, wenn die Zeit vorüber ist, »ebenso«: schön geschmückt und zu Pferde mit den Hetären und begleitet von Dienern.

Ein Unterschied ist hierbei: »mit den Beweisen des Gartengenusses«, was da andeutet, dass sie jenen Garten genossen haben, Blumenbüschel, junge Zweige usw.; das sollen sie mitnehmen und Kopf, Ohren und Hals damit schmücken. »Sollen zurückkehren«, den Heimweg antreten. – »Damit«, durch die Regeln für den Besuch der Gärten. Das Hingehen, das Genießen der täglichen Festlichkeiten und die Rückkehr bilden ein Ganzes. Aber auch mit dem Ausdrucke: »mit den Beweisen des Gartengenusses«, was ja gewöhnlich dabei mit eingeschlossen ist, wird zu der Zahl der zufälligen Beschäftigungen nichts Neues hinzugefügt: was hier Besonderes hinzukommt, sagt (jetzt der Verfasser): von Raubtieren freie »Wasserbehälter«: eine Wasserstätte, deren Wasser »von Raubtieren frei ist«, wo sich keine Krokodile usw. finden, das nennt man Wasser, frei von Raubtieren; Teich, länglicher See usw. Gemeint sind diejenigen Elegants, die sich durch Anlegen von Badeplätzen usw. Wasser, welches von Raubtieren frei ist, verschafft haben. – »In der heißen Jahreszeit«: indem zu anderen Zeiten das Spiel, welches in immer wiederholtem Untertauchen, Auftauchen, Wassermusik, Schlagen mit Wasser usw. besteht, nicht stattfinden kann.

Nun nennt (der Verfasser) die gemeinschaftlichen Spiele:

Yaksa-Nacht, Erwachen der kaumudī, das Fest des Liebesgottes.

»Yaksa-Nacht«: eine durch Lampen erhellte Neumondsnacht, indem dort die Yaksās gegenwärtig sind. Dabei findet hauptsächlich unter dem Volke Würfelspiel statt. – »Erwachen der kaumudī«, indem nämlich an dem Vollmondstage im Monat Āśvina die kaumudī, der Vollmond, besonders hell scheint. Dabei bestehen die Belustigungen zum größten Teile aus dem Schaukelspiele. – »Das Fest des Liebesgottes«: das Frühlingsfest. Dabei sind die Belustigungen der Hauptsache nach aus Tanz, Gesang und Instrumentalmusik zusammengesetzt.

Das sind die allgemeinen Spiele: nun nennt der Verfasser die lokalen:

Das Brechen von Mangofrüchten; das Essen von gerösteten Körnern; das Essen von Lotuswurzelfasern; Jungblattspiel; Wasserspritzspiel; Nachahmung mit Puppen; Wollbaumspiel; Kadamba-Kämpfe; diese und andere allgemeine und lokale Spiele sollen sie im Gegensatz zu den übrigen Leuten spielen. – Das sind die Gesellschaftsspiele.

»Das Brechen von Mangofrüchten«; ein Spiel, bei welchem die Früchte des Mango gebrochen werden. – »Das Essen von gerösteten Körnern«: wobei man am Feuer gebratene Früchte von (gewissen) Sträuchern verzehrt. – »Das Essen von Lotuswurzelfasern«: wobei man Lotuswurzelfasern, die röhrigen, an den Knoten mit Fasern besetzten Wurzeln der Lotusarten verzehrt. Bei den Anwohnern von Wasserbecken. Diese beiden Spiele sieht man hier und da. – »Jungblattspiel«: ein Spiel, welches in Waldgegenden stattfindet, wenn nach dem ersten Regen die jungen Blätter hervorsprossen; es findet sich meist bei Leuten, die in der Nähe eines Waldes oder im Walde selbst wohnen. – »Das Wasserspritzspiel« (ksvedā): »ksvedā bedeutet Bambusrohr und heißt auch Gebrüll des Löwen.« Ein Spiel, wobei ein mit Wasser gefülltes Bambusrohr gebraucht wird; bei den Bewohnern des Mittellandes. Es ist bekannt unter dem Namen ›śṛṅgakrīdā‹. – »Nachahmung mit Puppen«, Puppenspiel mit Verwendung von verstellter Aussprache und verstellten Gebärden; z. B. in Mithilā. – »Wollbaumspiel«: ein Spiel, wobei man einen einzelnen, großen, von Blüten bedeckten Wollbaum aufsucht und mit den dort befindlichen Blumen sich schmückt; z. B. bei den Vidarbhās. –

»Kadamba-Kämpfe«: Kämpfe mit Kadamba-Blüten, die als Schlagwaffen dienen, wobei die Gesellschaft in zwei Parteien geteilt wird. Das Wort Kadamba soll die blütenzarten Schläge andeuten. Kämpfe mit Keulen, Backsteinen usw. dagegen sollen nicht ausgefochten werden. Jenen Kampf sieht man hier und da, z. B. bei den Paundrās. – »Diese und andere«, alle, so viele in der Welt vorkommen. – »Allgemeine«: bei denen sich Fülle, große Ausdehnung findet ... Der Sinn ist, die sich über alle Lande verbreiten. Die in einer bestimmten Gegend gebräuchlichen sind die »lokalen«, d. h. auf einen Landstrich beschränkte. – »Im Gegensatz zu den übrigen Leuten«: So gehören die Prozessionen usw. nur den Elegants an, während die allgemeinen Spiele gemeinsam sind: da spielt das gewöhnliche Volk und die Elegants. Darum sollen sie im Gegensatze zu diesen spielen, damit der Stand des Elegants recht zur Geltung kommt. – »Das sind die Gesellschaftsspiele«: weil bei diesen die Elegants gemeinschaftlich spielen, nachdem sie die Gelder zusammengeschossen haben.

Damit ist zugleich das seinem Vermögen entsprechende Treiben eines Alleinstehenden sowie der ganikā und der Liebhaberinnen mit den Freundinnen und den Elegants gekennzeichnet.

Wer wegen des Mangels an Elegants oder wegen eines unbekannten Übelstandes allein lebt, der soll seinem Vermögen entsprechend mit seinen Dienern zusammen die gemeinsamen Feste, Yaska-Nacht usw., feiern. – »Damit«, mit der Untersuchung über den Wohnort, die Anordnung des Hauses, die beständigen und die besonderen Verrichtungen, ist »das Treiben« der ganikā und Liebhaberin »gekennzeichnet«, wie sich eins zum anderen fügt. Dabei treten an die Stelle der Elegants die Freundinnen, an die Stelle der Hetären die Elegants.

Nun schildert (der Verfasser) das Treiben der unechten Elegants, indem er ihre Kennzeichen angibt:

Einer aber, der kein Vermögen hat, nichts als seinen eigenen Leib besitzt, dessen ganze Habe in einem Klappstuhl, Sepia und einem braunroten Gewande besteht, der aus einer ehrenwerten Gegend stammt, in den Künsten erfahren ist und durch Unterrichten in denselben sich selbst in der Gesellschaft und den zur Hetärenwirtschaft gehörenden Geschäften bewegt, der heißt Pīthamarda.

Das Wort »aber« deutet den Gegensatz an: wer aber ein Habenichts und unfähig ist, das Leben eines Elegants, wie geschildert, zu führen, »nichts als seinen eignen Leib besitzt«, indem Kinder, Frauen usw. nicht da sind. Da er ein, gleichviel wie, erworbenes Vermögen nicht besitzt, zieht er, von einem Diener begleitet, in dem Lande umher. – Der »Klappstuhl«, ein kleiner Sitz aus Stäben, ist als Stütze für den Leib von den alten Meistern, die über die Elegants geschrieben haben, festgesetzt worden ... Dieser baumelt auf seinem Rücken als Sitz umher. – Um die Schenkel abzureiben, wenn ihn die Begierde nach sinnlichen Genüssen ankommt, »Sepia«, und ein »braunrotes Gewand«. Darin besteht seine ganze »Habe«, Besitz. Auf eine Bank usw. aber sich setzen darf er nicht. – »Aus einer ehrenwerten Gegend«, die von Kennern des Lehrbuches und der Künste bewohnt wird. Von dort gebürtig kommt er gewandert, in dem Verlangen, die Länder zu sehen. – »In den Künsten erfahren«: er hat in seiner Heimat die vierundsechzig Künste, Gesang usw., sowie die des Pāñcāla studiert. – »Durch Unterrichten in denselben«: durch Unterrichten in den Künsten. – »In der Gesellschaft«, der Elegants. »In den zur Hetärenwirtschaft«, zu dem Volke der Hetären »gehörenden Geschäften sich selbst bewegt«, d. h. zum Lehrer aufspielt. – »Der heißt Pīthamarda« (Bankdrücker), und zwar davon, weil er, beschäftigt mit dem Unterricht-Erteilen, die »Klappstuhl« genannte Bank drückt. Danach ist sein Leben das eines Lehrers.

Wer aber sein Vermögen durchgebracht hat. Einheimischer ist[14], die Eigenschaften besitzt, verheiratet ist, in den Hetärenkreisen sowie in der Gesellschaft gut angeschrieben steht und davon lebt, der heißt Vita.

Wer aber in der Jugend durch elegante Lebensführung seine ganze Habe vollständig verzehrt, aber doch noch nicht den Sinnesgenüssen entsagt hat. Hätte er dagegen Vermögen, so wäre er eben Elegant! Er ist »Einheimischer«, nicht aus einer anderen Gegend zugezogen. Wäre er ein Fremder, der sein Vermögen durchgebracht hat, so gehörte er eben unter die Pīthamardās. »Der die Eigenschaften besitzt«, mit den Eigenschaften eines Elegants versehen, indem er früher den Elegant gespielt hat. – »Verheiratet«: da er Anhang hat, kann er seine Heimat nicht verlassen. – »Gut angeschrieben«, er besitzt Ansehen, da er hervorragende Kenntnisse besitzt. – »Davon lebt«: der von der Gesellschaft als Vita lebt. Ohne eine andere Lebensweise zu wünschen, schmarotzt er bei den Hetären und den Elegants; und weil er bei diesem Schmarotzen die beiderseitigen Botschaften jener überbringt, mitteilt (vitati), darum heißt er Vita ... (Der Verfasser) sagt auch weiter unten (S. 322; nicht richtig zitiert!): »Der Vita soll jede aktuelle Liebschaft in Gang bringen.« – Danach ist sein Amt das Schmarotzen bei jenen beiden.

---

[14] *Ich schiebe in Übereinstimmung mehrerer Manuskripte (Berlin, Oxford usw.) ›tatratya eva‹ ein*

Einer aber, der nur einen Teil des Wissens besitzt, eine lustige Person und der Vertraute ist, heißt Vidūsaka oder Spaßmacher. – Diese sind für die Hetären und Elegants die Minister, die über Krieg und Frieden gesetzt sind.

Wer aber von Gesang usw. nur einen Teil kennt, ohne Vermögen ist oder sein Vermögen durchgebracht hat, nichts als seinen eignen Leib besitzt, verheiratet und Einheimischer oder Fremder ist und den früheren Lebenswandel nicht mehr führen kann; »eine lustige Person und der Vertraute ist«: der Sinn ist, da er bei den Hetären und in der Gesellschaft eine Vertrauensstellung einnimmt und gern Späße macht. Er tadelt die Hetäre oder den Liebhaber, wenn sie einmal unbedacht handeln, kraft seiner Vertrautheit und heißt Vidūsaka; und da er als lustige Person bei den Hetären und in der Gesellschaft mannigfache Späße macht, so führt er noch einen zweiten Namen, nämlich den des Spaßmachers. – »Diese« an der Seite der Elegants lebenden unechten Elegants sind »die Minister, die über Krieg und Frieden gesetzt sind«. Allgemein ist die Handhabung von Krieg und Frieden, die Kenntnis davon aber kommt den Ministern zu, die in der Praxis über Krieg und Frieden gesetzt sind. So ist es nämlich: Nachdem sie unter Berücksichtigung von Ort, Zeit und Pflicht, Krieg und Frieden, ihre hauptsächlichste Stärke, theoretisch betrachtet haben, leben sie in den praktischen Geschäften derselben. So sind Krieg und Frieden aus Theorie und Praxis zusammengesetzt.

Mit diesen sind in den Künsten erfahrene Bettlerinnen, kahlköpfige, gemeine Weiber und alte Hetären angedeutet.

»Mit diesen«, den beides beherrschenden (»Ministern«). Die Frau eines Bettlers. »Kahlköpfige«, Frauen, die die Eigenschaft der Kahlköpfigkeit haben, »Gemeine Weiber«, liederliche Frauenzimmer. Das »in den Künsten erfahrene« ist überallhin zu beziehen. Auch diese Frauen sind in der Theorie und Praxis von Krieg und Frieden zu gebrauchen; und da sie für Krieg und Frieden den Anstoß (kuttana) und die Bewegung geben, heißen sie Kupplerinnen (kuttanī).

Nun schildert (der Verfasser) das Treiben des Mannes, der wegen des Lebensunterhaltes auf dem Lande wohnt:

Nachdem der auf dem Lande wohnende seine gewandten, Interesse, zeigenden Angehörigen in Spannung versetzt hat, indem er das Treiben der Elegants schildert und (dadurch) Verlangen erweckt, soll er dasselbe nachmachen und Gesellschaften abhalten, die Leute durch den Verkehr mit ihnen entzücken, durch Beistehen in ihren Unternehmungen gewinnen und ihnen Dienste leisten. – Das ist das Leben des Elegants.

»Die Angehörigen«, die von gleicher Herkunft sind. Auch in diesem Falle sind sie »gewandt«, erfahren. – »Interesse zeigend«, neugierig. »In Spannung versetzt hat«: wie so? »Indem er das Treiben der Elegants schildert«: ›Dort in der Stadt hört man so und so von dem welterfreuenden Auftreten der vornehmen Elegants: auch euch ziemt es, entsprechend eurer Gewandtheit, diese Krone des Lebens nacheifernd zu erstreben!‹ – »Und dadurch Verlangen erweckt, soll er« auch eine Prozession zum Beweise dessen und »Gesellschaften abhalten«. – Mit jenen zusammen soll er »die Leute durch den Verkehr mit ihnen entzücken«, d. h. indem er mit ihnen verkehrt und Freundschaft schließt; »durch Beistehen gewinnen«; und indem er den an Prozessionsfesten usw. Beteiligten unterstützt, soll er gegenseitige »Dienste leisten«.

Nachdem (der Verfasser) so ihre gemeinschaftlichen Unterhaltungen mit Dichterwerken und Künsten geschildert hat, zeigt er sodann einen Unterschied auf:

Hier folgen einige Verse:

Wer nicht mit allzu gekünstelter, aber auch nicht gar zu gewöhnlicher Sprache in den Gesellschaften die Unterhaltung führt, der ist bei den Menschen hoch angesehen.

In eine Gesellschaft, die mit der Welt im Widerspruche steht, in Zügellosigkeit sich ergeht und nur mit dem Beklatschen anderer sich befasst; in eine solche gehe ein Kluger nicht.

Der Wissende, der in einer Gesellschaft verkehrt, welche den Herzen der Menschen willfährt und sich einzig und allein mit Spielen befasst, erlangt gutes Gelingen in der Welt.

»Nicht allzu«: mancher versteht Sanskrit und zugleich die Sprache des gewöhnlichen Volkes. – »Die Unterhaltung«, Gedankenaustausch, der sich auf Dichtungen und Kunst bezieht. – »In eine Gesellschaft«: wenn er selbst keine Gesellschaft gibt, soll er in die von anderen veranstalteten gehen. Und hierhin gehe »ein Kluger nicht«, wenn sie »mit der Welt im Widerspruche steht«, die Billigung der Welt nicht findet; »in Zügellosigkeit sich ergeht«, ungebunden abgehalten wird, d. h. ohne Schranken, »und nur mit dem Beklatschen anderer sich befasst«, ganz darin aufgeht, andere zu besudeln. In eine solche sich zu begeben, zeugt nämlich von Unklugheit. – In welche soll man denn gehen? Darauf antwortet der Verfasser:

»Welche den Herzen der Menschen willfährt«: das Ergötzen der Herzen der Menschen und Speie sind der Zweck der Gesellschaft. – »Erlangt«, findet, »gutes Gelingen«. Der Sinn ist: Er ist in der Welt glücklich; nun vollends bei den Frauen! – Wenn man selbst eine Gesellschaft gibt, ist die Sache geradeso.

§ 5 - Erörterung über die Freunde und die Befugnisse der Boten des Liebhabers

DIE EINRICHTUNG des Hausstandes, das Beginnen in Gesellschaft der Freunde und das Schicken der Boten ist erwähnt worden. Welcher Liebhaber soll nun das Leben eines Elegants führen, nachdem er den Stand des Hausherrn erreicht hat, und wie soll die Liebhaberin beschaffen sein? Mit was für Freunden soll er leben, und was ist die Befugnis des Boten? Die Erörterung, Darlegung dieser Punkte heißt: »Erörterung über die Freunde und die Befugnisse der Boten des Liebhabers.« Nach *Pāṇini* I, 2, 67 sind der Liebhaber und die Liebhaberin gemeint und bei dem Worte »Befugnisse der Boten« Boten und Botinnen, weil in jener Regel darauf hingewiesen wird, dass bei Zusammensetzungen von Maskulinis und Femininis nur das eine überbleibt.

Hier wird zunächst, weil darüber viel zu sagen ist, die Geliebte, nach dem Gewinne, den sie bringt und noch nach einem anderen Gesichtspunkte behandelt:

Die Liebe, welche innerhalb der vier Kasten nach Ebenbürtigkeit und gemäß dem Lehrbuche an eine Frau gewandt wird, die früher noch nicht mit einem andern verheiratet war, bringt Söhne, verleiht Ansehen und entspricht den Sitten der Welt.

»Nach Ebenbürtigkeit«: z. B. Brahmane mit Brahmanin, oder Sūdra mit Sūdrā. – »Gemäß dem Lehrbuche«; in der von dem Lehrbuche angegebenen Weise, mit Werbung usw. – »Die früher noch nicht mit einem anderen verheiratet war«, noch nicht den Ehefrauenstand erreicht hat. – »Gewandt wird«, entsteht. – »Bringt Söhne«, ist die Grundbedingung für die Erlangung eines leiblichen Sohnes ... So heißt es: »Der Brahmane aber zeuge einen Sohn mit einer gebildeten Frau von seiner eignen Flur; und diesen sehe er an als leiblichen Sohn, der diesen Namen wirklich verdient«. Hier ist die »eigne Flur« dieselbe Kaste. – »Verleiht Ansehen«, ist die Ursache des Ansehens ... Und wenn hier auch »Liebe« nicht die geschlechtliche Vereinigung ist, so wird doch das Wort Liebe metaphorisch auf die Vereinigung von Mann und Frau angewendet, indem die Liebe derselben vorangehen muss. So ist es ein Synonymom davon. – »Entspricht den Sitten der Welt«, ist in der Welt bekannt, d. h. ist nicht außerhalb derselben.

Das Umgekehrte davon und verboten ist die Liebe zu Frauen aus höherer Kaste und an andere Verheirateten; die Liebe zu Frauen aus niedrigerer Kaste, aus der Kaste Gestoße-

nen, Hetären und Wiederverheirateten ist nicht geboten und nicht verboten, da sie nur dem Vergnügen dient.

»Zu Frauen aus höherer Kaste«: wenn ein Ksatriya seine Liebe an eine Brahmanin wendet; ein Vaiśya an eine Brahmanin oder Ksatriyā; ein Sūdra an eine Brahmanin oder Ksatriyā oder Vaiśyā, auch wenn sie noch keinem anderen angehört haben. – »Zu Frauen, die an andere verheiratet«, mit einem andern vermählt sind, auch wenn sie aus gleicher Kaste stammen. Die Liebe zu diesen ist das Umgekehrte (der ebenbürtigen): sie bringt keine (ebenbürtigen) Söhne, verleiht kein Ansehen und entspricht den Sitten der Welt nicht. Eine solche soll nicht sein, auch wenn sie nur dem Vergnügen dient, indem eine Liebe zu Frauen, die mit einem anderen verheiratet sind, durchaus dem frommen Wandel zuwider ist. – »Zu Frauen aus niedrigerer Kaste«: für den Brahmanen sind niedrigeren Kasten angehörige Frauen die Ksatriyā, Vaiśyā und Sūdrā; für den Ksatriya die Vaiśyā und Sūdrā; für den Vaiśya die Sūdrā. Der Sūdra hat nichts Tieferstehendes; für ihn sind Angehörige einer niedrigeren Kaste nur im Hinblick auf die eigene Kaste zu finden. – Wenn sie hierbei (nicht) aus der Gemeinschaft gestoßen sind, d. h. vermittelst des ›Gefäßes‹ (nicht) ausgestoßen sind: es gibt nämlich manche Frauen unter den Ksatriyās usw., die aus keinem Gefäße essen können, ohne dass es unmöglich ist, es durch bloße Reinigung wieder rein zu bekommen. Diese also Beschaffenen sind die Ausgestoßenen.

So heißt es denn: »Die Sudrā ist die Frau des Sūdra, sie und eine Frau aus eigner Kaste gelten als Frau des Vaiśya; diese beiden und eine Frau aus eigner Kaste als die des Königs und diese (drei) sowie eine Frau aus eigner Kaste als die des Brahmanen.« – Zu diesen (ist die Liebe nicht verboten), auch wenn sie ausgestoßen sind. – ›Zu Wiederverheirateten‹: die schon einem anderen angehört, ihre Jungfernschaft verloren haben und Witwen sind, aber wegen der Schwäche des Fleisches wieder einem anderen angehören. Die Liebe, die man an diese verwendet, wenn man sie gewonnen hat, und an Hetären, allen gemeinsame Frauen, die »ist nicht geboten«, nicht befohlen, indem dabei, wenn man eine Ebenbürtige nicht nimmt, nicht gesagt ist, dass man dann eine solche nehmen soll, und wenn man eine Ebenbürtige genommen hat, es nicht verboten ist, eine solche zu nehmen, da es unverboten geschieht. Dann bezieht sich das Zusammenleben nur auf das Vergnügen, dient nur dem Vergnügen, nicht der Nachkommenschaft. Die Söhne, die dabei die Angehörigen einer niedrigeren Kaste bekommen, besitzen nicht das Recht der Vollbürtigkeit, weil die Zeremonie behufs Erlangung eines Sohnes dabei nicht stattfindet. Bei Wiederverheirateten und Hetären ist keine Hoffnung auf einen Sohn vorhanden: das ist der zwiefache Gewinn.

Hierbei gibt es drei Liebhaberinnen: Mädchen, Wiederverheiratete und Hetäre.

»Hierbei«, bei dieser Unterscheidung des Gewinnes, »gibt es drei Liebhaberinnen: ›Mädchen, Wiederverheiratete und Hetäre.‹ Dabei ist das Mädchen von zweifacher Art: eine, die (ebenbürtige) Söhne, und eine, die nur Vergnügen bringt. Die erste, ebenbürtige, ist die beste; die zweite, aus niederer Kaste, ist geringer; noch geringer als sie ist die Wiederverheiratete, da sie, wenn sie auch gewonnen ist, doch schon einem anderen gehört hat. Ihr Treiben wird der Verfasser in dem Abschnitte über die verheirateten Frauen schildern. Diejenige aber, die ihre Jungfernschaft noch hat, wenn sie sich wieder verheiratet, gehört zu der anderen Klasse. So heißt es denn:

»Die Frau, welche bei unverletzter Jungfernschaft sich wieder nach Vorschrift verheiratet, dieser Wiederverheirateten Sohn heißt paunarbhava.« – Geringer noch als sie ist die Hetäre, weil sie Gemeingut ist.

Nun gibt (der Verfasser) eine Erörterung aus einem anderen Gesichtspunkte:

Aus anderen Gründen wird selbst eine von einem anderen geheiratete Frau zu einer Vierten, die man besuchen darf, sagt Gonikāputra.

»Aus anderen Gründen«: aus Abhängigkeit von einem Grunde, der ein anderer ist als die Erlangung eines Sohnes und das Vergnügen. – »Zu einer, die man besuchen darf«: wenn eine besondere Ursache vorliegt, dann gehört die betreffende Frau zu dieser Gruppe, man darf sie also besuchen. In einem anderen Falle aber nicht: so lehrt er unter Anschluss an die Lehre der Schule des Bābhravya.

Es ist davon die Rede gewesen, dass Gonikāputra den Abschnitt über die fremden Weiber besonders behandelt hat: auf diesem Gebiete sagt er mit Bezug hierauf:

Wenn er denkt: »Sie ist eine geschlechtlich Freie.«

»Er«, der Liebhaber. – »Denkt«, zu der Überzeugung kommt, »sie ist eine geschlechtlich Freie«. Eine geschlechtlich Freie ist eine Frau, die keine Schranken kennt.

Das beweist er nun:

»Auch von anderer Seite ist schon vielfach ihr guter Wandel untergraben worden; ein Besuch bei ihr, gleichsam als einer Hetäre, wird also, auch wenn sie aus einer höheren Kaste ist, keine Pflichtverletzung bewirken: sie ist eine Wiederverheiratete.«

»Auch von anderer Seite«. So gut wie sie in dem Werben um mich an ihrem Charakter Schaden erleidet, ebenso ist schon bei anderen viele Male »ihr guter Wandel untergraben worden«, hat sie an ihrem Charakter Schaden erlitten.

Infolgedessen steht sie mit den Hetären auf gleicher Stufe: »gleichsam als Hetäre«. Eine schlechte Lesart hat »gleichsam als Wiederverheiratete«: denn eine Wiederverheiratete hat nach dem ersten Gatten einen anderen gefunden; deren guter Wandel ist also nicht »vielfach« untergraben worden; das Beispiel passt demnach nicht hierher. – »Auch wenn sie aus einer höheren Kaste ist«: wozu das? Weil so bei Frauen, die nicht derselben, und Frauen, die einer niedrigeren Kaste angehören, dasselbe Verhältnis angenommen wird. Auch hierbei ist keine Sünde. So heißt es denn: »Panzerhemd, Bogen, Gewand usw. gebe man hin zur eignen Bereinigung, nachdem man die Frauen aller vier Kasten hat stehen lassen.« Der Sinn dieser Strophe ist: das Panzerhemd, die Stätte des Siegerrechtes, gebe man der Brahmanin, den Bogen der Kṣatriyā, das Gewand der Vaiśyā, der Śūdrā ein Schaf. – Wo nämlich sie selbst nur ganz geringe Schuld trifft, wird ein Besuch bei ihr niemandem eine Pflichtverletzung bereiten: wie der Verfasser denn sagt: »ein Besuch bei ihr«, der aus einem bestimmten Grunde stattfindet, »wird keine Pflichtverletzung bewirken«, da kein Unrecht dabei ist.

Wieso ist sie »eine Wiederverheiratete«? Darauf antwortet er:

Früher einem anderen gehörig, wird sie ausgehalten: dabei ist kein Bedenken.

Die früher einem anderen gehörte, eben diese ist nach Verlust der Jungfernschaft von dem und dem »ausgehalten«, gewonnen: »dabei ist kein Bedenken«, wenn man sie besucht, ist das kein Unrecht, da sie nicht aus einer höheren Kaste stammt. Wenn hierbei auch keine Pflichtverletzung stattfindet und kein Bedenken, so handelt man doch nur wegen des Vergnügens, indem es (sonst) verboten ist. Jedoch wird damit als Grund (zum Ehebruch) zuerst der gleich zu beschreibende genannt, der die Läuterung von der Sinnenwelt zum Inhalt hat. So heißt es: »Nachdem man zunächst die Läuterung von der Sinnenwelt und (sonstige) Gründe ihrem Wesen nach geprüft hat, verkehre man mit fremden Frauen, aber nicht aus Neigung.«

Nun nennt er die Gründe:

Entweder: »Sie übt über ihren Gatten, einen großen Herrn, der mit meinem Feinde in nahen Beziehungen steht, gewaltsam die Herrschaft aus: wenn sie mit mir Verkehr hat, wird sie aus Liebe (zu mir) jenen umstimmen.«

»Entweder: Sie übt über ihren Gatten, einen großen Herrn«, der mit meinem Feinde Freundschaft geschlossen hat und der wegen seiner Macht imstande wäre, die Kraft dieses Feindes zu schwächen – das beides ist gemeint, wie man wissen muss – »gewaltsam die Herrschaft aus«, spielt sich anstemmend den Herrn. »Wenn sie mit mir Verkehr hat, wird sie aus Liebe«, infolge der aus (unsrer) Verbindung entstandenen Liebe, »jenen umstimmen«, wird ihn mit meinem Feinde, der mich zu schädigen trachtet, kraft ihres Einflusses entzweien, worauf er mir gegenüber von erlesener Gesinnung sein wird. Andernfalls wird er, gestützt auf den großen Herrn, mich töten, ohne dass ich die Lebensziele erreicht habe.

Oder: »Sie wird den mir abholden (Gatten), der mächtig ist und mich zu schädigen trachtet, in seine ursprüngliche Verfassung zurückversetzen.«

»Oder: Sie wird den mir abholden«, ihren mir aus irgendeinem Grunde feindlich gesinnten Gatten, »der mächtig ist«, gegen den nicht anzukämpfen ist »und mich zu schädigen trachtet«, von unversöhnlichem Hasse erfüllt überlegt: ›Wann werde ich es dem heimzahlen?‹ »in seine ursprüngliche Verfassung zurückversetzen«: kraft ihres Einflusses, wenn sie mit mir Umgang hat, ihn in sein früheres Wesen zurückbringen.

Oder: »Wenn ich durch sie einen Freund erwerbe, werde ich die Sache des Freundes, die Abwehr des Feindes oder eine andere schwer zu erreichende Sache durchsetzen.«

»Wenn ich durch sie«, kraft ihres Einflusses, nachdem sie mit mir vertraut geworden ist, »einen Freund erwerbe«, in ihrem Gatten. »Die Sache des Freundes«, die er dann unterstützt: für die Sache des Freundes ließe man ja das Leben und ginge selbst in die Hölle! – »Die Abwehr des Feindes«: um den eignen Leib sicher zu wissen. – »Oder eine andere«, eigene, »schwer zu erreichende«, schwer zu vollendende, »Sache werde ich durchsetzen«.

Oder: »Mit ihr vertraut werde ich ihren Gatten töten und so dessen Besitztum als mein Eigen erlangen.«

»Oder: Mit ihr vertraut«: im Bündnisse mit ihr, die infolge des Liebesgenusses voller Liebe ist, »werde ich ihren Gatten töten«, den Feind, heimlich, mit einem Stocke, »und so dessen Besitztum als mein Eigen« dann bekommen. Sonst werde ich erleben, dass er meine Familie tötet, oder jene gewaltsam von mir fernhält und sie ohne Weiteres genießt: da er also ein Räuber ist, so kann man ihn töten, ohne dabei unrecht zu tun.

Oder: »Gefahrlos ist der Besuch bei dieser und bringt Geld ein, ich aber, der ich nichtig bin, besitze keine Mittel zum Leben. Unter solchen Umständen werde ich auf diese Weise ihr außerordentlich bedeutendes Vermögen mühelos erlangen.« – Oder: »Sie kennt meine Blößen und ist in mich heftig verliebt: sie wird mich, wenn ich ihr nicht zu Willen bin, durch Ausplaudern meiner Fehler vernichten.«

»Gefahrlos«, weil keine Bewachung stattfindet, unfehlbar. Auch anderswo soll man darauf sehen! – »Bringt Geld ein«, wegen ihres Reichtums. »Ich aber, der ich nichtig bin«, kein Geld habe, »besitze kein Mittel zum Leben«: Leben, Lebensunterhalt; Mittel dazu, Äcker usw., sind nicht vorhanden: einer dem es so ergeht, ist gemeint. – »Unter solchen Umständen werde ich«, der ich nicht imstande bin, eine Familie zu ernähren, »auf diese Weise«, indem ich sie nämlich in Liebe besuche, »ihr außerordentlich bedeutendes Vermögen«, welches die Grundlage für fromme Taten usw. bildet, »erlangen«. Gemeint ist, wenn jedoch nur ein ganz geringer Gewinn in Aussicht steht, soll man deshalb keine Liebesbesuche machen. – »Mühelos«: indem sie es aus Liebe hingibt. Sonst würde die Vollbringung von Taten dieser und jener Welt nicht möglich sein. So aber werden sogar unmögliche Leistungen zum Besten der Familie möglich.

So heißt es: »Die alte Mutter und der ebenso beschaffene Vater; die treffliche junge Gattin und der junge Sohn: sie sind zu erhalten, indem man selbst Unmögliches hundertfach vollbringt, hat Manu gesagt.« – »Sie ist in mich heftig verliebt«: weil sie von Angesicht zu Angesicht liebt, heißt sie verliebt[15]. Der Sinn ist: sie hat eine tiefe Neigung zu mir gefasst. – »Wenn ich ihr nicht zu Willen bin«, von selbst oder durch fremdes Verschulden; wird sie mich »durch Ausplaudern meiner Fehler«, da sie »meine Blößen kennt«, vor der Welt »vernichten«. Sie wird sagen: »Dieser strebt nach der Königswürde«, wodurch ich als einer, der gegen den König Ränke schmiedet, den Tod finden werde.

Oder: »Sie wird mir ein nichtbegangenes, glaubwürdiges, schwer zu entkräftigendes Verbrechen zuschreiben, wodurch ich den Tod finden werde.«

»Oder: Sie wird mir ein nichtbegangenes«: ›Er wollte mich beschlafen‹, so fälschlich ein Verbrechen zuschreibend. – »Glaubwürdiges«, indem der Beweis dafür durch einen gefälschten Liebesbrief erbracht wird; und nur auf diese Weise ein »schwer zu entkräftigendes Verbrechen zuschreiben«, aufhalsen, »wodurch ich den Tod finden werde«: als Ehebrecher!

Oder: »Sie wird ihren würdevollen, ergebenen Gatten mit mir entzweien und meine Feinde zusammenbringen.«

Sie wird ihren »würdevollen«, im Besitze von Macht befindlichen Gatten, der »ergeben« ist, tut, was ich will, »mit mir entzweien«, von mir, wenn ich ihr nicht zu Willen bin, den Befreundeten trennen »und meine Feinde zusam-

---

[15] *ābhimukkhyena kāmayata ity abhikāmā!*

menbringen«, mit meinen Gegnern Freundschaft schließen und sie für sich gewinnen. Dann wird sie, so zu Macht gelangt, mich töten.

Oder: »Sie könnte selbst mit ihnen gemeinsame Sache machen.« – Oder: »Ihr Gatte hat die Absicht, meine Frauen zu schänden: darum will ich ihm das vergelten, indem ich seine Frauen auch schände.«

»Oder: Sie könnte selbst mit ihnen«, den Mächtigen, »gemeinsame Sache machen«, um mich zu vernichten. – Oder er »hat die Absicht«, die von mir geheirateten Frauen durch Liebesbesuche »zu schänden«. Da man nun durch entsprechende Vergeltung von Bösem mit Bösem sich an dem Feinde schadlos halten soll, »will ich ihm das vergelten, indem ich seine Frauen« durch Liebesbesuche »auch schände«.

Oder: »Ich bin von dem Könige beauftragt, einen Feind desselben zu töten, der sich drinnen aufhält.«

»Vom Könige beauftragt«: Von dem Könige bin ich angewiesen worden, drinnen nachzuforschen: da kein anderes Mittel vorhanden ist, werde ich ihn herausbekommen, indem ich mit der Frau, die ihm misstraut, näheren Umgang pflege; denn die Geschäfte des Königs sind wichtig.

»Eine andere, die ich lieben werde, ist dieser untertan. Ich werde sie erlangen, indem ich auf dieser Brücke hinübergehe.« – Oder: »Ein (sonst) unerreichbares, mit ihr verbundenes, reiches und schönes Mädchen wird sie mir verschaffen.« – Oder: »Mein Feind ist mit ihrem Gatten eins geworden: dem werde ich durch sie einen Trank reichen lassen!« – Aus solchen und ähnlichen Gründen soll man auch eine fremde Frau besuchen.

»Eine andere, die«: eine andere als die in Rede stehende Geliebte, die ich aus ganz besonderen Gründen »lieben werde«, ist »dieser«, der in Rede stehenden Geliebten, »untertan«, handelt in der von ihr vorgeschriebenen Weise. Diese nicht in Rede Stehende werde ich durch sie erlangen, indem ich sie als Brücke benutze, da es kein anderes Mittel gibt. – »Ein für mich«, infolge meiner Armut usw. »(sonst) unerreichbares, mit ihr verbundenes«, von ihr abhängiges, »reiches und schönes Mädchen«, die Grundbedingung zur Erlangung der drei Lebensziele, »wird sie mir verschaffen«. Oder: wenn sie des Liebesgenusses teilhaftig wird, bringt sie beides zustande: so will ich einstweilen an diese herangehen. Denn wenn eine Frau mit einer andern eng befreundet ist, bringt sie auf diese Weise die ganze Sache in das richtige Geleise. – »Oder mein Feind«, der mir nach dem Leben trachtet, »ist mit ihrem Gatten eins geworden«, indem er Sitz, Lager, Trank, Speise usw. mit ihm teilt. Vorher war nur von dem Verkehre untereinander die Rede, indem es hieß: »Sie übt über ihren Gatten, der mit meinem Feinde in nahen Beziehungen steht« usw. –

»Dem werde ich durch sie«, wenn ich mit ihr vereint bin, »einen Trank reichen lassen«, Gift, welches nach einiger Zeit das Leben vernichtet. – Wenn man solche und ähnliche Gründe vorbringen kann, soll man (fremde Frauen) besuchen ...

So geschehe eine Verwegenheit nicht bloß aus Leidenschaft. – Das sind die Gründe, fremde Weiber zu besuchen. Aus eben diesen Gründen soll nach Cārāyana als fünfte besucht werden eine einem Minister zugehörige, oder einem Könige zugehörige, eine dort nur mit einem Teile lebende oder irgendeine andere, die betreffenden Geschäfte ausführende Witwe; nach Suvarnanābha als sechste eine ebensolche Nonne; nach Ghotakamukha als siebente die noch unberührte Tochter einer ganikā oder eine ebensolche Dienerin; nach Gonardīya als achte eine Jungfrau aus edlem Geschlechte, die das Kindesalter überschritten hat; wegen der Verschiedenheit des Verfahrens mit ihr. Da aber keine besonderen Gebräuche vorliegen, so sind auch diese unter den früher Genannten elliptisch mitverstanden; und so gibt es nach Vātsyāyana eben vier Liebhaberinnen. Einige rechnen als fünfte Klasse die Eunuchen, weil sie davon verschieden sind.

»Verwegenheit« soll man nicht anwenden in der Leidenschaft, indem man von der Sinnenwelt nicht rein ist, sondern vielmehr aus (bestimmten) Gründen, ist der Sinn. – »Aus eben diesen Gründen«, wie sie aufgezählt worden sind. – Die Witwe als fünfte – so ist der Zusammenhang. Das Besondere hierbei ist, dass der Gatte früher am Leben war, jetzt aber nicht mehr vorhanden ist. Zugehörigkeit zu dem Minister oder zu dem Könige. Eine Frau ist entweder zugehörig oder nichtzugehörig. »Eine dort nur mit einem Teile lebende«, nur mit einem Teile der betreffenden Familie verwandte. »Oder irgendeine andere«, mit einem anderen Menschen verwandte, »die betreffenden Geschäfte ausführende«, in den Geschäften desjenigen Menschen beschäftigt, mit dem sie verwandt ist. Bei diesen drei Arten soll man unter Beachtung ihres Standes als Witwe, Unabhängige oder Wiederverheiratete, nachdem mit der Stellung des Gatten der König, Minister oder ein anderer betraut worden ist, die bei den genannten Geliebten geltenden Gründe zur Anwendung bringen. – »Eine ebensolche«, verwitwete »Nonne«, die dem Könige, dem Minister oder einem anderen angehört und deren Familien besucht. Auch bei dieser bringe man wie oben jene Gründe zur Anwendung, indem man sie als Liebhaberin betrachtet, und wie es dem Hausrechte entspricht. –

»Die noch unberührte Tochter einer *ganikā*«, die noch keinen Verkehr mit dem Manne gehabt hat, »oder einer Dienerin«, wie Pattralekhā des *Can drāpīda*. Hierbei ist die erste, in der Stellung als Hetärentochter, wegen der noch anzugebenden besonderen Art der Verheiratung, zu unterscheiden, die zweite, auch ein noch unverheiratetes Mädchen, ist insofern eine Sonderer-scheinung, als sie dem Liebhaber aufwartet. – »Eine Jungfrau aus edlem Geschlechte, die das Kindesalter überschritten hat.« Das ist eine Jungfrau aus edlem Geschlechte, welche als Mädchen verheiratet wird, mit der Zeit das Kindesalter überschreitet und in das Alter der Jugendblüte eingetreten ist. »Wegen der Verschiedenheit des Verfahrens mit ihr«: gemäß der Besonderhei-ten der Aufwartung wird sie nämlich nicht wie ein Mädchen bedient. Bei einem Mädchen werden die Höflichkeitsbezeugungen nicht deutlich und nur fakultativ gebraucht, bei einer aber, die erblüht ist, deutlich und obligatorisch. – »Da keine besonderen Gebräuche vorliegen«: was bei den vier, Mädchen usw., als Gebrauch angegeben ist, das gilt auch bei den davon Unterschiede-nen, den Witwen usw., weil kein besonderer Gebrauch stattfindet; sie sind also als unter die früher Genannten untergeordnet zu betrachten.

Das heißt, man betrachte sie dort eben, wie es sich gerade trifft. So ist die Witwe und Nonne »aus anderen Gründen« als fremde Frau anzusehen; die Tochter einer ganikā und die Dienerin, da sie Vergnügen bereiten, als Hetäre; die Jungfrau aus edlem Geschlechte, da sie (ebenbürtige) Söhne und Haus-frauenstand als Gewinn bringt, als Mädchen, da nur die Huldigung eine andere ist und trotz dieses Unterschiedes ein außerordentlich naher Zusammenhang mit den anderen Liebhaberinnen besteht. Man sieht nämlich, dass je nach Ort, Zeit und Temperament eine Einzige verschiedenartige Huldigungen empfängt. – Die »Eunuchen«, nicht Mann noch Weib, nehmen eine besondere Stellung ein, da sie weder das Wesen des Mannes, noch das des Weibes besitzen; und weil bei ihnen der Genuss der Wollust stattfindet durch den Mundkoitus, nicht weil sie nach Gestalt und Beschäftigung verschieden sind, »rechnen einige sie als fünfte Klasse«. Sonst kann man sie als eine besondere Art von Hetären ansehen, da sie Vergnügen bereiten.

Nun spricht (der Verfasser) über die Liebhaber:

Der eine Liebhaber nun ist der allgemein bekannte, der andere aber der verborgene, weil er etwas Besonderes erreicht. Nach Vorzügen oder Nichtvorzügen aber ersehe man, ob er ein besser, mittlerer oder schlechter ist. Diese Vorzüge und Nichtvorzüge der beiden jedoch werden wir in dem Abschnitte über die Hetären behandeln.

»Der eine«: da es (hier) keine Unterschiede wie bei den Liebhaberinnen gibt, so gibt es auch nur den einen, allgemein bekannten Liebhaber, der mit Mädchen, Wiederverheirateten und Hetären zu tun hat und bei aller Welt bekannt ist. Dieser wird zum »verborgenen«, als zweitem, wenn er infolge des Übermaßes der Wonne bei fremden Weibern ein besonderes Ziel erreicht und heimlich zu Werke geht. Je nach seinen Vorzügen ist er von dreierlei Art: so sagt (der Verfasser): »Nach Vorzügen oder Nichtvorzügen«. Ein »bester« ist er, wenn er alle Eigenschaften besitzt; ein »mittlerer«, wenn zwei Teile der Eigenschaften fehlen; ein »schlechter«, wenn drei Teile fehlen; wenn aber alle Eigenschaften fehlen, ist er überhaupt kein Liebhaber. – »Der beiden«, des Liebhabers und der Liebhaberin.

Ohne die Besonderheiten an Mädchen usw. aufzuzählen, erörtert (der Verfasser) doch wenigstens, welche nicht zu besuchen sind:

Nicht zu besuchen sind aber nun folgende Frauen: Aussätzige; Verrückte; Ausgestoßene; Geheimnisse Verratende; öffentlich Einladende; deren Jugend größtenteils vorüber ist; allzu Helle; allzu Dunkle; übel Riechende; Verwandte, Freundinnen, Nonnen und die Frauen von Verwandten, Freunden, Lehrern und Königen.

Er gibt an, welche von den Mädchen usw. für den Liebhaber nicht zu besuchen sind. Das Wort »aber« bedeutet den Gegensatz, das Wort »nun« die Beschränkung. Der Sinn ist: auch wenn Gründe vorhanden sind, darf man die Genannten doch nicht besuchen. – »Aussätzige«, als elliptische Bezeichnung für Abscheu erregende Krankheit. – »Verrückte«, die alles mögliche tun und kein Vergnügen bereiten. – »Ausgestoßene«, bezüglich ihrer Kaste, weil sie ein schweres Verbrechen begangen haben. Durch Berührung mit einer solchen wird man selbst zu einem Ausgestoßenen. – »Geheimnisse Verratende«, die öffentlich ein Geheimnis erzählen und somit dem Liebhaber Verlegenheiten bereiten. – »Öffentlich Einladende«, die offen nach dem Liebhaber verlangen, ihn blamieren und ihm Unannehmlichkeiten bereiten. – »Deren Jugend größtenteils vorüber ist«: im Dienste einer solchen geht Leben und Ruhm zugrunde. – »Allzu Helle und allzu Dunkle«: sind verrufen. Mädchen und Wiederverheiratete sind, weil das schimpflich ist, daraufhin zu erforschen und, je nachdem, andere vorzuziehen. – »Übel Riechende«, an den Schamteilen und aus dem Munde. Eine Frau mit üblem Geruche bewirkt beim Liebesgenusse Ekel. – »Verwandte«, die zu dem Bruder, dem Kinde oder der Schwester durch ein äußerliches Band der Liebe in Verbindung stehen. –

»Freundinnen«, Genossinnen der Gattin, wegen der Rücksicht auf diese. – »Nonnen«, die auf irgendein Geheiß hin ein Gelübde getan haben; weil das gegen Dharma und Artha streitet. – »Und die Frauen von Verwandten, Freunden, Lehrern und Königen.« Die durch das Band des Wissens oder das Band des Königs verknüpft sind, das sind Nahestehende: deren Frauen. Für die Lehrer (sind verboten) die Frauen der Schüler, die des Bruders usw.; weil das dem Dharma widerstreitet. »Die Frauen von Freunden«, die Gattinnen von Genossen: aus Furcht vor dem Unrecht, Verrat usw. So heißt es: »Das Ergießen des Samens in Mädchen aus der eignen Familie, aus niedrigeren

Kasten, und in die Frauen des Freundes und des Sohnes gilt der Schändung des Bettes des Lehrers gleich.« – »Die Frauen der Schüler« ähneln dem brennenden Feuer; (mit ihnen sich einzulassen) widerstreitet dem Dharma. – »Die Frauen des Königs« sind die Frauen des Lehrers aller vier Lebensstadien; (ein Besuch bei ihnen) vernichtet die Taten für diese und jene Welt. – Das muss man als die Ansicht der Meister ansehen, auch wenn sie nicht ausgesprochen ist; und so sind keine fremden Frauen zu besuchen, ausgenommen die genannten Fälle.

Nun nennt (der Verfasser) die Meinung des Bābhravya:

Die Anhänger des Bābhravya sagen: »Jede Frau darf besucht werden, die fünf Männer gesehen hat.«

Eine Frau, welche außer ihrem Gatten fünf Männer als Gatten gesehen hat, ist eine geschlechtlich Freie und darf von allen aus (den bekannten) Gründen besucht werden. So sagt Parāśara: »Eine Frau, die fünf Männer überstanden hat, heißt ein liederliches Weib (bandhakī).« Wenn sie aber nach dem ersten den zweiten usw. erlebt, so darf sie, auch wenn Gründe vorhanden sind, durchaus nicht besucht werden. So ist die richtige Auffassung. Draupadī darf von anderen nicht besucht werden, da sie für Yudhisthira usw. die eheliche Gattin war. »Wie kann eine treffliche Frau die Gattin mehrerer sein?« – Das muss man die Kenner der Legenden fragen! »Die Anhänger des Bābhravya«: die Schüler des Bābhravya. – So sagen diejenigen, welche der Ansicht des Bābhravya folgen.

Hier hat auch Gonikāputra eine spezielle Ansicht:

Gonikāputra sagt: »Ausgenommen die Frauen eines Verwandten, Freundes, Brahmanen und Königs.«

Der Satz: »Jede Frau darf besucht werden, die fünf Männer gesehen hat« gilt hier noch. Der Sinn ist der: »Die Frau eines Verwandten«, auch wenn sie zügellos ist, darf nicht besucht werden, wegen der engen Verbindung mit ihr durch das innerliche Band des Mutterleibes; von einem außerhalb der Verwandtschaft Stehenden aber darf sie besucht werden. Auch die »Frau eines Freundes« darf von einem andern besucht werden, nicht von dem Liebhaber. Eine Freundin aber ist für ihn die Freundin der Gattin. Wenn von freundschaftlicher Gesinnung seinerseits keine Rede sein kann, dann darf sie besucht werden. »Die Frauen des Brahmanen«, der die heiligen Handlungen vollzieht und »die Frau des Königs«, der für die vier Lebensstadien der Lehrer ist, dürfen, auch wenn ihr Ruf zerstört ist, doch nicht besucht werden, da das die Taten für diese und jene Welt vernichtet.

Die Erörterung über die Freunde geschieht nach drei Gesichtspunkten: nach der Liebe, den Eigenschaften und der Geburt. Hier sagt (nun der Verfasser) mit Bezug auf das erste:

Mit dem man zusammen im Sande gespielt hat; der durch Hilfeleistungen verpflichtet ist; der gleichen Charakter und gleiche Neigungen hat; mit dem man zusammen studiert hat; der unsere Blößen und Geheimnisse kennt; von dem man selbst derlei kennt; das Kind der Amme, welches mit uns aufgewachsen ist – das sind die Freunde.

Von neunerlei Art sind die Freunde. (Freund, mitra, weil er midyati, geschmeidig wird, Zuneigung empfindet.) Darunter ist der, »mit dem man zusammen im Sande gespielt hat«; er ist Freund, weil er die Kindheit gemeinschaftlich mit uns genossen hat. – »Der durch Hilfeleistungen verpflichtet ist«; da man ihm mit Geld und Lebensrettung gedient hat, lebt er mit uns in Freundschaft. – »Wer unsere«, des Liebhabers, »Blößen«, schlechte Taten und geheime Dinge »kennt«, diese beiden, der die Blößen kennt und die Geheimnisse trägt, der wird geliebt, da er für den Liebhaber ein Gegenstand des Vertrauens ist. – »Von dem man selbst«: von dem der Liebhaber die Blößen und Geheimnisse kennt, diese beiden leben mit ihm in Freundschaft in zuvorkommender Liebe. – »Welches mit uns aufgewachsen ist«, an dem Busen der Amme mit dem Liebhaber zusammen bei dem Trinken der Brust usw. groß geworden ist, das Kind der Amme; das ist ganz besonders lieb, trotz dem, mit dem man zusammen im Sande gespielt hat; und so bedeutet dies etwas ganz besonders Wichtiges. Wer in ein und demselben Dorfe mit uns aufgewachsen ist, den muss man ansehen als einen, mit dem man zusammen im Sande gespielt hat. – So gibt es also neunerlei Freunde.

Nach den Eigenschaften erörternd sagt (der Verfasser):

Von des Vaters Großvater stammend, seinem Worte treu bleibend, keine Veränderung zeigend, ergeben, beständig, nicht von habsüchtigem Charakter, nicht zu entfremden und Beratungen nicht preisgebend: das sind die glückbringenden Freunde.

»Von des Vaters Großvater stammend«: was von dem Großvater herrührt, heißt »vom Großvater stammend«. Vom Großvater des Vaters, aber vom Urgroßvater des Liebhabers. Wie sie beide Freundschaft hegen, so war es auch schon bei den Vätern und Großvätern. – »Seinem Worte treu bleibend«; demgemäß handelnd, wie man gesehen und gehört hat. – »Keine Veränderung zeigend«: er bleibt sich selbst gleich, ohne dass man am Anfange, beim Fortgange und Ende eines Werkes einen Wandel bemerken könnte. – »Ergeben«: er tut, was man sagt. – »Zuverlässig«: er verlässt den Freund nicht. – »Nicht von habsüchtigem Charakter«: er lässt sich nicht von der Gier beherrschen. – »Nicht zu entfremden«: er lässt sich von keinem andern abwendig machen, da er voll Hingebung ist. – »Beratungen nicht preisgebend«, Beratungen wohl bewahrend. – »Das sind die glückbringenden Freunde«, infolge der nahen Beziehung zu dem Freunde glückbringend.

Die Eigenschaften der Freunde, die nach den besonderen Merkmalen behandelt sind, werden nun nach der Abstammung erörtert:

Freunde sind: Wäscher, Barbiere, Kranzwinder, Händler mit Wohlgerüchen, Schnapsverkäufer, Bettler, Kuhhirten, Betelverkäufer, Goldarbeiter, der Pīthamarda, Vita, Vidūaaka usw. Mit deren Ehefrauen sollen die Lebemänner befreundet sein, sagt Vātsyāna.

Die »Wäscher« und die übrigen unterstützen den Liebhaber mit ihren Geschäften, indem sie in fremden Häusern aus- und eingehen. Darunter ist der »Händler mit Wohlgerüchen« einer, der wohlriechende Sachen verkauft; sein Handelsartikel sind die Odeurs. Ferner: »Schnapsverkäufer«, ein Schenkwirt, der berauschende Getränke verkauft; »Bettler«, einer, der professionell bettelt ... – »Mit deren Ehefrauen sollen die Lebemänner befreundet sein«: Männer können nicht in dem Maße wie verheiratete Frauen in fremden Häusern aus- und eingehen und das Vertrauen der dort wohnenden Frauen gewinnen.

*

Was alles des Boten Befugnis ist, das soll er auch ausführen: in diesem Sinne erörternd sagt der Verfasser als Grundlage:

Was beide gemeinsam betrifft, was beiderseits hervorragend ist, besonders aber das volle Vertrauen der Geliebten: das bildet dort die Befugnis des Boten.

Als Freund von »beiden«, mit Liebhaber und Liebhaberin auf freundschaftlichem Fuße stehend, berichtet er über das »Gemeinsame«, wie ihm aufgetragen ist. – »Was beiderseits hervorragend ist«: wenn vor Liebe der eigne Leib abmagert. (?) – »Besonders«: das Vertrauen, Zutrauen, seitens der Geliebten, wie es sich gehört; indem sie gewonnen wird. – »Das bildet dort«: für den Freund, die »Befugnis des Boten«, das Botengeschäft; weil er den glücklichen Ausgang vorbereitet, weiter niemand.

Das kann nur geschehen, wenn der Bote die rechten Eigenschaften hat: darum erörtert (der Verfasser) nun die Sache nach den Eigenschaften:

Die Eigenschaften des Boten sind: Gewandtheit, Dreistigkeit, Verständnis für Gebärden und äußere Erscheinung, Kenntnis der Gelegenheit zum Hintergehen, Geistesgegenwart und schnelles Begreifen einer Sache samt den anzuwendenden Kunstgriffen.

»Gewandtheit«, die Kunst, mit Verstand gesetzte Worte zu reden. – »Dreistigkeit«: Selbstvertrauen. – »Gebärden«, Veränderungen des Wesens. »Äußere Erscheinung«: Wandlungen im Gesichte, an den Augen usw. Wenn man Verständnis dafür hat, tritt man entsprechend auf. – »Kenntnis der Gelegenheit zum Hintergehen«: ›In der und der Zeit kann sie angereizt werden.‹ – »Geistesgegenwart«: wenn man jemand findet, dessen Verstand in verzweifelten Lagen etwas ausführen kann, zu überlegen fähig ist, kann man den mit wirklichem Vertrauen beauftragen. – »Schnelles Begreifen einer Sache samt den anzuwendenden Kunstgriffen«: das sind »die Eigenschaften des Boten«. Wenn die Sache überlegt ist, darf die Ausführung, unter Anwendung von Kunstgriffen, dieselbe nicht aufhalten.

Jetzt gibt (der Verfasser) den Gewinn und Nutzen an, den man aus der Beachtung dieses Abschnittes zieht:

Hier gibt es einen Vers:

Ein selbstbewusster, freundereicher, gewandter, wesenskundiger, auf Ort und Zeit sich verstehender Mann wird mühelos selbst ein unerreichbares Weib erlangen.

»Selbstbewusst«: indem er durch die (Kapitel) ›Erlangung der drei Lebensziele‹ und die ›Übersicht über das Buch‹ in seinem Selbst gute Eigenschaften ansammelt, wird er selbstbewusst, durch die Untersuchung über die Freunde »freundereich«. – »Gewandt«, durch Führung des Lebens eines Elegants wird er gewandt, in seiner Sache fest; »wesenskundig«: d. h. durch die Erörterung über den Liebhaber und die Liebhaberin lernt er deren Natur kennen. Sein Gewinn erfolgt durch die innere Erwägung der Geschäfte der Boten; der Gewinnnutzen ist: er erlangt »mühelos selbst ein unerreichbares Weib«, welches er begehrt; denn ein solcher Mann ist fähig, ein Weib zu gewinnen.

Zweiter Teil - Über den Liebesgenuss

§ 6 - Darstellung des Liebesgenusses nach Maß, Zeit und Temperament

MIT DEN (EBEN AUSGESPROCHENEN) WORTEN: »Er erlangt ein Weib« ist die Erlangung der Weiber, eine Hauptsache, angegeben: da aber diese Hauptsache einem, der das Lehrbuch nicht kennt, unmöglich ist, so wird vor der Hauptsache erst der Leitfaden über den Liebesgenuss gegeben. Hierbei ist Liebesgenuss gleich Beischlaf. Da nun bei diesem, dessen Wesen man nach den Maßen usw. erkennt, die zum Liebesgenusse gehörigen Dinge, Umarmungen usw., jedes an seinem Platze, in Anwendung kommen, so wird jetzt über die Wollust nach Maß, Zeit und Temperament gehandelt ..., d. h. nach den Maßverhältnissen usw. findet ihre Darstellung statt. Im Zusammenhang mit der Einführung des Zeugungsgliedes stehen dabei Zeit und Temperament. Vor diesen beiden noch stellt (der Verfasser) den Liebesgenuss dar nach den Maßen und sagt:

Die verschiedenen Arten der Liebhaber sind mit Rücksicht auf das Geschlechtsglied: Hase, Stier, Hengst; die der Liebhaberinnen dagegen Gazelle, Stute, Elefantenkuh.

»Mit Rücksicht auf das Geschlechtsglied«: es heißt Geschlechtsglied, weil damit weibliche und andere Wesen ihrem Geschlechte nach bestimmt werden. In der alltäglichen Sprache heißt das Geschlechtsglied Harnorgan. Das der Männer steht empor, das der Frauen liegt vertieft, wie Lehrbuch und Erfahrung zeigen. Ist das männliche Glied klein, wie bei einem Hasen, dann heißt der Betreffende Hase; ferner, ist es mittelmäßig, dann heißt er Stier; ist es groß, Hengst. Das sind die verschiedenen Arten der Liebhaber, »die der Liebhaberinnen dagegen«: das Wort ›dagegen‹ bedeutet den Gegensatz. Nach der Verschiedenheit des Geschlechtsgliedes werden ebenfalls besondere Bezeichnungen gewählt: so werden sie von den alten Meistern mit »Gazelle« usw. vergleichsweise bezeichnet, nicht mit »Hase« usw. Und so gaben sie die Kennzeichnung: »Dreifach ist die Größe des Penis bei den in die Arten ›Hase‹ usw. geteilten Männern, in dem Verhältnis von sechs, neun und zwölf, der

Reihe nach entsprechend. Nach seinem Umfange sei er entsprechend dem Längenmaße; einige aber lehren, der Umfang sei nicht festgesetzt. Der Zeugungsweg bei den Frauen wird ebenso eingeteilt: nach Länge und Umfang zerfallen sie in ›Gazelle‹ usw. wie dort in ›Hase‹ usw.«

Hierbei gibt es, bei entsprechender Vereinigung, drei gleiche Liebesgenüsse.

»Hierbei«, bei den besonderen Arten von Liebhabern und Liebhaberinnen. – Die Vereinigung kann entsprechend und nicht entsprechend sein: deshalb sagt (der Verfasser): »bei entsprechender Vereinigung«; des Hasen mit der Gazelle; des Stieres mit der Stute; des Hengstes mit der Elefantenkuh. Das ist die entsprechende Vereinigung, gekennzeichnet durch das Zusammenpassen von Vulva und Penis, indem die kleinen Glieder sich entsprechen usw. Bei dieser Art der Vereinigung ergeben sich »drei gleiche Liebesgenüsse«, wegen der Gleichheit der Werkzeuge, der Vulva und des Penis, in dem Zustande des Aufnehmenden und des Aufgenommenen.

Infolge von Vertauschung ergeben sich sechs ungleiche Liebesgenüsse. Wenn bei den unglei-chen der Mann der stärkere ist, gibt es bei der engen Vereinigung zwei hohe Liebesgenüs-se, bei der weiten einen höheren. Ist es aber umgekehrt, dann gibt es zwei niedrige Liebes-genüsse und bei der weiten einen niedrigeren. Unter diesen sind die gleichen die besten, die zwei durch den Komparativ bezeichneten die schlechtesten, die übrigen die mäßig guten.

Eine »ungleiche« Vereinigung ist die des Hasen mit der Stute und Elefantenkuh; des Stieres mit der Gazelle und der Elefantenkuh und des Hengstes mit der Gazelle und der Stute, weil dabei die Zeugungsglieder un-gleich sind. Wenn das also vorliegt, dann ergeben sich sechs »ungleiche Lie-besgenüsse«, wegen der Ungleichheit der Werkzeuge. Zu diesen ungleichen Liebesgenüssen gibt der Verfasser, um der Praxis willen, die besonderen Bezeichnungen: »Wenn der Mann der Stärkere ist«: wenn der Mann mit Rücksicht auf das Zeugungsglied der Stärkere, die Frau aber die Schwächere ist, dann kann die Vereinigung eine nahe oder eine weite sein. So ist die Vereinigung des Hengstes mit der Stute und des Stieres mit der Gazelle, in dieser Verkehrung der Ordnung, eine nahe. Hierbei ergeben sich, gegenüber dem gleichen Liebesgenusse, »zwei hohe«, indem der Penis infolge seiner Höhe in die Vulva nur unter heftigem Drängen eingeführt werden kann. –

Die »weite« Vereinigung: die Vereinigung des Hengstes mit der Gazelle ist eine weite, wegen der Unterbrechung (der Reihenfolge) durch die Stute. Wenn diese stattfindet, so ergibt sich »ein höherer«, anstatt des hohen Liebesgenus-ses, indem der Penis infolge seiner außerordentlichen Höhe nur mit Mühe und unter heftigem Drängen eingeführt werden kann. – »Ist es aber umgekehrt, dann zwei«: Das Wort ›aber‹ bedeutet den Gegensatz. Ist die Frau aber die

Stärkere, dann ergeben sich bei der nahen Vereinigung, des Hasen mit der Stute und des Stieres mit der Elefantenkuh, in dieser geraden Reihenfolge, »zwei niedrige Liebesgenüsse« statt des gleichen, indem der Penis bei seiner geringen Größe in der Vulva arbeitet, ohne sie ganz auszufüllen. Bei der weiten Vereinigung, bei der die Stute die Reihe unterbricht, also des Hasen mit der Elefantenkuh, hat man »einen niedrigeren« statt des niedrigen Liebesgenusses, indem der Penis dabei ohne jegliche Ausfüllung der Scheide arbeitet. – Unter diesen nennt (der Verfasser) die besten usw.: »unter diesen«, den neun Liebesgenüssen sind vor den sechs ungleichen »die gleichen die besten«, die gepriesenen; weil hierbei, bei der Gleichheit der Werkzeuge, die gegenseitige Wonne beider außerordentlich ist. »Die zwei durch den Komparativ bezeichneten (sind) die schlechtesten«: die mit den Worten ›höher‹ und ›niedriger‹ bezeichneten die untersten, weil hierbei infolge des allzu heftigen Drängens des Zeugungsgliedes und (andererseits) der übermäßigen Schlaffheit keine wollüstige Berührung stattfindet. – »Die übrigen« vier, zwei hohe und zwei niedrige Liebesgenüsse, sind »die mäßig guten«, da es weder die besten noch die schlechtesten sind, indem hierbei infolge des nicht übermäßigen Drängens und der nicht übermäßigen Schlaffheit die wollüstige Berührung eine mittelmäßige ist.

Hier gibt (der Verfasser) noch den Unterschied zwischen den mäßig guten Liebesgenüssen an:

Auch bei Gewöhnlichkeit ist der mit ›hoch‹ bezeichnete (Liebesgenuss) vorzüglicher als der mit ›niedrig‹ bezeichnete. – Das sind die neun Liebesgenüsse, mit Rücksicht auf die Maße.

»Auch bei Gewöhnlichkeit« des Liebesgenusses, unter Ausschluss des besten und des schlechtesten, d. h. auch bei dem mäßig guten, »ist der mit ›hoch‹ bezeichnete (Liebesgenuss) vorzüglicher als der mit ›niedrig‹ bezeichnete.« Bei dem hohen Liebesgenusse nämlich findet das Weib wegen der außerordentlichen Größe des Penis ganz besondere Befriedigung ihrer Geilheit, wenn sie sich, ihre Schamgegend vorstreckend, zu dem Koitus ›utphullaka‹ usw. hinlegt. Bei dem niedrigen Liebesgenusse aber findet sie diese Befriedigung nicht, auch wenn sie, bei dem Koitus ›samputaka‹ usw., ihre Schamgegend verengert. So heißt es denn: »Nicht heißt ein Liebhaber mit kleinem Penis, oder auch ein Mann, der langsam zu Werke geht, ein außerordentlicher Freund der Frauen, da er ihre Geilheit nicht befriedigt.« Das ist richtig.

Nun erörtert (der Verfasser) den Liebesgenuss mit Rücksicht auf das Temperament:

Wer zur Zeit der geschlechtlichen Vereinigung gleichgültige Liebe und schwache Kraft besitzt und Schläge nicht verträgt, der besitzt geringes Feuer.

Indem nämlich die Zeit im Abhängigkeitsverhältnisse zu dem Temperamente steht, kann keine genaue Unterscheidung gemacht werden, wenn der Bestand des Ergebnisses fehlt. Es ist nämlich so: Je nach Ursache und Wirkung ist das Temperament ein zweifaches: dabei ist die Ursache das, was man Verliebtheit nennt, weil bei deren Vorhandensein die geschlechtliche Vereinigung stattfinden kann; die Wirkung aber ist der Zustand am Ende des Koitus. Darum findet die Erörterung des Liebesgenusses statt nach diesen beiden Formen. Jenes Temperament nun ist ein dreifaches, indem man unterscheidet zwischen Matten, Mittleren und Übermäßigen. Also »Wer zur Zeit der geschlechtlichen Vereinigung gleichgültige Liebe besitzt«, nur in geringem Maße nach dem Koitus verlangt oder Liebeslust zeigt und »schwache Kraft besitzt«, bei dem Koitus nur langsam zu Werke geht oder dessen Same nur spärlich ist und der »Verwundungen nicht erträgt«, die die Geliebte mit Zähnen und Nägeln schlägt, und, da das eine elliptische Bezeichnung ist, auch Schläge nicht erträgt. So ist dem Sinne nach die Reihenfolge innerhalb der Teilung. Ein solcher Mann »besitzt geringes Feuer« infolge seines matten Temperaments; d. h. er ist von matter Leidenschaft.

Im Gegensatz dazu stehen die Mittleren und die Feurigen; ebenso ist es bei der Liebhaberin.

»Im Gegensatz dazu«, zu dem eben Beschriebenen. Wer bei der geschlechtlichen Vereinigung mäßige Liebe und mäßige Kraft besitzt und die Verwundungen aushält, der ist infolge seines mittleren Temperamentes »ein Mittlerer«. Das ist der eine Gegensatz. Wer bei der geschlechtlichen Vereinigung außerordentliche Liebe und gewaltige Manneskraft besitzt und die Verwundungen getrost aushält, der ist infolge seines übermäßigen Temperamentes ein »Feuriger«. Das ist der zweite Gegensatz. – »Ebenso«, wie bei den Männern. »Wer bei der geschlechtlichen Vereinigung« usw.: danach gibt es drei Arten Liebhaberinnen: matte, mittlere und feurige.

Auch hierbei gibt es neun Liebesgenüsse, ganz wie (bei der Betrachtung) nach den Maßen.

»Wie (bei der Betrachtung) nach den Maßen« gibt es bei der entsprechenden Vereinigung drei gleiche Liebesgenüsse, bei der nichtentsprechenden sechs ungleiche.

Ebenso ergeben sich, mit Rücksicht auf die Zeit, drei Arten Liebhaber: schnelle, mittlere und langsame.

Wie es (bei der Betrachtung) nach Temperament und Maß war, ebenso ergeben sich mit Rücksicht auf die Zeit neun Liebesgenüsse, indem die Zeit, die Ursache des Erscheinens des Temperamentes, in dreifacher Weise geteilt ist, je nachdem sie kurz usw. ist. So sagt (der Verfasser): »schnelle, mittlere und langsame«: dessen Wollustgefühl in kurzer Zeit entsteht (ist ein schneller); ebenso ist es mit den mittleren und langsamen. – »Liebhaber«, Liebhaber und Liebhaberinnen: nach der Regel Pānini I, 2, 67.

Hier ist ein Streit über die Frau.

Unter den Liebhabern und Liebhaberinnen, also bei Mann und Frau, »ist ein Streit über die Frau«, d. h. eine Meinungsverschiedenheit betreffs der Frau.

Hier die Ansicht des Auddālaki:

Die Frau gelangt nicht in den Zustand wie der Mann.

Die Frau genießt nicht ebensolche Wollust, wie es der Mann infolge der Samenergießung tut. Die Frau hat nämlich keinen Samen.

Warum hat sie dann also geschlechtlichen Umgang mit dem Manne? Darauf antwortet er:

Fortwährend aber wird von dem Manne ihre Geilheit gestillt.

Da die Vulva von Natur von Würmern bewohnt wird, so ist der geile Kitzel daselbst auf natürliche Weise zu erklären. So heißt es: »Im Blute entstandene kleine Würmer von schwacher, mittlerer und heftiger Gewalt erzeugen jeder nach seinen Kräften in den Behausungen des Liebesgottes den geilen Kitzel«. – Dieser aber wird bei ihr von dem Manne beseitigt. »Fortwährend«, d. h. durch ununterbrochene Tätigkeit des Penis. Sonst, wenn das unterbleibt, dürfte der Kitzel außerordentlich heftig werden.

Sie selbst befriedigt doch aber den Kitzel auch durch künstliche Mittel? Darauf entgegnet er:

Sie erzeugt, wenn sie von der Wonne des Selbstbewusstseins begleitet ist, einen ganz besonderen Genuss. Dabei hat sie Erkenntnis der Wonne. Da nun die Erkenntnis des Mannes das nicht erfassen kann, da er nicht fragen kann: »Worin besteht deine Wollust?« – wie wird das dann also ergründet? Nun, wenn der Mann nämlich die Liebeslust genossen hat, hört er nach Belieben auf, ohne auf die Frau Rücksicht zu nehmen; die Frau aber macht es nicht so, sagt Auddālaki.

»Sie«, die Geilheit, wenn sie gestillt wird, wie das Jucken im Ohre vermittelst eines Stäbchens. – »Die Wonne des Selbstbewusstseins«: Küsse usw., wird (der Verfasser) noch schildern. Davon »begleitet«, gefolgt »erzeugt sie einen ganz besonderen Genuss«, ganz besondere Wonne, da es ein besonderer Genuss ist, wenn das, was die Wonne der Stillung der Geilheit bildet und das, was die Wonne der Küsse usw. ausmacht, dieses beides zusammentrifft. »Dabei«, bei diesem besonderen Genusse, »hat sie Erkenntnis der Wonne«, sie sagt: »Ich bin selig!« Bei der bloßen Stillung der Geilheit aber hat sie keine Erkenntnis der Wonne, da das nicht die Hauptsache ist. So liegen hier ähnliche besondere Kennzeichen vor, wie in dem Worte (oben S. 14): »Das erfolgreiche, aus besonderer Berührung entstehende, von der Wonne des Selbstbewusstseins begleitete richtige Verständnis ist besondere Liebe.« Der Unterschied ist nur der, dass hierbei kein Ergebnis ist, da (die Frau) keinen Samen hat. Jener besondere Genuss nun entsteht vom Beginne an in ununterbrochener Folge durchaus durch das Befriedigen der Geilheit, die Wollust des Mannes aber steht im Zusammenhange mit der Samenergießung. Darum also besteht zwischen den beiden ihrem Wesen und der Zeit nach keine Ähnlichkeit, und es gibt deshalb auch keine neun Liebesgenüsse nach Zeit und Zustand. Woher ergründet man also, dass die Frau nicht solche Wonne wie der Mann findet? Denn »die Erkenntnis des Mannes«, die ja als Gegenstand des Geistes über die Sinneswahrnehmung hinausgeht, »kann das« greifbar »nicht erfahren«. Der Sinn ist: welcher Mann will das wissen können? –

Das ›und‹ bedeutet, »auch die Empfindung der Frau«. Wenn die Frau die Rolle des Mannes übernimmt und durch dessen Funktion sich selbst Lust bereitet, wie soll man dann, wenn das nicht mitgeteilt wird, ergründen, wie ihre Empfindung ihrem Wesen nach ist? Es ist auch nicht möglich, dies durch eine Frage zu erfahren: denn (der Verfasser) sagt: »Worin«. »Worin«, auf welche Weise, »besteht deine Wollust? Etwa in der Samenergießung wie bei uns oder in etwas anderem?« Da hierbei die Frau die Wonne der Samenergießung nicht erkennen lässt und auch der Mann die Wonne eines andersartigen Genusses nicht erfährt, so kann man auch nicht fragen. Und wenn sie es sagte, wäre das denn wirklich eine Erkenntnis? »Wie wird das aber ergründet«, dass die Frau nicht in den Zustand gelangt wie der Mann?

In diesem Zweifel hilft sich *Auddālaki* mit einem Erfahrungsgrunde: »der Mann nämlich«. »Wenn der Mann die Liebeslust genossen hat, ›hört er nach Belieben‹, da er befriedigt ist, mit seiner Beschäftigung »auf, ohne auf die Frau Rücksicht zu nehmen«, wenn sie auch noch mitten in der Aktion begriffen ist. »Die Frau aber macht es nicht so.« Wenn sie wie der Mann die Wonne der Samenergießung erlangte, dann würde sie nach Erreichung derselben ohne Rücksicht auf den Mann nach Belieben die Geschlechtsteile trennen und aufhören. So ist es aber nicht: vielmehr hört der Mann auf und sie verlangt, auch wenn der Mann fertig ist, nach einem anderen. So sieht man denn manche Frau, die sich mit einem Manne begattet hatte, sich mit noch anderen, die sich dort befinden, darauf begatten. Daher sagt man: »Das Feuer sättigt sich nicht an dem Holze, das Meer nicht an den Flüssen, der Tod nicht an allen Wesen, die Schönäugige nicht an den Männern.« Darum, da sie nicht nach Belieben aufhört, empfindet sie nicht die Wonne der Samenergießung wie der Mann vor der Samenergießung.

Hier kann jemand einwenden: »Bei einem Liebhaber von mattem Temperamente haben die Frauen Genuss, bei einem feurigen erlangen sie den Zustand der Wollust nicht und sind unwillig, wenn er auf hört: das alles ist das Kennzeichen der Erlangung oder Nichterlangung jenes Zustandes.«

Bei den Frauen mag die Vorstellung der Wonne der Samenergießung fehlen, wie man sie aus dem Aufhören nach Belieben erschließen kann; nach der (augenscheinlichen) Befriedigung aber, (die man in bestimmten Fällen bei den Frauen wahrnimmt), dürfte sie doch vorhanden sein. Damit verhält es sich so: »Bei einem Liebhaber von mattem Temperamente«, der erst aufhört, nachdem er nach langen Anstrengungen die Wonne der Samenergießung erlangt hat, »haben die Frauen Genuss«, d. h. werden sie feucht. »Bei einem feurigen« Liebhaber, der aufhört, nachdem er nach kurzer Anstrengung die Wonne erlangt hat, sind die Frauen am Ende des Liebesgenusses »unwillig«, fühlen Abneigung. »Das alles«: die Befriedigung und die Nichtbefriedigung, beides »ist das Kennzeichen«, d. h. das Erkenntnismittel. Wovon? »Der Erlangung oder Nichterlangung jenes Zustandes.« Dabei bedeutet die Befriedigung der Frauen die Erlangung der Wonne, und Nichtbefriedigung bedeutet Nichterlangung der Wonne infolge der Erreichung von Unbehagen; denn Nichtbefriedigung ist Hemmung der Erreichung des Zieles. Befriedigung und Nichtbefriedigung als Ursache von Wonne und Unbehagen sind auch mit den Männern als Beispielen zu erhärten: denn auch sie, und zwar die mit mattem Temperament, empfinden Befriedigung, indem sie die Wonne erlangt haben, wenn die Frau bei dem umgekehrten Liebesgenusse aufhört, nachdem sie lange geschäftig gewesen ist; wenn sie aber im Nu aufhört, dann sind sie unbefriedigt, da sie infolge der Erlangung von Unbehagen die Wonne der Liebeslust nicht gekostet haben. Darum also schließt man aus der Wahrnehmung der Befriedigung des Weibes, dass es, gerade wie der Mann, die Wonne der Samenergießung kennt.

Es ist nicht an dem! Auch die Befriedigung der Geilheit nämlich ist willkommen, wenn sie lange Zeit gebraucht. Das ist ganz natürlich. Darum ist das, bei der Zweifelhaftigkeit, kein Merkmal.

»Es ist nicht an dem!« Die Behauptung, dass die Befriedigung das Zeichen für die Erlangung jenes Zustandes sei, ist nicht richtig, weil sie allgemein vorkommt. Das beweist er: »Die Befriedigung der Geilheit nämlich«: so ist die Stillung, die Beseitigung der Geilheit durch einen Mann von mattem Temperamente, die »lange Zeit braucht«, außerordentlich lange währt, gerade sie den Frauen auch »willkommen«; nicht bloß die Erzeugung der Wonne der Samenergießung. Mit den Worten »das ist ganz natürlich« zeigt (der Verfasser), dass das auch auf unsern Fall von der Unterbrechung der (fleischlichen) Vereinigung passt. Sonst würde, selbst bei dem Genusse der Wonne der Samenergießung, dort keine Befriedigung eintreten, wenn die Geilheit nicht gestillt ist. Da entsteht nun der Zweifel: kommt ihre Befriedigung aus dem Genusse der Wonne der Samenergießung oder entsteht sie aus der Stillung der Geilheit? Man kann ja darüber nichts in Erfahrung bringen! Bei einem Manne von feurigem Temperamente ergibt sich Nichtbefriedigung! »Darum ist das« beides »bei der Zweifelhaftigkeit« ein Merkmal, welches für die Erlangung oder Nichterlangung der Wonne der Samenergießung gar nichts beweist, indem es an beiden Orten sich findet. Darum ist beweisend das nach Belieben Aufhören oder Nichtaufhören: diese gelten für die Frau, also ist bewiesen, dass sie nicht wie der Mann zur Liebeslust gelangt.

Dieselbe Ansicht gibt (der Verfasser) in einem von Auddālaki vorgetragenen Verse:

In der geschlechtlichen Vereinigung wird von dem Manne die Geilheit der Frau vertrieben; und das nennt man, wenn es mit Selbstbewusstsein gepaart ist, Wonne.

Das aus der Vertreibung der Geilheit entstehende Lustgefühl der Berührung, »gepaart mit Selbstbewusstsein«, infolge der Aufwartung des Subjektes gegenüber dem Objekte mit dem Glücke des Selbstbewusstseins versehen, wird von den Frauen »Wonne« genannt.

Nun gibt (der Verfasser) die Ansicht des Bābhravya wieder:

Beständig, von Anfang an, empfindet die Frau jenen Zustand, der Mann wiederum nur am Ende. Das ist durchaus natürlich. Denn gerade bei der Erlangung des Zustandes findet die Empfängnis statt. So lehrt die Schule des Bābhravya.

Alle beiden erlangen die Wonne der Samenergießung, die Frau jedoch »von Anfang an«, von der Einführung des Penis an, »beständig«, ohne Unterbrechung. Denn es ist durch den Augenschein bekannt, dass, wenn sie von dem Manne begattet wird, ihre Vulva langsam feucht wird wie ein zersprungenes Wassergefäß. So erlangt sie von Anfang an jenen Zustand, eine Wonne wie die des Mannes, begleitet von der Samenergießung. »Der Mann wiederum« erlangt jenen Zustand »am Ende« indem hier die Ausspritzung des Samens erfolgt. »Das«, wie gesagt worden, »ist durchaus natürlich«, indem es durch Beweise erhärtet ist. – Da nun also beide Teile der Zeit nach unähnlich sind, so gibt es keine neun Liebesgenüsse mit Rücksicht auf die Zeit, wohl aber rücksichtlich des Zustandes, wegen der Ähnlichkeit der Wonne der Samenergießung. – Wird nicht die Vulva feucht, wenn sie von dem Penis gerieben wird, da sie das Wesen einer Wunde besitzt? Dazu sagt er: »Denn gerade«. Denn bei der Erlangung des Genusses, der Erlangung der Wonne der Samenergießung, ist die Frau befriedigt und empfängt. So sagt der Verfasser der Caraka:

»Ausspucken, Schwere, Schwund des Körpers, Mattigkeit, Freude, Herzklopfen, Befriedigung und Aufnahme des Samens in dem eignen Schoße – das sind die Anzeichen der eben empfangenen Frucht.«

Die Befriedigung ist eben jener Zustand. Die Meinung ist nun, dass dieser nicht ohne Samenergießung denkbar ist. Einige sagen, die Frau lässt Brunstsaft (ārtava) entströmen, keinen Samen. So sagt man: »Wie aus dem Reibholze und dem Stößel Feuer entsteht, so aus dem Vermischen von Samen und Brunstsaft (der Fötus), infolge der gegenseitigen Vereinigung der Leiber von Mann und Frau, deren Herzen von dem Feuer der Liebe verbrannt sind.« – Es gibt also eine Grundursache der Befriedigung: was ist das denn nun? So muss man überlegen. Wenn es der Same nicht ist wie kann das Weib dann empfangen? Denn so gut wie die Frau in der Vereinigung mit dem Manne empfängt, ebenso gut auch infolge der Vermischung mit einer anderen Frau: so heißt es im Suśruta: »Wenn Frau und Frau zur Begattung schreiten, lassen sie gegenseitig Samen entströmen, woraus ein knochenloses Wesen entsteht.« Also der Blutstoff, der aus dem Chylusstoffe entsteht, wird bei bestimmten Gelegenheiten zum Brunstsafte, der Samenstoff aber entsteht aus dem Marke.

Auch hierbei sind jene beiden wieder keine Zweifelbeseitiger.

»Auch hierbei«, in der Meinung des Bābhravya, »sind jene beiden«, vorher genannten (S. 106), wieder keine Zweifelsbeseitiger zu nennen. Wenn hier von Anfang an jener Zustand erreicht wird, dann gilt jener Unterschied nicht, dass die Frauen »bei einem Liebhaber von mattem Temperamente Genuss haben, bei einem feurigen aber unwillig sind, wenn er aufhört«; hier, wo man aus der Erlangung jenes Zustandes einen Unterschied bei ihnen ersieht. Weil sie Befriedigung zeigen, daher haben sie am Ende, wie bei dem Manne, die Erlangung des Zustandes; weil sie unwillig ist, deshalb wird der Zweifel darüber, ob sie »von Anfang an« (Genuss haben oder nicht), beseitigt? Nicht so! »Die Befriedigung der Geilheit ist willkommen, wenn sie lange Zeit gebraucht«: also findet Hass gegen den feurigen Liebhaber statt, da er die Geilheit nicht vertreibt; denn, wenn auch jener Zustand erreicht wird, so findet doch keine Stillung der Geilheit statt, da diese außerordentlich lange anhält. Oder vielmehr muss man sagen: eine außerordentlich lange Erzeugung des Zustandes ist willkommen, indem dieser ja die Hauptsache ist. Bei einem feurigen Liebhaber finden sie keine Befriedigung, weil hierbei der Zustand nicht auf lange Zeit erzeugt wird. Die Weiber nämlich wünschen, dass bei ihnen ein Zustand hervorgerufen werde, welcher sich weithin erstreckt, indem ihr Liebesverlangen ein achtfaches ist. Unter solchen Umständen ist es ganz richtig, dass die Schönäugigen an den Männern sich nicht sättigen können, weil deren Liebesverlangen nur ein einfaches ist, nicht aber wegen des Mangels der Wonne der Samenergießung. – »Wieder keine Zweifelbeseitiger«, wiederum keine.

Dazu sagt (der Verfasser):

Hier könnte einer einwenden: Wenn ununterbrochen die Erlangung der Liebeslust stattfindet, so ist es (nicht)[16] in der Ordnung, wenn zur Zeit des Beginnes Gleichgültigkeit und die Unmöglichkeit des Aushaltens, im weiteren Verlaufe außerordentliche Leidenschaft und Missachtung gegenüber dem Leibe und am Ende das Verlangen nach Aufhören vorfanden ist.

»Zur Zeit des Beginnes« des Koitus »Gleichgültigkeit«, Nichtanwendung von Nägelwunden usw. »und die Unmöglichkeit des Aushaltens«, die Unfähigkeit, dem Beibringen der Nägelmale usw. standzuhalten. »Im weiteren Verlaufe«, in der Zeit nach dem Beginne je nach der Beschaffenheit mehr oder minder »außerordentliche Leidenschaft«, das Gegenteil der Gleichgültigkeit; »und Missachtung gegenüber dem Leibe«, außerordentliche Fähigkeit im Ertragen. »Und am Ende das Verlangen nach dem Aufhören«, der Wunsch, von der Vereinigung abzustehen. Alle diese besonderen Zustände der Frau sind, »wenn ununterbrochen die Erlangung der Liebeslust stattfindet, nicht in der Ordnung«, weil bei ihr die Wonne der Samenergießung von Anfang an als ein Ganzes, ununterbrochen, besteht; bei dem Manne (dagegen) sieht man diese (Wonne) als einen besonderen Zustand im Augenblicke der Samenergießung.

Es ist nicht an dem! Wenn auch bei der Töpferscheibe oder dem Brummkreisel die Zurüstung des Drehens eine gleichartige ist, so ist es doch ganz richtig, dass sie, in der Drehung begriffen, zu Anfang nur eine mäßige Geschwindigkeit zeigen und dann (erst) im weiteren Verlaufe den Höhepunkt der Schnelligkeit erreichen. Das Verlangen nach dem Aufhören entsteht infolge Mangels an Stoff. – So ist das also kein (stichhaltiger) Einwand.

---

[16] *Unklar: Im Texte steht upapannam, in der Anmerkung und im Kommentar dagegen anupapannam*

Es ist sehr wohl in der Ordnung: es geht dabei ebenso richtig zu, wie bei der Töpferscheibe usw. – Der »Brammkreisel« ist ein hölzernes Spielzeug, welches die Knaben zum Laufen bringen, indem sie es mit einem langen Faden versehen. Also wenn auch deren »Zurüstung des Drehens« in Gestalt eines Stockes mit einem Faden daran am Anfang, im weiteren Verlaufe und am Ende »eine gleichartige ist«, solange sie in der Drehung begriffen sind – wie sollte man sonst, wenn keine Drehung stattfindet, erkennen dass jene Zurüstung vorliegt? – so herrscht dabei doch »zu Anfang nur mäßige Geschwindigkeit«, langsames Drehen; »im weiteren Verlaufe« je nach der Art mehr und noch mehr »Erreichung des Höhepunktes der Schnelligkeit«; und wie diese Töpferscheibe oder der Brummkreisel gleichsam ganz unbeweglich steht, so ist auch bei der Frau, wenn auch die von dem Manne durch die Bewegungen bei dem Koitus usw. und andere Gründe hervorgerufene Wonne der Samenergießung zu Anfang, im Verlaufe und am Ende gleichartig bleibt, zur Zeit des Beginnes doch nur mäßige Geschwindigkeit, leise Liebeslust: dabei besteht »Gleichgültigkeit und die Unmöglichkeit des Aushaltens«; im weiteren Verlaufe erreichen sie dann den Höhepunkt der Schnelligkeit, das Übermaß der Wollust, wobei infolge der außerordentlichen Erregung »Missachtung gegenüber dem Leibe« eintritt.

Wenn nun dieser Zustand ununterbrochen fortdauert, wie kann dann »das Verlangen nach dem Aufhören« erwachen? Darauf sagt er: »Infolge Mangels an Stoff«. Das Verlangen aufzuhören entsteht, wenn die Leidenschaft gestillt ist, nachdem der Samenstoff, der bei dem Eintritte des Verliebtheit genannten Zustandes aus seinem Behälter gleitend in sein Gefäß eintritt, durch das allmähliche Ausspritzen von Anfang an erschöpft worden ist. »So ist das also kein (stichhaltiger) Einwand«: es ist nicht in Frage zu stellen, dass das besondere Verhältnis des infolge der Samenergießung eintretenden ununterbrochen stattfindenden Zustandes nicht in der Ordnung sei.

Diesen Gedanken spricht (der Verfasser) mit einem von Bābhravya vorgetragenen Verse aus:

Am Ende des Liebesgenusses empfinden die Männer Wollust, die Frauen aber ununterbrochen; und das Verlangen aufzuhören entsteht wegen des Mangels an Stoff.

Nachdem (der Verfasser) so zwei Parteien vorgeführt hat, gibt er die endgültige Ansicht an:

Darum also muss man wie bei dem Manne, so auch bei der Frau das Kundwerden des Wollustgenusses ansehen.

Da nun so gestritten wird, so muss darum »das Kundwerden des Wollustgenusses«, die Erreichung der Liebeslust, wie es bei dem Manne die Samenergießung am Ende ist, so auch bei der Frau angesehen werden.

(Der Verfasser) weist die Behauptung zurück, dass zwischen der Wollust des Mannes und der der Frau nach Wesen oder Zeit Unähnlichkeit bestehe:

Denn wie könnte wohl bei Gleichheit der Art und wenn beide ein und dasselbe Ziel anstreben Verschiedenheit des Ergebnisses eintreten? (Vielleicht) infolge der Verschiedenheit der Mittel und der Verschiedenheit des Bewusstseins.

Bei zwei Wesen von verschiedener Gattung, Mann und Stute z. B., dürfte wohl eine Verschiedenheit der Wollust stattfinden: dazu sagt (der Verfasser): »Bei Gleichheit der Art«; bei dem gleichen Genus Mensch. Aber auch bei zwei Wesen von gleicher Gattung, die mit Baden, Essen usw. das Leben hinbringen, könnte wohl derlei stattfinden? Darauf sagt (der Verfasser): »ein und dasselbe Ziel«: die geraden Weges auf das eine, Liebesgenuss genannte Ziel zueilen. »Wie könnte eine Verschiedenheit des Ergebnisses eintreten?« »(Vielleicht) infolge der Verschiedenheit der Mittel und der Verschiedenheit der Zuneigung«. Wieso Verschiedenheit der Mittel? Von Natur. Der Sinn ist: bei zwei Wesen von verschiedener Gattung, Mann und Stute, findet sich eine Verschiedenheit der Wonne des Zustandes, einer Wonne, die das Produkt verschiedenartiger Wesen ist, mit Rücksicht auf das Wesen und die Zeit. Die aber von gleicher Art sind und ein und dasselbe Ziel im Auge haben, bei denen ist das beiderseitige Resultat ähnlich. Denn bei zwei Widdern, die von gleicher Art sind und an ein und dasselbe Ziel denken, welches im Kämpfen besteht, wird das Resultat, der Anprall, auch nicht nach Zeit und Wesen unterschieden. – Immer wieder weist der Verfasser die anderen Parteien zurück; so sagt er: »Vielleicht infolge der Verschiedenheit der Mittel«: vielleicht ergibt sich hierbei aus der Verschiedenheit der Mittel ein verschiedenes Resultat.

Woher aber die Verschiedenheit der Mittel? Von Natur! Denn der Mann ist der aktive, die Frau der passive Teil. Der aktive Teil nämlich vollbringt eine andere Tat als das Objekt. Darum findet auch infolge der Verschiedenheit der Mittel von Natur eine Verschiedenheit des Bewusstseins statt: Der Mann empfindet Befriedigung, indem er denkt: »Ich will ganz auf sie bedacht sein«; die Frau, indem sie denkt: »Ich bin von ihm ganz erfasst«. – So lehrt Vātsyāyana.

Die Verschiedenheit der Mittel, die jetzt erörtert wird, besteht einzig und allein in der Tätigkeit von Mann und Frau. Dazu sagt (der Verfasser): »Die Verschiedenheit der Mittel aber ist von Natur«; d. h. der Unterschied in den Mitteln beruht auf dem angeborenen Wesen. Darin besteht eben diese Natur, dass von Mann und Frau der eine der aktive, der andere der passive Teil ist. Mit Anwendung darauf sagt (der Verfasser): »Eine andere Tat«. Des einen Geschlechtsteile liegen vertieft, die des anderen ragen empor. Daher findet eine Teilung der Funktion der beiden Geschlechtsteile statt, indem das eine verschlingt, das andere verschlungen wird; und deshalb ergibt sich nicht bloß jene Verschiedenheit der Funktion aus der in der also beschaffenen Tätigkeit bestehenden Verschiedenheit der Mittel, es ergibt sich auch ein Unterschied im Bewusstsein. Das zeigt (der Verfasser), indem er sagt: »Ich will ganz auf sie bedacht sein« usw. Der Mann findet Befriedigung, indem er unter Berücksichtigung seiner Tätigkeit als aktiver Teil denkt: »Ich bin darauf bedacht, diese hier zu beschlafen«; die Frau findet Befriedigung, indem sie unter Berücksichtigung ihrer Tätigkeit als passiver Teil denkt: »Ich bin von ihm ganz erfasst, um beschlafen zu werden.« So erlangen die beiden, von diesem Bewusstsein und dieser Befriedigung erfüllt, wenn sie in der Ausübung des Koitus begriffen sind, einen nach Zeit und Wesen ähnlichen Zustand, nicht aber einen etwa infolge der bloßen Verschiedenheit der Funktionen unähnlichen. Dann nämlich ist nur die Vorstellung verschieden, nicht das Resultat. Indem der Verfasser dies in seinem Geiste erwog, hat er diese seine deutlich gekennzeichnete eigene Ansicht mit seinem Namen unterschrieben.

»Der Verfasser hat die mannigfachen Verschiedenheiten, unter Anerkennung der Verschiedenheit der Mittel, zugestanden: wie ist es also nun mit dem Unterschiede des Resultates? Das kann er nicht zugeben?« – Diese sich darbietende Ansicht eines Gegners weist der Verfasser zurück, indem er erklärt:

Hier könnte einer einwenden: »Warum soll es nicht eine Verschiedenheit des Resultates geben, wie es eine Verschiedenheit der Mittel gibt?« – Dem ist nicht so! Die Verschiedenheit der Mittel ist wohlbegründet: wegen der Verschiedenheit der Merkmale des aktiven und passiven Teiles; eine nicht begründete Verschiedenheit des Resultates aber wäre unangemessen, da kein Unterschied in der Art besteht.

»Wie es eine Verschiedenheit der Mittel gibt.« Warum wird nicht, so gut wie die Tätigkeit jener beiden als eine verschiedene zugegeben ist, ebenso das »Wonne« genannte Resultat, da es doch aus jener Tätigkeit sich ergibt, als verschieden zugegeben? Auf diese Zweifelsfrage antwortet (der Verfasser): »Dem ist nicht so!« Wenn das Resultat sich (auch) daraus ergibt, so kommt ihm doch keine Verschiedenheit zu: Darum antwortet (der Verfasser) auf die Frage: »Wieso ist die Verschiedenheit der Mittel wohlbegründet?« mit den Worten: »Wegen der Verschiedenheit der Merkmale des aktiven und passiven Teiles«. Der aktive Teil ist selbständig, der passive Teil ist Substrat. Der Sinn ist: Da diese beiden Ursachen ihrem Wesen nach verschieden sind, so sind auch ihre Tätigkeiten, die sich daraus ergeben, verschieden. Dass aber dem Resultate, wiewohl es daraus sich ergibt, trotzdem keine Verschiedenheit zukommt, dafür gibt es keine andere Ursache, die man angeben könnte. So sagt (der Verfasser): »Eine nicht begründete Verschiedenheit des Resultates aber wäre unangemessen«, würde ohne Berechtigung zugestanden. Diese Berechtigung bringt der Verfasser in Erinnerung, indem er sagt: »Da kein Unterschied in der Art besteht«. Da die Gattung Mensch gleichartig ist, erzeugen die aufeinander angewiesenen Tätigkeiten der auf ein und dasselbe Ziel Bedachten, Mann und Frau, eine nach Zeit und Wesen ähnliche Wonne.

Hier könnte einer einwenden: »Durch Vereinigung wird von dem Handelnden eine Sache vollendet: dagegen vollbringen jene beiden einzeln jeder seine Sache: (daher) ist das unrichtig!«

N. N. kocht mit Holz, im Kessel, Brei: bei solchem und ähnlichem Tun sieht man, dass durch die Vereinigung des N.N. und der übrigen aktiven und passiven Teile, »der Handelnden«, der Brei gekocht wird; »dagegen vollbringen jene beiden«, Mann und Frau, gegenseitig jeder seine Sache. Denn die Frau, der passive Teil, der der Tätigkeit des Mannes bedarf, vollbringt in ihrer ununterbrochenen Reihe ihre Sache, nämlich Wonne; und der Mann, der aktive Teil, der der Tätigkeit der Frau bedarf, (seine Sache). Dieses Vollbringen verschiedener Sachen passt nicht für den Handelnden, da es bei dem Breikochen usw. nicht gutgeheißen werden kann. Nun sieht man bei Mann und Frau, dem aktiven und passiven Teile, in der Gestalt der Wonne bei jedem einzeln das Resultat und ebenso die Gleichheit der Art: dieses Resultat eben, so ist die Meinung, muss also nach Zeit und Wesen unähnlich sein.

Dem ist nicht so! Man sieht auch, dass zu gleicher Zeit mehrere Dinge vollbracht werden: z. B. bei dem Anprall zweier Widder; dem Aneinanderwerfen zweier Holzäpfel; bei dem Kampfe zweier Ringer. Da ist kein Unterschied der Handelnden? Allerdings, aber hier ist auch kein Unterschied des realen Inhaltes! Oben heiß es: die Verschiedenheit der Mittel kommt von Natur: darum also erlangen alle beide ähnliche Wonne.

»Dem ist nicht so«: das ist nicht unrichtig, vielmehr ist es ganz in der Ordnung, indem man sieht, »dass zu gleicher Zeit mehrere Dinge vollbracht werden«; z. B. »bei dem Anprall zweier Widder«: bei dem Sinnesobjekte des Anpralles sieht man zu gleicher Zeit mehrere Dinge vollbringen, d. h. zu gleicher Zeit geschieht ein zweifacher Anprall. So ist es auch »bei Aneinanderwerfen zweier Holzäpfel (und) bei dem Kampfe zweier Ringer«. So muss auch bei den beiden Handelnden, Mann und Frau, das besondere Resultat eines jeden ähnlich sein. Die Erwähnung von Widder, Holzapfel und Ringer geschieht, um anzudeuten, dass auch bei Tieren so gut wie bei leblosen

Gegenständen und Menschen jene Regel befolgt wird. Welcher Unterschied besteht nun hier? Darauf sei folgendes geantwortet: Bei dem Kampfe der Widder usw. sind die Gegner beide aktiv, und es findet kein Unterschied zwischen den Handelnden statt; hier aber gibt es einen aktiven und einen passiven Teil: wieso ist das Resultat dann nicht verschieden? Auf diese Zweifelfrage antwortet (der Verfasser): »Hier ist auch«. Auch bei Mann und Frau als Handelnden ist in Wirklichkeit kein Unterschied vorhanden, vielmehr vollbringen sie die Sache beide als aktive Teile. Nur in der Theorie lässt man um des allgemeinen Brauches willen Unterschiede wie Agens und Substrat usw. gelten. Da es sich so verhält, so ist das oben Gesagte, Ausgeführte nachzusehen, wo es heißt: »Die Verschiedenheit der Mittel kommt von Natur«; indem die Merkmale des aktiven und des passiven Teiles keine reale Wirklichkeit besitzen. »Darum also«, auf Grund dieses Ausspruches, »erlangen alle beide«, Mann und Frau, »ähnliche Wonne«, d. h. es entsteht eine nach Zeit und Wesen ähnliche Wonne. Wie sollte sonst ihre fieberhafte Leidenschaft sich beruhigen können? Mit Bezug auf eben diesen außerordentlichen Wonnezustand nennt man das Geschlechtsorgan das Wonneorgan.

Diesen Gedanken spricht der Verfasser in dem zusammenfassenden Verse aus:

Da kein Unterschied der Gattung besteht, werden die beiden Gatten eine ähnliche Wonne empfinden; darum ist die Frau so zu bedienen, dass sie die Wollust zuerst erlangt.

»Die beiden Gatten«, Mann und Frau; d. h. wenn sie ein und demselben Ziele zustreben. Es gehe dabei aber so zu, dass je nach der verschiedenen Art der Frau diese das außerordentliche Glück der Stillung der Geilheit hat und dass bei der Reibung in der Scheide der Same in Bewegung gerät; die Wonne der Ergießung aber soll wie bei dem Manne erst am Ende erfolgen. So heißt es: »Zweifach ist die Wollust bei den Frauen: infolge des Schwindens der Geilheit und des Strömens (des Samens); dieses ist auch zweifach: das in Bewegung Geraten und die Ergießung des Samens.

Das Feuchtwerden der Scheide kommt nur von dem in Bewegung Geraten, die Wollust aber von der quirlenden Ergießung; am Ende jedoch, heißt es, findet wie bei dem Manne die Ergießung statt, indem die Frau in ungestüme Aufregung gerät.« – Wenn hierbei die beiden Ehegatten infolge ihrer Leidenschaft gleichzeitig die Wollust genießen, so ist das die beste Art, weil das ein gleicher Liebesgenuss ist. Wenn es nicht gleichzeitig geschieht, dann wird die Frau jenen Zustand nicht erlangen, wenn dem Mann die Erektion mangelt, weil er den Zustand schon vorher erreicht hat. »Darum ist die Frau« gegenüber dem gleichen Liebesgenusse bei dem ungleichen »so zu bedienen«, mit Küssen, Umarmungen usw. zu huldigen, »dass sie die Wollust zuerst erlangt«. Wenn die Frau vorher den Zustand erreicht hat, muss sich der Mann, mit eingedrungenem Penis, beeilen, um seinerseits den Zustand richtig zu erreichen.

Da die Ähnlichkeit bewiesen ist, so ergeben sich wie bei den Maßen auch rücksichtlich der Zeit neun Liebesgenüsse.

»Auch rücksichtlich der Zeit«: das Wort »auch« bedeutet »auch rücksichtlich des Wesens«. Denn wie sollten sonst bei der Verschiedenheit der Wonne der Stillung der Geilheit oder der Wonne der Samenergießung dem Wesen nach neun Liebesgenüsse herauskommen?

In Übereinstimmung mit dem allgemeinen Gebrauch gibt der Verfasser jetzt die verschiedenen Synonyma von Wollust (rati) und Koitus (rata):

Genuss, Wollust, Liebe, Zuneigung, Leidenschaft, Aufregung und Vollendung sind die Synonyma von Wollust. Geschlechtliche Vereinigung, Koitus, Geheimnis, Beischlaf und Betäubung sind die Synonyma von Koitus.

Die Wollust involviert die Wirkung, der Koitus die Ursache. Wenn auch die synonymen Bezeichnungen für beides sich auf eine einzige Sache beziehen, so unterscheidet man dabei doch die Veranlassung. So sagt man auch in der Verbindung mit der Majestät Indra, in der Verbindung mit der Macht Sakra. – Nun also, »Genuss«, weil mit dem Geschlechtsorgane genossen, geschmeckt wird; »Wollust«, wegen des Lustgefühles infolge der Erregung der Sinne durch die Vorstellung, dass die Wirkung Wonne sei; »Liebe«, wegen der Geneigtheit des Herzens; »Zuneigung«, weil sie durch den ›Verliebtheit‹ genannten Zustand erfolgreich wird; »Leidenschaft«, wegen des leidenschaftlichen Entzückens der Sinne; »Aufregung«, wegen des gesonderten Austretens des von Wonne begleiteten Samenstoffes aus der Mündung des Gefäßes; »Vollendung«, wegen der Beendigung des Liebesgenusses. »Geschlechtliche Vereinigung« ist die gehörige, prägnante Vereinigung von Mann und Frau, die noch nicht vereint gewesen sind. »Koitus«, wegen des Lustgefühles durch die Erregung der Sinne irgendwo bei dem Eintreten der Ursache; »Geheimnis«, weil man, abgesehen von den Ehegatten, dabei vor anderen geheim zu Werke geht; »Beischlaf«, weil man dabei auf dem Lager oder auf dem Ruhebette schläft; »Betäubung«, weil man aus Betäubung den anderen Beschäftigungen gegenüber sich wie geistesabwesend verhält.

Da die nach Maß, Zeit und Zustand sich ergeben den geschlechtlichen Vereinigungen jede einzelne neunfach sind, so kann man bei einer Mischung derselben die Zahl der Liebesgenüsse nicht angeben, da sie außerordentlich groß ist.

Da die nach Maß, Zeit und Zustand sich ergebenden drei Liebesgenüsse ein jeder neunfach ist, so ergeben sich (zunächst) 27 zusammen. Der Koitus ist zweifach: rein und vermischt. Weil hierbei der reine nicht vorkommt, sagt der Verfasser in der Meinung dass der vermischte allein sich zur Besprechung eigne: »Bei einer Mischung derselben«, einer Verbindung dieser siebenundzwanzig an Zahl betragenden. Dabei werden nicht zwei vermischt, da das nicht vorkommt; sondern die Mischung findet mit dreien statt. »Da die Zahl der Liebesgenüsse außerordentlich groß ist, kann sie« durch einzelnes Aufzählen »nicht angegeben werden«. Wenn man sie nämlich einzeln aufzählte, würde es ein dickes Buch geben; eine kurze Aufzählung aber ist nutzlos.

Daher ist es (des Verfassers) Ansicht, dass man nur nach der obigen Zahl rechnen müsse. Dabei ergibt der gleiche und ungleiche den vermischten in folgender Weise: Ein matter und schneller Hase mit einer ebensolchen Gazelle; ein mäßig feuriger und mäßig schneller Hase mit einer ebensolchen Gazelle; ein feuriger und langsamer Hase mit einer ebensolchen Gazelle; ein matter und mäßig schneller Hase mit einer ebensolchen Gazelle; ein matter und langsamer Hase mit einer ebensolchen Gazelle; ein mäßig feuriger und schneller Hase mit einer ebensolchen Gazelle; ein mäßig feuriger und langsamer Hase mit einer ebensolchen Gazelle; ein feuriger und schneller Hase mit einer ebensolchen Gazelle und ein feuriger und mäßig schneller Hase mit einer ebensolchen Gazelle: das sind die neun gleichen, vermischten Liebesgenüsse bei entsprechender Verbindung. Wenn sich diese neun Hasen jeder einzeln mit den übrigen acht mit ebensolchen Gazellen verbinden – mit Auslassung der einen gleichen – so ergeben sich 72 ungleiche vermischte Liebesgenüsse. Ferner bei der neunfachen Art (der Vereinigung) des Hasen mit einer ebensolchen Stute neun ungleiche vermischte Liebesgenüsse; in der Vereinigung mit den nicht ebensolchen acht 72 ungleiche; ebenso mit der Elefantenkuh ebenso viel ungleiche und außerordentlich ungleiche; also zusammen beim Hasen 243. Ebenso ist es bei dem Stiere und bei dem Hengste; alles zusammen also 729.

Bei diesen wende man die Liebesbezeugungen nach Gutdünken an, lehrt Vātsyāyana.

Bei den vermischten Liebesgenüssen, wie sie theoretisch festgesetzt sind, »wende man die Liebesbezeugungen nach Gutdünken an«, verwende die Liebesbezeugungen, die in Umarmungen usw. bestehen, je nach Maß, Zeit und Temperament, wie es sich gerade trifft, vermischt, indem man ihre Reihenfolge aufhebt; d. h. damit auf künstliche Weise ein gleicher Liebesgenuss hergestellt werde. – Hierzu (gibt es einige) Verse der Anhänger des Bābhravya: »Wenn das männliche Glied sich in der Vulva dicht reibt und Zeit und

Temperament gleich sind, so heißt dieser Liebesgenuss der beste. Wenn das Glied (an Größe) verschieden ist, die Vulva nicht überall reibt und Zeit und Temperament ungleich sind, so nennt man diesen den schlechtesten. Der Koitus finde statt bei völliger Gleichheit; bei (völliger) Ungleichheit gilt (die Bezeichnung) schlechter Koitus; alle übrigen sind mittelmäßig. Dabei gibt man (wie folgt) die relative Wichtigkeit an: Die Hauptsache ist durchaus die Zeit; denn selbst ein Hase berührt bei (Vorhandensein gleicher) Zeit das Innere des Geschlechtsorgans der Elefantenkuh überall. So heißt auch der Hengst der Gleichmacher der Zeit der Gazelle: deshalb nennen andere das Maß durchaus als die Hauptsache. Andere sagen, das Temperament sei die Hauptsache, da selbst ein Hengst, wenn er des feurigen Temperamentes entbehrt, das Ziel nicht erreichen kann: das Temperament gleicht die Zeit aus. Deshalb sei aber eine Frau, wenn auch von langsamem Temperamente, nicht beunruhigt: so wie eine jede ist, muss Kraft und Schwäche erforscht werden. Wer an Temperament und Maß mangelhaft ist; wer feurig ist, aber der Zeit entbehrt, und wer an Zeit und Maß mangelhaft ist, soll sich bemühen, mit dem übrigen das Ziel zu erreichen.«

Wenn die dem Wesen jedes einzelnen entsprechende Zeit und Temperamente zu einer anderen Zeit und zu einem anderen Temperamente werden, so ist das der Übergang zu einer anderen Zeit und zu einem anderen Temperamente. Das erklärt (der Verfasser), indem er sagt:

Beim ersten Koitus zeigt der Mann feuriges Ungestüm und Schnelligkeit; das Umgekehrte bei den späteren; bei der Frau hinwiederum ist es gerade umgekehrt. Bis zur Erschöpfung des Stoffes. Vor der Erschöpfung des Stoffes der Frau tritt nach der gewöhnlichen Redeweise die des Mannes ein.

Bei jedem einzelnen unter den schnellen, mäßig schnellen und langsamen sowie den kalten, mäßig feurigen und feurigen findet man beim ersten Koitus, wenn der Betreffende in seiner gewöhnlichen Verfassung ist, unter Berücksichtigung seiner Eigenart, Schnelligkeit und Feuer; dann wird die Leidenschaft, indem sie anwächst, hitzig und beruhigt sich schnell. Damit verhält es sich so: Ein Langsamer und Feuriger zeigt beim ersten Koitus entsprechend seiner Zeit und seinem Temperamente mäßige Schnelligkeit und besonderes Feuer; ein mäßig Schneller und mäßig Feuriger Schnelligkeit und Feuer; ein Schneller und Matter besondere Schnelligkeit und mäßiges Feuer; ein Schneller und mäßig Feuriger besondere Schnelligkeit und Feuer; ein Schneller und Feuriger besondere Schnelligkeit und besonderes Feuer; ein mäßig Schneller und Matter Schnelligkeit und mäßiges Feuer; ein mäßig Schneller und Feuriger Schnelligkeit und besonderes Feuer; ein Langsamer und Matter, entsprechend seiner Zeit und seinem Temperamente, mäßige Schnelligkeit und mäßiges Feuer; ein Langsamer und mäßig Feuriger mäßige Schnelligkeit und Feuer. Das sind beim ersten Koitus die neun Übergangsliebesgenüsse. »Das Umgekehrte bei den späteren«, d. h. das Gegenteil von dem, was beim ersten Koitus gesagt worden ist, tritt beim zweiten usw. Koitus ein. Da die Liebe des Mannes nur einfach ist und seine Leidenschaft (bald) erlischt, so erfolgt nun beim zweiten Koitus ein seiner gewöhnlichen Verfassung entsprechender Übergang zu einem anderen Temperamente und zu einer anderen Zeit. Da die Leidenschaft allmählich erlischt, so ergeben sich nun im dritten usw. Koitus der Eigenart entsprechend Zustände von größerer und größter Langsamkeit und größerer und größter Kälte, bis der Samenstoff erschöpft ist. So ist bei dem Manne der Übergang zu einem anderen Temperamente und zu einer anderen Zeit; »bei der Frau hinwiederum ist es gerade umgekehrt«. Hier sieht man unter normalen Verhältnissen beim ersten Koitus, unter Berücksichtigung ihrer Eigenart, Langsamkeit und Mattigkeit. Ihre achtfache Leidenschaft nämlich wird ganz natürlich durch den ersten Koitus entflammt; darauf wird sie dann matter und kühlt sich langsam ab.

Damit verhält es sich so: Eine Langsame und Feurige zeigt unter normalen Verhältnissen, entsprechend ihrer Zeit und ihrem Temperamente, besondere Langsamkeit und mäßiges Feuer; eine mäßig Schnelle und mäßig Feurige Langsamkeit und Mattigkeit; eine Schnelle und Matte mäßige Schnelligkeit und besondere Mattigkeit. So ist es auch in den übrigen sechs Fällen zu machen. Das Umgekehrte findet statt bei den folgenden (Liebesgenüssen): bei dem zweiten Koitus gibt es einen den normalen Verhältnissen entsprechenden Übergang. Indem nun allmählich durch das Entfachen Leidenschaft und Schnelligkeit zunehmen, zeigen sich bei dem dritten usw. Koitus unter Berücksichtigung der Eigenart Zustände von größerer und größter Schnelligkeit usw. und von größerem und größtem Feuer usw., bis der Samenstoff erschöpft ist. Das ist der Unterschied zwischen Mann und Frau, während die Erschöpfung des Stoffes die gleiche ist. Was da geschieht, da der Stoff des Mannes einfach, der der Frau dagegen achtfach ist, das sagt (der Verfasser) mit den Worten: »Vor der Erschöpfung«. – »Die gewöhnliche Redeweise«, (der zufolge) »die Schönäugige sich nicht an den Männern sättigen kann«. – Von dem Übergang zu einem anderen Maße – bei der Frau vermittelst Vorstreckens der Schamgegenden mit Hilfe der Arme und Schultern, beim Manne durch die Regeln über Vergrößerung (des Penis) – wird der Verfasser noch sprechen.

Es ist (oben) gesagt worden, dass die Liebhaberinnen schnell, mäßig schnell und langsam seien; wie ist es nun mit ihnen? Darauf antwortet (der Verfasser):

Die Frauen erlangen infolge ihrer Zartheit von Natur oder auch infolge der Reibung schnell Befriedigung. So lehren die Meister.

Die Frauen, welche »von Natur«, ihrem Wesen nach, zartgliedrig sind, und auch die nicht zartgliedrigen, welche unter Küssen usw. und unter äußeren und inneren Betätigungen der Finger usw. gerieben werden, die erlangen sehr schnell Befriedigung; d. h. sie sind von schnellem Ungestüm. Das soll heißen, im umgekehrten Falle sind sie von mäßig schnellem oder langsamem Feuer. Ebenso ist es auch bei dem Manne. Dort ist die Zartheit ein natürliches Merkmal; das übrige ist erkünstelt. »So lehren die Meister«, das gerade ist die Meinung aller, da sie nicht fehl geht.

So weit nur ist die Lehre vom Liebesgenuss für die Geschickten angedeutet worden. Für die Belehrung der Unerfahrenen wird nun eine ausführliche Darstellung vorgetragen werden.

Nur unter Darstellung des Koitus ist die Lehre vom Liebesgenuss in kurzen Worten angedeutet worden. Die Umarmungen und andere Liebesbezeugungen, die sie aus dem Lehrbuche gelernt haben, wenden sie klug an, aber nicht diejenigen, welche langsamen Geistes sind. Die ausführliche Darstellung dient dazu, diese Hauptsache zur Sprache zu bringen.

§ 7 - Die Arten der Liebe

SO GUT WIE eine dreifache Liebeslust erörtert worden ist, ebenso wird auch die Liebe erörtert nach Grobheit und Feinheit. Jedoch, um zu zeigen, dass in diesem Lehrbuche außer diesen auch noch andere Arten von Liebe vorkommen, werden nun die Arten der Liebe behandelt: in den Worten: »Je nach der Beschäftigung usw.«

Je nach der Beschäftigung und nach dem Selbstgefühle, ferner nach dem Vertrauen und den Gegenständen der Sinnenwelt reden die Kenner des Leitfadens von einer vierfachen Liebe.

»Die Kenner des Leitfadens«, die Kenner des Lehrbuches der Liebe. – Deren Merkmale gibt (der Verfasser) an:

Eine Liebe, die aus Worten usw. hervorgeht und durch die Beschäftigung mit Tätigkeiten gekennzeichnet ist, diese ist anzusehen als Liebe der Beschäftigung, zu Tätigkeiten wie z. B. der Jagd usw.

Eine Liebe, die in der Beschränkung auf Sinnesobjekte wie Worte usw. besteht, die bei der Ausführung von Tätigkeiten sich finden, ist eine Liebe zur Sinnenwelt. Die aber »durch die Beschäftigung mit Tätigkeiten gekennzeichnet ist« – unter Beschäftigung versteht man, einer Tätigkeit fortwährend obliegen; weil die Liebe, das Hängen daran, dadurch gekennzeichnet wird, so ist sie danach benannt – diese besteht in der Beschäftigung und ist als Liebe der Beschäftigung anzusehen. Sie findet sich bei Leuten, welche eifrig an Künsten hängen, die auf eine ernste Tätigkeit hinauslaufen. Das sagt (der Verfasser): »zu Tätigkeiten wie z. B. der Jagd usw.« Die Jagd, das Waidwerk, ist eine die körperlichen Übungen betreffende Wissenschaft. Das Wort ›usw.‹ fasst Tanz, Gesang, Instrumentalmusik, Malerei, Blättereinritzen usw. zusammen.

Eine Liebe sogar zu vorher nicht studierten Tätigkeiten, die nicht auf den Gegenständen beruht, sondern aus der Herzenswallung entsteht, diese ist die des Selbstgefühles.

»Eine Liebe sogar zu vorher«, früher, »nicht studierten Tätigkeiten«: das Wort ›sogar‹ bedeutet, dass sie doch studiert worden sein können. Wer auch die Beschäftigung mit der Jagd nicht studiert oder doch studiert hat, der ist im Herzen beglückt, wenn er eine solche Beschäftigung treibt. Der Unterschied ist der, dass die wissenschaftliche Liebe eben in dem Studium einer bestimmten Tätigkeit besteht. – »Die nicht auf den Gegenständen beruht«, d. h. deren Aneignung nicht aus Gegenständen der Sinne, Begriffen usw. erfolgt. Woher kommt sie also? Darauf sagt (der Verfasser): »Sondern aus der Herzenswallung entsteht«, d. h. sie ist eine im Geiste wohnende Liebe, indem sie ihrem Wesen nach der Wallung des Geistes angehört. Eine solche heißt eine Liebe »des Selbstgefühles«: das Selbstgefühl, das Ichbewusstsein, ist ihr Gewinn.

Wieso kommt diese in dem Lehrbuche hier vor? Darauf antwortet der (Verfasser):

Diese soll man bei dem Mund-Koitus des Eunuchen oder der Frau und bei diesen Küssen und jenen Handlungen, wie usw. erkennen.

»Eunuch«, Verschnittener; bei dessen »oder der Frau«, einer Mundhure, »Mund-Koitus«, sogar wenn die auf den Mund übertragene Tätigkeit der Scham studiert ist, »soll man diese erkennen«. Für den Veranlasser ist das hinwiederum eine körperliche, auf den Gegenständen beruhende Liebe. – »Bei diesen und jenen«, Küssen usw., die in ihre verschiedenen Arten zerteilt werden. Das Wort ›usw.‹ bedeutet Umarmungen, Nägel- und Zahnmale und Schläge, auch wenn sie nicht studiert sind: bei diesen zeigt sich zur Zeit des Liebesgenusses die geistige Liebe dessen, der sie anwendet; und auch bei der Frau, bei der sie bald hier, bald dort angewendet werden, zeigt sich bei dieser

Anwendung infolge leidenschaftlicher Wallung eine geistige, keine körperliche Liebe, indem sie durch bloße Berührung empfunden wird. Da aber, wenn der Körper von Unbehagen erfasst ist, diese Liebe keine Stätte hat, so ist sie keine körperliche.

Von den Kennern des Lehrbuches wird die Liebe eine Liebe des Vertrauens genannt, wobei es, bei einer fremden Ursache der Liebe, heißt: »Es ist kein anderer!«

»Er ist es!« ist der Sinn. »Wobei«, irgendwo, »bei einer fremden«, einem noch nicht da gewesenen Gegenstande, Manne oder Frau, mit den Worten: »Er ist es!« im Herzen eine frühere Liebe auf Mann oder Frau übertragen wird. »Ursache der Liebe«, Grund zur Liebe. Das ist die Veranlassung zur Übertragung. Es soll gezeigt werden: »Hier finden sich dieselben Vorzüge, Gründe der Liebe, wie bei dem früheren Geliebten.« Und so wird diese frühere Liebe, weil sie ihrem Wesen nach aus dem Vertrauen entstanden ist, von den Kennern des Lehrbuches der Liebe die des Vertrauens genannt. So wird auch (der Verfasser) später noch sagen: »Ähnlichkeit mit dem Geliebten ist ein Grund zum Besuchen.«

Die sichtbare, in der Welt wohlbekannte Liebe ist die sinnliche, da sie mit den vorzüglichsten Früchten ausgestattet ist: und die anderen sind ihr untergeordnet.

Die Liebe, welche entsteht, indem man vermittelst des Ohres usw. angenehme Sinnesgegenstände, Worte usw. aufnimmt, die ist, weil sie von Unternehmungen in der Sinnenwelt begleitet ist, eine »sichtbare«; und da sie »in der Welt wohlbekannt« ist, werden hier keine Merkmale angegeben. Diese also beschaffene Liebe ist nachzusehen in dem Abschnitte, der über das Treiben der Elegants bei besonderen Veranlassungen handelt. – »Da sie mit den vorzüglichsten Früchten ausgestattet ist«, d. h. da sie sichtbarlich mit der Frucht des Sinnesgenusses versehen ist. – »Und die anderen« drei »sind ihr untergeordnet«, sind Gegenstand der sinnlichen Liebe, indem sie ihre Teile bilden. – Das Wort ›und‹ bedeutet ›eben‹.

Indem man diese im Lehrbuche gekennzeichneten Arten von Liebe dem Lehrbuche gemäß überlegt, möge man die Art anwenden, wie sie sich gerade bietet.

»Indem man« die vier Arten »dem Lehrbuche gemäß überlegt«, genau untersucht. »Diese im Lehrbuche gekennzeichneten«, indem sie, jede an ihrer Stelle, in diesem Lehrbuche beschrieben werden. – »Die Art, wie sie sich gerade bietet.« Auf welche Weise sich der Inhalt der vier Arten, Studium der Tätigkeiten usw., darstellt, auf die Weise finde er eben statt um der daraus entstehenden Liebe willen. Denn, wenn man nicht so zu Werke geht, wird eine unerwünschte Liebe, also Nichtliebe, entstehen.

§ 8 - Die Untersuchung über die Umarmungen

NACHDEM so (der Verfasser) den Liebesgenuss erörtert hat, schickt er sich an, die vierundsechzig Dinge zu schildern, die sein Zubehör bilden, indem er sagt:

Einen Bestandteil der geschlechtlichen Vereinigung nennt man die vierundsechzig Dinge, indem sie in vierundsechzig Paragraphen abgehandelt werden.

Da die geschlechtliche Vereinigung ihrem Wesen nach aus vierundsechzig Dingen besteht, »so nennt man«, die alten Lehrer, diese vierundsechzig »einen Bestandteil« derselben. Wir wollen sie jetzt behandeln.

Das Wort ›vierundsechzig‹ findet sich im ganzen Lehrbuche oder einem Teil desselben, in beiden Fällen aber sind sie ein Teil der Praxis. Das zeigt (der Verfasser), indem er sagt:

Dieses Lehrbuch eben sind die vierundsechzig, sagen die Lehrer.

»Dieses Lehrbuch eben«: damit meint er das Lehrbuch, und das ist ein Zubehör der fleischlichen Vereinigung, weil deren Hilfsmittel, genannt Hauptsachen und Nebensachen, darin offenbart werden. – »Sagen die Lehrer«: die Lehrer nämlich, die Kenner der Worte, wenden als solche das Wort ›vierundsechzig‹ aus einem bestimmten Grunde an.

Das findet sich auch hier, oder in einem Teile des Lehrbuches, der Aufzählung des Wissens: so sagt (der Verfasser):

Da die Künste an Zahl vierundsechzig betragen und einen Teil der geschlechtlichen Vereinigung bilden, heiß die Summe der Künste »die Vierundsechzig«, indem die in zehn Abschnitte zerfallenden Gesänge des rgveda auch danach genannt sind und hier auch ein Zusammenhang mit diesem Worte stattfindet. Wegen des Zusammenhanges mit Pāñcāla ist jene Bezeichnung ehrenhalber von den Kennern des rgveda angewendet worden. So sagen einige.

Hier sind nämlich die vierundsechzig Künste: Gesang usw. gemeint. So bildet ihre Summe einen Teil der geschlechtlichen Vereinigung. Die Vierundsechzig finden sich in einem Teile des Lehrbuches, dem Abschnitte über den Liebesgenuss; dort werden nämlich die vierundsechzig Künste nach Pāñcāla aufgeführt. Warum heißen sie die Vierundsechzig? Darauf antwortet (der Verfasser): »Indem die in zehn Abschnitte«. »Des rgveda«, der in zehn Teile, mandala, zerfällt. Diese zehn Abschnitte heißen »Die Vierundsechzig«. –

»Auch hier«, in dem Zubehöre zu der geschlechtlichen Vereinigung. »Da ein Zusammenhang mit diesem Worte stattfinde«, ein Zusammenhang mit dem Worte mandala, den zehn Abschnitten. (»Die Bezeichnung ›vierundsechzig‹ ist angewendet worden« ist der Zusammenhang.) Nämlich zehn Glieder bilden den Leib der geschlechtlichen Vereinigung; wie es denn heißt: »Umarmung, Küssen, Gebrauch der Zähne, Nägelwunden, sīt-Machen, Schläge mit der Hand, Zusammenliegen, Begattung, Mund-Koitus und umgekehrter Liebesgenuss: das nennt man die zehn Glieder«. – Wegen des Zusammenhanges mit Pāñcāla ist die Bezeichnung gewählt worden. Von dem großen Heiligen Pāñcāla ist im rgveda eine Summe von vierundsechzig Liedern verfasst; und Bābhravya Pāñcāla hat in dem von ihm verfassten Abschnitte über den Liebesgenuss die Umarmungen usw. beschrieben.

Daher findet zwischen den beiden ein Zusammenhang statt, infolge der Benennung Pāñcāla, welcher Name auf ein und dasselbe Geschlecht hindeutet. »Ehrenhalber«: die in einem Teile des rgveda vorkommende Bezeichnung beider Parteien ist »von den Kennern des rgveda« als Ehrenbezeichnung bei den Umarmungen usw. angewendet worden, wie einige sagen. Diese Ehrung wird (der Verfasser) noch angeben (mit den Worten): ›Jene von den Wissenden verehrte, sogar von dem gemeinen Volke hochverehrte, von der Schar der ganikās verehrte Freudenbringerin – wer sollte die nicht verehren?‹

Infolge der achtfachen Verschiedenheit der Kombination der acht, Umarmungen, Küsse, Nägelmale, Bisswunden, Beilager, sīt-Machen, umgekehrter Liebesgenuss und Mund-Koitus ergeben sich acht Achter, also vierundsechzig, sagen die Bābhravyās.

Die Schüler des Bābhravya jedoch sagen, der Sache entsprechend: »Infolge der achtfachen Verschiedenheit der Kombination«, d. h. weil bei jedem einzelnen eine achtfach verschiedene Kombination möglich ist. Daraus ergeben sich acht Achtfache, acht Achter, also vierundsechzig.

Da es sich zeigt, dass von den acht verschiedenen Gruppen die einen zu wenig und die anderen zu viel Teile haben und hier noch andere Gruppen, wie Schläge, Ausrufungen, Liebesgenuss nach Art des Mannes, merkwürdiger Koitus usw. vorgebracht werden, so ist das nur eine sprichwörtliche Redensart, wie man z. B. von dem Baume Siebenblatt und von der fünffarbigen Spende spricht. So Vātsyāyana.

»Da es sich zeigt, dass sie entweder zu wenig oder zu viel Teile haben.« Von den noch zu nennenden verschiedenen Gruppen, Umarmungen usw. zeigt die eine einen Mangel an Teilen, der umgekehrte Liebesgenuss; einige haben zu viele: Umarmungen usw. Daher gibt das keine achtmal acht. Also: »Da es sich zeigt, dass von den acht verschiedenen Gruppen die einen zu wenig und die anderen zu viel Teile haben und noch andere,« Küsse usw., da diese in Rede stehen. Im Vergleiche zu jenen »andere«, nämlich Schläge, Ausrufungen, Liebesgenuss nach Art des Mannes, merkwürdiger Koitus usw. So ist der Zusammenhang; nicht aber noch andere im Vergleich zu diesen vier, den Schlägen usw., da es die nicht gibt: »da sie hier«, in der Gruppe der acht, »vorgebracht werden« – die geschlechtliche Vereinigung erfordert sie nämlich – daher eben sind die acht nicht achtfach. Wie kommt man also zu der Benennung? Darauf antwortet (der Verfasser): »Das ist nur eine sprichwörtliche Redensart«, gewöhnliche Sprechweise. Wieso? Das gibt (der Verfasser) an: »Wie z. B.« Trotzdem die Zahl der Blätter unvollständig oder überzählig ist, findet doch diese Bezeichnung nach dem allgemeinen Brauche statt, da man den Vorgang häufig sieht. Ebenso findet die Bezeichnung statt bei den acht Dingen weil sie häufig in achtfacher Weise geteilt sind: danach sind sie also achtmal acht.

Da nun das Lehrbuch als »die Vierundsechzig« zur Sprache gebracht und die Summe der Künste in der »Darlegung des Wissens« angegeben worden ist, so spricht (der Verfasser) nun von den Vierundsechzig nach Pāñcāla. Hier wird nun die Untersuchung über die Umarmungen geführt, da diese den Küssen usw. vorangehen. Die Untersuchung aber findet statt nach Zeit und Wesen. – Da gibt es (denn nun) Umarmungen bei der Nichtvereinigung und bei der Vereinigung: mit Bezug auf das erste sagt (der Verfasser):

Da gibt es für zwei, die noch nicht vereint sind, um die Zeichen der Liebe auszudrücken, eine Vierzahl der Umarmungen: die berührende, die durchbohrende, die reibende und die pressende.

»Zwei, die noch nicht vereint sind«, Liebende, die noch nicht eins sind. – »Um die Zeichen der Liebe auszudrücken.« Die berührende und die übrigen Umarmungen sind das Zeichen der Zuneigung, des zu Bezeichnenden, da sie diese verraten. Das kann man zur Zeit der Werbung ersehen, wenn ein Ziel für die Berührung da ist: ist das nicht der Fall, dann wird (der Verfasser) von einer übertragenen Werbung reden.

Überall wird schon durch das Eigenschaftswort die Art der Ausführung angedeutet.

»Überall«: auch bei den Küssen usw. »wird die Art der Ausführung durch das Eigenschaftswort angedeutet«: so zeigt er, dass es der Sache entspricht. Der Begriff, abhängig von dem Wesen der Bezeichnungen »berührend« usw., ist Berührung usw. »Dadurch wird die Art der Ausführung angedeutet«: so und so ist sie auszuführen!

Wenn die zu Umwerbende in die Nähe gekommen ist und er, unter einem anderen Vorwande, herantritt, so dass ein Leib den anderen berührt, so ist das die berührende Umarmung.

»Wenn sie in die Nähe gekommen ist«, wenn die Liebhaberin vor seine Augen getreten ist. – »Die zu Umwerbende«: Umarmungen usw. zu erlangen oder zu versuchen ist da noch nicht möglich. – »Unter einem anderen Vorwande«, indem »er«, der Unternehmende, bei dem Herantreten etwas anderes vor gibt, damit ein Fremder seine geheime Absicht nicht merkt. So dass er mit seinem Leibe ihren, der zu Umwerbenden, Leib berührt. So wird durch die Bezeichnungsweise die Art der Ausführung angedeutet: die berührende ... So ist es auch auf der anderen Seite anzuwenden: von ihr, wenn der Liebhaber in die Nähe gekommen ist.

Den zu Umwerbenden, am einsamen Orte Stehenden oder Sitzenden, soll sie mit dem Busen stoßen, indem sie etwas holt; und der Liebhaber soll sie unter Drücken festhalten: das ist die durchbohrende Umarmung.

Die Liebhaberin, der ausführende Teil, soll nicht zu dem dastehenden oder dasitzenden »zu Umwerbenden«, Liebhaber, gehen, da eine derartige Tat ungehörig ist. Auch nicht zu dem daliegenden, da sie ja noch nicht vereint sind! – »Am einsamen Orte«: da es anderswo schwer zu erreichen ist, den Busen auch nur zu sehen. Nun nennt (der Verfasser) das Mittel, den Geliebten anzustoßen: »indem sie etwas holt«: indem sie aus seiner Hand oder in seiner Nähe irgendeinen Gegenstand wegnimmt. – »Mit dem Busen«; d. h. sie soll ihn anrennen, an das Glied, welches sich gerade bietet. Der angestoßene Liebhaber jedoch soll die also vielfach Beschäftigte ergreifen, indem sich eine Armschlinge vorn auf die Brust, den Rücken (oder) auf die Seiten legt oder beide sich hinten vereinigen, während er sie mit der eigenen Schulterspitze anstößt, da ja ihr Anstoßen mit der Brust von der Seite geschieht, und an sich drücken, in dem Gedanken: »Wenn sie mir auf irgendeine Weise ihre Zuneigung andeuten will, wird sie mich anstoßen.«

Da sich hierbei die Brust beider nicht wenig aneinander drängt, ergibt sich die durchbohrende Umarmung. Ein bloßes Anrennen aber, welches den Namen der schnellenden Umarmung führt, ist als identisch mit jener hier mit einbegriffen; bei der Ausführung jener bringt die Liebhaberin sie gleichsam mit zur Ausführung. – Da die durchbohrende Umarmung von beiden ausgehen kann, (so dürfen) beide Teile (hierbei Ausführende sein). So heißt es: »Die Liebhaberin mit ihrem Busenkranze gehe zu Werke und stoße den Liebhaber mit der durchbohrenden Umarmung: der andere beschäftige sich dabei mit der Ausführung des Ergreifens der Haare.«

Das Beides findet statt, wenn die Liebenden noch nicht recht haben zusammen reden können.

»Das Beides«, die berührende und die durchbohrende Umarmung. – »Wenn die Liebenden noch nicht recht haben zusammen reden können«, noch nicht vereint sind; indem dabei beides getan werden kann. Wenn sie sich aber schon ordentlich ausgesprochen haben, dann findet das nicht mehr statt. Wegen der Unmöglichkeit hinwiederum für Liebende, die sich noch gar nicht gesprochen haben, das auszuführen, ist es als unmöglich anzusehen.

Wenn beide in der Dunkelheit, in einem Menschengedränge oder in der Einsamkeit langsam dahinschreiten und ihre Körper nicht allzu kurze Zeit aneinander reiben, so ist das die reibende Umarmung.

»In einem Menschengedränge«, im Getümmel. Weil es in der Finsternis usw. geschieht, ist die Ausübung eine verworrene. Wenn man nicht in solcher Lage ist, empfiehlt es sich, es herbeizuführen (indem man Menschengedränge aufsucht). – Unter solchen Umständen findet ein »nicht allzu kurze Zeit«, lange andauerndes Reiben glücklich statt. »Aneinander«: indem der Leib des Liebhabers an dem der Liebhaberin, und deren Leib an dem des anderen sich reibt, ergibt sich die von beiden ausgeführte »reibende« Umarmung. Die von einem aber ausgeführte reibende Umarmung ist hierbei mit enthalten.

Eben diese wird zur pressenden Umarmung, wenn man dabei außerordentlich mit der Klammer einer Mauer oder einer Säule gepresst wird.

»Eben diese«: diese reibende Umarmung wird zur pressenden. Wieso? Das sagt (der Verfasser): »Mit der Klammer einer Mauer«. – Klammer ist ein von beiden Seiten greifendes Festhalten. Eigentlich ist es der Liebhaber, uneigentlich die Mauer oder die Säule: wenn von diesem »außerordentlich«, fest, gepresst wird, so ist das die pressende Umarmung. Sie geht von einem aus und ist deshalb zweifach.

Diese beiden (finden statt) bei (Liebenden), die ihre beiderseitigen Gedanken schon kennen.

»Diese beiden«: darunter sind die reibende und die pressende (Umarmung) zu verstehen. – »Die ihre beiderseitigen Gedanken schon kennen«, die noch nicht vereint sind, aber um ihren gegenseitigen Zustand schon wissen, indem sie vorher schon viel miteinander verkehrt haben. Bei solchen, die ihre Gedanken noch nicht kennen, findet das nicht statt; das ist der eigentliche Sinn.

Das Lianenumschlingen, das Baumbesteigen, Sesam und Reis und Milch und Wasser: das sind die vier (Umarmungen) zur Zeit der fleischlichen Vereinigung.

»Zur Zeit der fleischlichen Vereinigung«: diese findet statt, wenn jene beiden vereint und feucht geworden sind. In dieser Zeit gibt es vier Umarmungen. Dabei ist für die beiden ersten, obwohl sie nur von einem ausgehen, die Liebhaberin allein der ausführende Teil, da sie ihr entsprechen; für die beiden übrigen beide, da sie von beiden ausgehen.

Wie eine Liane den Sāla-Baum[17] (umschlingt, so) soll (die Frau den Mann) umschlingen und das Gesicht herabbeugen, um ihn zu küssen; oder, nachdem sie es unter leisem sīt-Machen emporgerichtet hat, soll sie, bei ihm ruhend, ihn eine Weile hold ansehen. – Das ist (die Umarmung) »Lianenumschlingen«.

Wie die Liane einen Baum umschlingt, ebenso die Liebhaberin den aufrecht-stehenden Geliebten, Auge in Auge, indem sie ihre Armranken um Hals und Schultern schlingt. So ist die Umarmung »Lianenumschlingen« vierfach. Dass sie aber nach Küssen verlangend »das Gesicht herabbeugen« soll, geschieht, da der Baum Liebhaber hoch ist. So wird das Gesicht herabgebeugt, da sein Körper von den umklammernden Armschlingen herniedergebogen wird. Damit gibt der Verfasser den Lohn bei der Ausführung (dieser Umarmung) an: Da hierbei der Lohn des Küssens gemeint ist, so ist etwas Altherkömmli-ches auszuführen; eine Ausführung, die die Leidenschaft erzeugt und wachsen macht. – »Unter leisem sīt-Machen«. Das sīt-Machen wird (der Verfasser) noch besprechen. Indem dieses bei ihr leise ist: außerordentlich laut ist es zur Zeit der leidenschaftlichen Erregung. Damit zeigt (der Verfasser) das Verschönen der Ausführung: von besonders gelungener Ausführung begleitet dürfte das hervorragend herzerfreuend sein. – »Oder bei ihm ruhend«: das ist der zweite Gewinn. Und wenn sie so, bei dem Liebhaber ruhend, das Angesicht emporgerichtet, ihn hold anblickt, mit der schön verzierten, von den Zahnspuren gezeichneten Brustspitze, dann ist das wie das Umschlingen einer Liane. Daher heißt diese Umarmung das Lianenumschlingen ...

Wenn sie den einen Fuß auf den Fuß (des Liebhabers) und den zweiten auf die Schen-kelgegend desselben setzt oder ihn damit umschlingt, wobei sie den einen Arm auf seinen Rücken legt und mit dem andern seine Schulter herunterbeugt und unter ein wenig leisem sīt-Machen und Girren hinaufzuklettern wünscht, um einen Kuss zu holen, so ist das (die Umarmung) »Baumbesteigen«.

»Den einen Fuß«. Ihren eigenen Fuß setzt sie auf den Fuß des Liebhabers, den zweiten Fuß setzt sie auf die Flanke in der Gegend des Schenkels, so dass die Verbindungsstelle der Schamgegend fest angepresst wird. Je nachdem der

---

[17] *Vatica robusta*

rechte oder linke Fuß verwendet wird, ergeben sich hierbei zwei Arten. –
»Oder ihn damit umschlingt«: d. h. sie soll den oberen Teil des Fußes nach
außen richten und den unteren herunterhängen lassen. Auch dies ist zweifach,
je nachdem es der rechte oder linke Fuß ist; und wenn das Betreten oder Umschlingen der Schenkel mit beiden Beinen geschieht, so ist das beides auch ein
»Baumbesteigen« und gehört hier mit her. – (Der Verfasser) gibt nun die
gewöhnliche Ausführung an: »Wobei sie den einen Arm auf seinen Rücken
legt«: indem ihr einer Arm, der rechte oder linke, wie eine umklammernde
Liane sich auf den Rücken des Liebhabers legt; und indem sie mit dem
andern Arme seine Schultergegend herunterbiegt. – »Ein wenig«: da die
Stunde der Leidenschaft gekommen ist. Der Sinn ist, indem sie leise, abgebro-
chene Atemzüge usw. tut. Damit wird die besondere Art der Ausführung angedeutet. Dabei ist »sīt-Machen«, das Ausstoßen des Lautes sīt. Das Kennzeichen des »Girrens« wird (der Verfasser) noch angeben. – »Um einen Kuss zu
holen«: nicht um ihn hold anzusehen; denn dies wäre unmöglich, wenn er die
Schenkel nur wenig geöffnet hätte. – Der Lohn der Ausführung ist das
Küssen der Lippenknospe und der Wechsel der Schenkel. Der Name
»Baumbesteigen« erklärt sich wie oben.

Das Beides ist eine Tätigkeit im Stehen.

»Das Beides ist eine Tätigkeit im Stehen«: es ist eine Handlung, bei der die
Ausführung geschieht, indem beide aufrecht stehen; es dient zur Erregung der
Leidenschaft durch beide.

*Auf dem Lager befindlich sollen beide sich fest umschlingen unter Abwechslung der Beine
und Arme, gleichsam im Wettstreit. Das ist die Umarmung »Sesam und Reis«.*

Hierbei ist das besondere Merkmal der Ausführung: »unter Abwechslung der
Beine«. Abwechslung, Vertauschung. Dabei soll der auf der rechten Seite
ruhende Mann seinen linken Schenkel zwischen die Schenkel der auf der
linken Seite ruhenden Frau, und den linken Arm unter die rechte Achsel
stecken; die Frau macht es ebenso bei dem Manne. Das ist die eine
Abwechslung; wenn die Frau auf der andern Seite ruht, findet die zweite statt.
– Gleichsam um einen Wettstreit auszufechten, sollen sie »sich fest umschlin-
gen«, Mann und Frau sich eng umarmen. »Das ist die Umarmung Sesam und
Reis«, weil die Körperteile Schenkel und Arme wie Sesam und Reis zu einem
Haufen vermischt sind.

*Blind vor Leidenschaft und Schmerzen missachtend wollen sie gleichsam ineinander
hineindringen, indem, die Frau auf seinem Schoße sitzt, Auge in Auge mit ihm ruhend
oder auf dem Lager; das ist die Umarmung »Milch und Wasser«.*

»Schmerzen missachtend«, da sie vor Leidenschaft blind sind, umarmen sie sich, ohne Schädigungen durch Knochenbrüche usw. zu beachten, und »wollen gleichsam ineinander hineindringen«. Infolge des außerordentlich heftigen Fressens mit den Armklammern werden sie gleichsam ein Lehmklumpen und erlangen gewissermaßen das Aussehen von Milch und Wasser. So heißt es: »Die liebeserfüllten Liebhaber verlangen in die Leiber der Geliebten zu dringen, als wäre es Wasser«. – Wie geschieht das? Darauf antwortet der (Verfasser): »Indem die Frau auf seinem Schoße sitzt«, auf dem Schoße des Liebhabers, die Schenkel nach außen ausbreitend. »Auge in Auge mit ihm ruhend«. Hierbei werden die Brüste von den Armen umklammert, indem Schulter fest an Schulter gepresst wird. »Oder auf dem Lager«: d. h. indem beide auf der Seite liegen. Hierbei findet auch wieder die Umarmung »Sesam und Reis« statt.

Dies Beides zur Zeit der Leidenschaft.

»Dies Beides« kann man zu der Zeit sehen, da dann die Leidenschaft gewachsen ist. Die »Zeit der Leidenschaft« ist eine bestimmte Zeit in der geschlechtlichen Vereinigung. Wenn der Mann sich in Erektion befindet und die Scheide der Frau feucht geworden ist, dann findet vor der Vereinigung der Geschlechtsteile die genannte Umarmung statt. Mit der Vereinigung der Zeugungsglieder zusammen aber ist sie anzuwenden, da das der Art und Weise des Beischlafes entspricht.

Das ist die Praxis der Umarmungen nach Bābhravya.

»Nach Bābhravya«, die von Bābhravya genannten Arten der Umarmungen.

Suvarnanābha aber hat außerdem noch vier Eingliedumarmungen.

Suvarnaānbha hat gegenüber der Achtzahl der Umarmungen nach Bābhravya dadurch noch einen Überschuss innerhalb dieser Gruppe. Das ist die eine Seite. Den Überschuss zeigt er mit den Worten: »Mit der Schamgegend die Schamgegend drückend« mit dem oberen Teile des Schenkels, während die Zeugungsglieder nicht vereint oder vereint sind. Für die vier Eingliedumarmungen gilt (die Bestimmung, dass sie) zur Zeit der geschlechtlichen Vereinigung stattfinden. Sie heißen so, weil dabei ein einzelnes Glied das gleichartige entsprechende Glied ganz besonders presst.

Wenn man da einen Schenkel oder alle beide mit der Schenkelklammer aus Leibeskräften presst, so ist das die Schenkelumarmung.

»Einen Schenkel oder alle beide« des auf der Seite liegenden Mannes oder der Frau. Da hier kein besonderer Unterschied besteht, so können beide der ausübende Teil sein; einige lehren, derjenige solle der aktive Teil sein, dessen

Schenkelrundung recht feist ist. – »Aus Leibeskräften«: das ist das besondere Merkmal bei der Ausführung. Heftiges Drücken nämlich bei üppigem Fleische bringt endlose Wonne.

Mit der Schamgegend die Schamgegend drückend und den Haarschopf schüttelnd besteige sie ihn, um Nägel- und Zahnwunden, Schläge und Küsse anzubringen: das ist die Schamumarmung.

Die eine Art ist, mit der auf der Seite liegenden Vulva nach Stutenart das Zeugungsglied drückend; die zweite Art, mit der Schamgegend, dem Teile unterhalb des Nabels, auch wenn die Zeugungsglieder nicht vereint sind, die Schamgegend drückend. Weil die Schamgegend der Frau außerordentlich erotisch ist, so nimmt sie sich dabei schön aus; besonders eine feiste Schamgegend. – Das »den Haarschopf schüttelnd« bildet die Ausschmückung der Ausführung. – Nägel usw. wende sie nach Belieben an. Deren Anwendung ist aber der Gewinn dabei. – »Besteige ihn«, d. h. ruhe auf dem Liebhaber.

Mit beiden Brüsten auf die Brust eindringend lade sie die Last darauf; das ist die Brüsteumarmung.

Beim Sitzen oder Ruhen auf der Seite drücke sie den Rücken ein und mit beiden Brüsten auf die Wölbung der Brust des Geliebten eindringend »lade sie darauf«, auf die Brust, »die Last«; nämlich der Brüste. Wenn nämlich die Brust des Liebhabers die Last der Brüste trägt, genießt er so die Wonne der Berührung gleichsam konzentriert.

Mund an Mund und Auge an Auge heftend, stoße sie Stirn mit Stirn; das ist die Stirnschmuckumarmung.

Bei der nach oben oder seitwärts gerichteten Stellung Mund an Mund fügend und Auge an Auge heftend, indem sie mit dem Blicke als Ziel genommen werden. Da die Nase mitten zwischen Mund und Augen sitzt, so ist eigentlich deren Vereinigung gemeint. Stirn an Stirn zwei-, dreimal stoßend lege sie darauf die ganze Last: so ist hierbei die Liebhaberin der ausführende Teil. – Daher heißt sie die Stirnschmuckumarmung, gleichsam ein Stirnschmuck, indem die Stirn des Liebhabers durch die besondere Art der Übertragung geschmückt wird.

Einige meinen, auch das Frottieren sei eine Umarmung, da dabei Berührung stattfindet.

Infolge des Behagenerweckens auf der Haut, in dem Fleische und den Knochen ist das Frottieren, das Reiben der Glieder, von dreifacher Art. Auch dieses ist, weil es mit Berührung verbunden ist, als eine Art Umarmung anzusehen, meinen einige.

Vātsyāyana sagt nein, weil es nur zu besonderen Zeiten geschieht, ganz andern Zweck hat und nicht beiden gemeinsam ist.

»Weil es nur zu besonderen Zeiten geschieht«: so lehren alle Meister. Seine Zeit ist eine besondere; darum geschieht es nur zu besonderen Zeiten. Wie wohl das Frottieren von dem Umarmen nicht verschieden ist, insofern es auch im Berühren besteht, so ist es doch der Zeit nach davon unterschieden. – »Weil es nicht beiden gemeinsam ist«: die Umarmung nämlich, die ununterbrochen ausgeübt wird, zu ein und derselben Zeit, ist allen beiden gemeinsam, ab gegenseitige Handlung. Das Frottieren aber ist, wenn es der Mann bei der Frau ausübt, und die Frau bei dem Manne, etwas Nichtgemeinsames. Daher muss man unter den vierundsechzig Künsten, Gesang usw., nachsehen unter »Erfahrung im Frottieren und Frisieren der Haare.« Denn wenn es auf das Berühren ankäme, wäre die Möglichkeit gegeben, auch das Küssen usw. unter diese Klasse zu zählen.

Um die Rücksicht, die den Regeln über die Umarmungen gebührt, anzudeuten, sagt (der Verfasser):

Bei den Männern, die die vollständigen Regeln über das Umarmen erfragen oder auch hören und ebenso auch bei denen, die sie mitteilen, entsteht Liebesverlangen.

Die erfragen und hören, indem sie dabeistehen. »Mitteilen«, anderen. – »Die Regeln über das Umarmen«: Umarmen, Umarmungen ... »Vollständig«, ohne Rest. Irgendwo, bei irgend jemand, nachdem er es erfasst hat. »Liebesverlangen«, das Verlangen nach dem Koitus entsteht. Nun vollends bei denen, welche sie ausführen!

Nun gibt (der Verfasser) an, dass man (das Gesagte auch) auf Nichterwähntes übertragen soll:

Auch die Umarmungen sind als Leidenschaft mehrend und zur geschlechtlichen Vereinigung gehörig sorgfältig hierbei anzuwenden, die hier nicht gelehrt werden.

Diejenigen heißen gelehrt, die ihren Ausdruck in dem Lehrbuche gefunden haben. Die nicht derart sind, vielmehr nach Belieben als solche bezeichnet werden, diese Umarmungen, Pressungen sind »sorgfältig« anzuwenden und nicht etwa, als im Lehrbuche nicht gelehrt, zu verwerfen. »Hierbei«, bei dem Koitus, sind diese anzuwenden, weil sie die Leidenschaft mehren. »Zur geschlechtlichen Vereinigung gehörig«, als wirkende Ursache des Koitus.

Wieso sind auch im Lehrbuche nicht gelehrte. Umarmungen anzuwenden? Darauf antwortet (der Verfasser):

So weit nur reicht das Gebiet der Lehrbücher, als die Menschen nur mäßige Erregung spüren: wenn aber das Rad der Wollust in Gang gekommen ist, dann gibt es kein Lehrbuch und keine Reihenfolge mehr.

Wenn nämlich die Leidenschaft noch nicht gewachsen ist, beachten die Menschen die Reihenfolge in Verbindung mit der Ordnung, wie das Lehrbuch sie angibt; so weit sind sie Gegenstand des Lehrbuches. »Wenn aber das Rad der Wollust«, der hervorbrechende Strom der Leidenschaft, »in Gang gekommen ist, dann gibt es kein Lehrbuch und keine Reihenfolge mehr«, weil sie infolgedessen Dingen obliegen, die nicht in dem Lehrbuche stehen. Die Umarmungen finden dann statt unter Ausfall einiger, in Aufeinanderfolge oder durcheinander. Darum wird die Übertragung auf das Unerwähnte angedeutet, damit es nicht heißt, das Lehrbuch und seine Ordnung sei wertlos.

§ 9 - Die Mannigfaltigkeit der Küsse

SO SIND NUN nach der Umarmung Küsse usw. anzubringen. Was ist hierbei früher und was später anzuwenden, Küsse, Nägelmale oder Zahnwunden? – Es gibt unter ihnen keine Reihenfolge bei der Ausführung: so sagt (der Verfasser):

Für Küsse, Nägel- und Zahnmale gibt es keine Reihenfolge, wegen der Anwendung in der Leidenschaft. Hauptsächlich werden sie vor der geschlechtlichen Vereinigung angewendet, Schläge und sīt-Machen während derselben.

»Keine Reihenfolge, wegen der Anwendung in der Leidenschaft«, weil man dabei von der Leidenschaft beherrscht ist. Ein Mensch nämlich, der von Leidenschaft erfüllt ist, sieht nicht auf eine Reihenfolge. Der Unterschied ist aber dabei der, dass sie »vor der geschlechtlichen Vereinigung«, vor der Vereinigung der Zeugungsglieder, geschehen. Während der Vereinigung der Zeugungsglieder findet die Anwendung »hauptsächlich«, meistenteils, infolge der Hingebung an die Leidenschaft oder um die Leidenschaft zu wecken von Seiten des Liebhabers und der Liebhaberin statt. Der Sinn ist, die Anwendung geschieht hauptsächlich in der Vereinigung der Zeugungsglieder: »Schläge und sīt-Machen aber während der fleischlichen Vereinigung«, der Vereinigung der Zeugungsglieder; hauptsächlich: dann nämlich ertragen sie hauptsächlich die Schläge, da die Leidenschaft gewachsen ist. Der Sinn ist, vorher nicht hauptsächlich, bei der Menge der Schläge und des daraus erfolgenden sīt-Machens.

Das ist die Ansicht nur einer Autorität, indem damit auf die Replik (des Autors) hingewiesen wird. So sagt er:

Alles überall, da die Leidenschaft keine Rücksicht kennt. So lehrt Vātsyāyana.

»Alles überall«: die fünf Dinge, Küsse usw., sind vor und während der Vereinigung hauptsächlich anzuwenden, »da die Leidenschaft keine Rücksicht kennt«. Denn Feurige verlangen eine Vereinigung, bei der das hauptsächlich oder nicht hauptsächlich berücksichtigt wird. Für Matte dagegen gilt die obige Ansicht.

Folgende Besonderheit jedoch ist bei beiden Ansichten gleich:

Diese soll man während des ersten Koitus gegen über einer Frau, die noch nicht in Leidenschaft geraten ist, nicht allzu offen anwenden und abwechselnd, weil das das Wesen der Leidenschaft ist. Darauf aber sehr eilig und in besonderer Häufung, um die Leidenschaft anzufachen.

»Diese« fünf Dinge, Küsse usw. – »Während des ersten Koitus«, zu Beginn des Liebesgenusses. – »Nicht allzu offen«, nicht zu deutlich; indem man sie nicht so ausgeführt, wie es ihren Merkmalen entsprechen würde. »Und abwechselnd«, gegenüber (?) einer Frau, die noch in Leidenschaft geraten ist. Entweder dieses oder jenes »soll man anwenden«; nur eins, nicht alles zusammen; z. B.: Entweder Küsse oder Nägelmale; Küsse oder Zahnwunden; Küsse oder Schläge, Küsse oder sīt-Machen. Das ist viererlei. Die Nägelwunden dreierlei; die Zahnwunden zweierlei und die Schläge eins: so ergeben sich, der Ordnung entsprechend, zehn Fälle; und ebenso viele der Ordnung entgegenlaufende; also an einer Stelle zwanzig Anwendungen.

»Weil das das Wesen ist.« Zur Zeit des Beginnes nämlich ist die Leidenschaft matt, und dann herrscht Gleichgültigkeit und die Unfähigkeit des Ertragens. Dementsprechend ist also die Anwendung (der Küsse usw.). – »Darauf aber«: in der Zeit nach dem Beginnen übersteigt die Leidenschaft das gewöhnliche Maß. Es findet Missachtung gegenüber dem Leibe statt: dementsprechend werden hier »sehr eilig« und »in besonderer Häufung«, unter Ausführung der Gruppen der Kombinationen, dieses oder jenes, auch hier die zwanzig Dinge zur Anwendung gebracht. Warum soll man sie so anwenden? Darauf antwortet (der Verfasser): »Um die Leidenschaft anzufachen«; d. h. bei Beobachtung dieser Reihenfolge wächst die Leidenschaft. Sonst würde der Genuss bei dem Koitus vernichtet werden. – So besteht nun für vertraute Liebende unter den Küssen usw. keine Reihenfolge; wohl aber besteht eine solche, wenn die Anwendung geschieht, um Vertrauen erst zu erwecken; denn eins ist immer wichtiger als das andere, und mit Gewalt vorgehen ist unmöglich.

Nach den Umarmungen wird die Mannigfaltigkeit der Küsse erörtert. Deren verschiedene Arten entbehren nicht der Verschiedenheit des Ortes; so sagt (der Verfasser):

Auf die Stirn, das Haar, die Wangen, die Augen, die Brust, den Busen, die Lippen und den Innenmund drückt man Küsse; bei den Bewohnern von Lāta auch auf die Verbindungsstelle der Schenkel, die Armhöhle und die Gegend unter dem Nabel. In der Leidenschaft und nach Landessitte gelten diese und jene Stellen, aber nicht von allen Leuten sind sie zu benutzen. − So lehrt Vātsyāyana.

Hier gilt »Brust« für den Mann, »Busen« für die Frau; der Rest gehört beiden gemeinsam. »Lippen«: Ober- und Unterlippe. »Innenmund«: das Innere des Mundes, Gaumen usw. Hiervon wird (der Verfasser) das Küssen auf das Innere des Mundes mit der Zunge später beschreiben. Das Küssen auf diese acht Stellen gilt bei den alten Lehrern als erlaubt, indem es nicht verboten ist. − »Auf die Verbindungsstelle der Schenkel, die Armhöhle und die Gegend unter dem Nabel.« − Die Verbindungsstelle der Schenkel ist die Weiche; die Armhöhle, die Achsel. Die Anwendung der Zahnwunden, die wieder anders ist, wird (der Verfasser) noch lehren. »Die Gegend unter dem Nabel« ist die schon genannte Schamgegend. »Bei den Bewohnern von Lāta!«: bei diesen gelten elf Stellen. − »In der Leidenschaft«: man küsst Stellen, die Gegenstand der Leidenschaft sind und nach der Landessitte hierher gehören. »Und nach Landessitte«: wie die Bewohner des Landes Lāta die Vereinigungsstelle der Schenkel usw. küssen, weil es dort Sitte ist, so gelten diese Stellen, »aber nicht von allen Leuten sind sie zu benutzen«, nicht jedermann kann sie benutzen, da sie für feine Leute als unsauber unmöglich sind: für diese gibt es eben nur jene acht Stellen.

Hierbei ist es weltbekannt, dass (ein Kuss) mit dem knospenartig gespitzten Munde aufgedrückt wird. Nun werden die verschiedenen Küsse je nach der Art aufgezählt, wie man je nach den mannigfachen Stellen das Greifen (der Lippe) vornimmt. Da nun als Stätte des Kusses in erster Linie der Mund in Betracht kommt, so wird zunächst dieser Kuss betrachtet. Dabei gibt es drei Arten, je nachdem man die Oberlippe, die Unterlippe und die ganze Mundknospe berücksichtigt. Wegen der Mannigfaltigkeit der Tätigkeit hierbei sagt (der Verfasser zunächst) mit Bezug auf die Unterlippe:

Es gibt drei Mädchenküsse: den gemessenen, den zuckenden und den stoßenden.

Ein Mädchen ist (jede Frau), die noch keine Zutraulichkeit zeigt, obgleich (der Liebhaber sich) schon (mit ihr) vereinigt (hat). − Die Geliebte ist hierbei die Ausführende.

Wenn sie mit Gewalt aufgefordert auf den Mund den Mund legt, ohne aber damit Bewegungen zu machen, so ist das der gemessene Kuss.

»Wenn sie mit Gewalt«, heftig, zum Küssen »aufgefordert auf den Mund« des Liebhabers »den Mund«, den eignen, »legt«, aufdrückt, aber aus Scham »damit keine Bewegung macht«, in Gestalt des Ergreifens der Lippe, »so ist das der gemessene Kuss« ..., d. h. er ist begrenzt, da er nur in der einfachen Handlung des Küssens besteht.

Wenn sie, nur wenig dreist, die in den Mund gedrängte Lippe zu fassen verlangt und ihre (Unter-) Lippe zucken lässt, von der oberen aber das nicht duldet, dann ist das der zuckende Kuss.

»Die in den Mund«, der Liebhaberin, »gedrängte Lippe«, Unterlippe des Liebhabers; indem ihre Verschämtheit ein wenig nachgelassen hat, mit ebenmäßigem Griff »zu fassen verlangt«. Wie soll sie das tun? Auf diese Frage antwortet (der Verfasser): »Sie lässt zucken«; sie bewegt »ihre Lippe«, die Unterlippe, »duldet das aber von der oberen nicht«, d. h. nämlich, dass sie sich bewegt. Wenn sie diese auch bewegt, fasst sie eben mit dem ebenmäßigen Griffe zu. – »Der zuckende«, wegen des Zuckens der Lippe.

Wenn sie, die Augen geschlossen und mit der Hand dessen Augen bedeckend, ein wenig zufasst und mit der Zungenspitze stößt, so ist das der stoßende Kuss.

»Wenn sie ein wenig zufasst«: da die Verschämtheit noch nicht vollständig verschwunden ist. Ähnlich der Ober- und Unterlippe des Liebhabers rings zufassend. Den Kuss namens »gleiches Greifen« unter deutlichem Zufassen beschreibt (der Verfasser) weiter unten. – »Die Augen geschlossen«, aus Scham. – »Mit der Zungenspitze stoßend«, d. h. berührend, indem sie sich überall hinbewegt. – »Mit der Hand dessen Augen bedeckend«, in der Absicht: ›Er soll mich in diesem Zustande nicht sehen!‹ – »Der stoßende«, wegen des Stoßens der Lippe. – Man muss sich hier den Titel vergegenwärtigen: »Überall wird schon durch das Eigenschaftswort die Art der Ausführung angedeutet.« Diese Küsse werden in der Reihenfolge von vorn nach hinten angewendet.

Jetzt nennt (der Verfasser) die besonderen Arten des Küssens auf die Unterlippe bei den übrigen Liebhabern und Liebhaberinnen je nach ihrer Ausführung:

Die anderen sind vierfach: gleich, schräg, irrend und gepresst.

»Gleich.« Mit der Lippenknospe fasst man auf fünferlei Art an der Unterlippe zu. Wenn alles sich Darbietende erfasst wird, so ist das das gleiche Greifen; wenn alles von den seitwärts gewendeten Lippen im Kreise erfasst wird, so ist das das schräge Fassen; wenn man am Kinne und am Kopfe angefasst und der Mund unter hin und her irren erfasst wird, so ist das das irrende, d. h. Erfassen der beiderseitigen Unterlippen. Das sind drei Fälle. Nun der gepresste, (so genannt), weil dabei die Lippe unter Pressen erfasst wird; bei den vorigen drei findet kein Drücken statt: das ist der Unterschied. Wenn da von beiden gedrückt wird, so ist es das reine Drücken; wenn es mit Zuhilfenahme der Zungenspitze geschieht, dann ist es das leckende Drücken: dies führt zwei Namen: Saugen und Lippentrinken.

Die fünfte Art des Fassens nennt (jetzt der Verfasser):

Mit einer Fingerkrümmung die Lippe zusammendrückend soll man sie ohne Zähne mit der Lippenrundung abpressen: das ist noch eine fünfte Ausführung: der abpressende Kuss.

»Mit einer Fingerkrümmung«, mit einer Krümmung des Daumens und Zeigefingers, »zusammendrückend«, erfassend, soll man darauf »ohne Zähne«, ohne Anwendung der Zähne, »mit der Lippenrundung abpressen«. Wenn hierbei auch ein Pressen stattfindet, so ist doch ein Unterschied dabei: das Festdrücken und Anziehen nach außen. Unter der Fünfzahl führt dieses Ergreifen (der Lippe) den Namen des ziehenden Kusses.

So sind je nach der Ausführung acht verschiedene Küsse genannt worden: drei Mädchenküsse und fünf Greifküsse.

Nachdem (der Verfasser) die verschiedenen Küsse nach ihrer Ausführung vollzählig durchgenommen hat, bespricht er nun das Spiel bei dem Küssen der Unterlippe, da die Gelegenheit sich gerade bietet:

Hierbei soll man auch ein Spiel anfangen.

»Hierbei«, bei diesem Küssen auf die Unterlippe; nicht an anderen Stellen. Ein Spiel bei dem Küssen dürfte die Verliebtheit steigern, da es eine Verschönerung bildet.

Nun gibt (der Verfasser) die Beschreibung des Spieles, bei dem es ja auf Sieg und Niederlage ankommt:

Es besteht darin, dass der Sieg dem gehört, der zuerst die Unterlippe erfasst.

›Wer von uns beiden, während wir uns gegenseitig küssen, »zuerst«, als erster, durch Ausführung des Erfassens der Unterlippe das Ziel erreicht, der hat unter diesen Umständen gewonnen.‹ – Wie ist es damit? Darauf antwortet (der Verfasser): »Es besteht darin«. Damit deutet er den zwischen beiden festgesetzten Einsatz an. Das Spiel aber kann mit oder ohne Betrug gespielt werden. Wenn sie beide hierbei mit dem gewöhnlichen Kusse einander die Unterlippe küssen, so ist das ein Spiel ohne Betrug, worüber (der Verfasser) noch reden wird. Wenn dieses Spiel ohne Betrug gespielt wird, so muss ein Liebhaber vor dem andern die Lippe erfassen. Die Frau gilt als besiegt, wenn bei dem Küssen ihre Unterlippe erfasst wird. Bei dem Spiele ohne Betrug besiegt kommt die Liebhaberin als die Schwächere besonders zur Geltung. Ihren

Sieg bei betrügerischem Spiele, der ihr angemessen ist, wird (der Verfasser) noch beschreiben; von dem Liebhaber aber darf sie im betrügerischen Spiele nicht besiegt werden, da das ihr nicht angemessen ist.

Sicherlich muss hierbei, wenn der eine siegt, der andere ihm das streitig machen, denn das Spiel ist die Stätte des Streites. So beschreibt denn (der Verfasser) die Veranstaltung eines Streites, der dazu dient, die Leidenschaft anzufachen:

Hierbei besiegt soll sie unter halbem Weinen die Hand schütteln, drohen, beißen, sich hin und her bewegen, mit Gewalt festgehalten streiten und rufen: »Noch einmal das Spiel!« Wird sie auch dann besiegt, dann soll sie sich noch einmal so sehr haben.

»Unter halbem Weinen«: das ist die Besonderheit hierbei. Um anzudeuten, dass sie an der Lippe Schmerz empfindet, soll sie »unter halbem Weinen«, unter erheucheltem, »die Hand schütteln«, hin und her schwenken; »drohen«, anfahren; aus Scham über die Niederlage soll sie den Liebhaber schmähen. »Beißen«: nachdem sie das Festhaften, das Erfassen ihrer Lippe bemerkt hat, soll sie ihn mit den Zähnen verwunden. »Sich hin und her bewegen«: um mit dem Körper die Lippe zu befreien, wenn sie mit dem Munde festsitzt. – »Streiten«: ›Nicht bin ich besiegt; ich habe besiegt!‹ So soll sie streiten. »Noch einmal das Spiel!« ›Wir wollen noch einmal spielen!‹ – »Sie soll rufen«: ›Nach dem vorigen Spiele jetzt dieses andere!‹ – »Auch dann«, auch bei dem zweiten Spiele, »dann soll sie sich noch einmal so sehr haben«; d. h. sie soll das Schütteln der Hand usw. noch in gesteigertem Maße treiben.

Nun nennt (der Verfasser) das betrügerische Spiel:

Wenn sie die Unterlippe des Vertrauensseligen oder Unaufmerksamen erfasst hat und die zwischen den Zähnen befindliche festhält, dass sie nicht herauskann, dann soll sie lachen, schreien, drohen, hüpfen, rufen, tanzen und mit einem Gesichte, in welchem die Brauen zucken und die Augen rollen, ihn verspottend dies und jenes sagen. Das ist der Streit bei dem Küssespiel.

»Des Vertrauensseligen«: bei diesem lustigen Mundküssespiele soll die Liebhaberin dann und wann den Liebhaber durch Harmlosigkeit arglos machen. Dann, »wenn sie die Unterlippe des Vertrauensseligen oder Unaufmerksamen«, indem sein Geist zufällig anderswo weilt, »erfasst hat«, mit den gerundeten Lippen, »und die zwischen den Zähnen befindliche festhält, so dass sie nicht herauskann«, damit sie nicht, wiewohl darin befindlich, infolge einer Nachlässigkeit herausgleitet, weil das falsch wäre: dann soll sie, die Lippe festhaltend oder (schließlich) loslassend, des weiteren sich benehmen, wie es sich gerade trifft. Auch anderswo bei betrügerischem Spiele sieht man, dass der Sieg unter Benutzung von Missgriffen und Unachtsamkeiten errungen wird.

Nachdem sie also in dieser Weise durch Betrug gesiegt hat, »soll sie lachen«, laut oder leise; aus übergroßer Freude; »schreien«: lärmend rufen: ›Ich habe gesiegt!‹, damit es seine Freunde oder ihre Freundinnen hören. – »Drohen«: ›Du bist gefangen; jetzt werde ich deine Unterlippe verwunden!‹ – »Hüpfen«, kokett die Glieder bewegen. – »Rufen«: ›Freundin, komm herein gelaufen und siehe meine Heldentat‹. – »Tanzen«, aus Genugtuung hierüber. Eine besondere Zutat wird gebildet durch die Augenbraue: »mit einem Gesichte«, in welchem die Brauen in die Höhe gezogen werden, indem der Reihe nach immer eine emporgezogen wird. »Ihn verspottend«: da der Streit beendet ist. »Dies und jenes«, was entsprechend vorgebracht wird und als Leidenschaft entflammend gelten kann. – »Das ist der Streit bei dem Küssespiele«: der Streit bei dem ehrlichen und betrügerischen Küssespiele ist abgetan.

Auch der Liebhaber soll, mag er Sieger oder Besiegter sein, ebenso handeln: woher sollte sonst Streit kommen? Also: Indem er die Unterlippe festdrückt, soll er unter sīt-Machen den Kopf schütteln; wenn sie ihn stößt, auf sie eindringen, wenn sie beißt, wiederbeißen; wenn sie sich hin und her bewegt, auch sich hin und her bewegen; wenn sie streitet, wieder streiten; er soll sagen: ›Das ist jetzt ein anderes Spiel; das vorige lass uns spielen!‹ – Siegt er auch hierbei, dann soll er sich noch einmal so sehr haben, wegen des Gewinnens zweier Spiele übermütig sein. Auch besiegt soll er, aus Verlegenheit, lachen. Wenn sie schreit: ›Ich habe gesiegt, ich habe gesiegt dann soll er schreien: ›Falsch, falsch!‹ Wenn sie droht, soll er wieder drohen; wenn sie hüpft, soll er mithüpfen, indem er ihre Glieder festhält; wenn sie ruft, soll er wieder rufen; wenn sie tanzt, soll er unter Händeklatschen mittanzen; wenn sie ihn verspottet und dies und jenes sagt, soll er dagegen reden, um ihren Worten Einhalt zu tun. So heißt es denn: »Mag er in der Ausführung des Küssespiels Besiegter oder Sieger sein: er soll mit ihrem Tun und Treiben gerade den Streit anfachen.«

Damit sind die Streitereien bei dem Spiele mit den Nägel- und Zahnmalen und Schlägen angedeutet.

»Damit«, mit dem ehrlichen und betrügerischen Küssespiele. Dabei gelten dieselben Regeln. Nämlich: es besteht darin, dass der als Sieger gilt, der es zuerst fertig bringt, Nägelmale usw. zu schlagen. Hierbei dürfte der Gang des Spieles unter Betrug stattfinden an den Stellen, die man mit den Nägeln, Zähnen und Händen treffen darf. Ein Streit aber bei dem Spiele mit dem sīt-Machen ist zunächst nicht möglich. Er ist bei dem Streite mit den Schlägen zu betrachten, da er dazu gehört. Der Sieger hierin soll unter sīt-Machen schlagen und den Schlag des Geschlagenen erwarten.

Diese aber werden von feurigen Liebenden ausgeführt, da sie ihnen entsprechen.

»Diese«, die Streitigkeiten. »Da sie ihnen entsprechen«: derartiges Tun und Treiben entspricht feurigen Liebenden, nicht matten, da diese nicht imstande sind, solche Balgerei zu ertragen.

Hierauf gibt (der Verfasser) die Regeln für die Oberlippe:

Wenn sie ihn küsst, soll er ihre Oberlippe ergreifen: das ist der obere Kuss.

»Wenn sie«, die Liebhaberin, mit ebenmäßigem Griffe die Unterlippe des Liebhabers küsst, soll dieser, der Liebhaber, gelegentlich ihre Oberlippe mit ebenmäßigem Griffe fassen. »Das ist der obere Kuss«, weil dabei die Oberlippe gefasst wird. Das ist etwas Gelegentliches; nur aber ist es nicht anzuwenden bei Vorhandensein der Unterlippe, weil es dann bäuerisch ist und aussieht, als tränke man die Nasenflügel; und da bei so gelegentlichem Tun schräges Fassen usw. nicht am Platze ist, so ist denn der obere Kuss nur von einfacher Art. Er führt die Bezeichnung »ebenmäßiges Fassen«; auch die Liebhaberin kann ihn ausführen, wenn der Mann die Zeichen der Pubertät noch nicht hat.

Nun gibt (der Verfasser) die Regel für beide (Lippen) zusammen:

Man küsse, indem man mit der Lippenklammer alle beide Lippen erfasst: das ist der runde Kuss bei der Frau oder bei dem Manne, wenn er die Zeichen der Pubertät noch nicht trägt.

»Mit der Lippenklammer«: ein Zufassen mit beiden ist eine Klammer. Indem man damit »beide Lippen erfasst«, sie in den Mund bringt, soll man sie abküssen. Der Sinn ist, unter sīt-Machen verkleinere man die Höhlung zwischen seinen Lippen. Überall, wenn es zur Ausführung des Küssens kommt, soll man Laute ausstoßen! – »Der runde Kuss«, weil beide Lippen erfasst werden. Das ist von vierfacher Art: gleichmäßig, schräg, irrend und abgepresst. Das Ziehen ist nicht anzuwenden, da das unschön ist. – »Bei der Frau«: vom Manne ist es auszuführen, da deren Lippen unbehaart sind, aber auch von der Frau bei dem Manne, »wenn er die Zeichen der Pubertät noch nicht trägt«, ihm der Bart noch nicht gewachsen ist; sonst würde das Erfüllen des Mundes mit Haaren kein Vergnügen bereiten.

Nachdem (der Verfasser) die dreifache Art der Lippenküsse beschrieben hat, nennt er nun die verschiedenen Weisen, das Innere des Mundes zu küssen, was schon bei dem runden Kusse mit enthalten ist:

Wenn hierbei der eine mit seiner Zunge ihre Zähne, Gaumen und Zunge berührt, so ist das der Zungenkampf.

»Hierbei«, bei dem runden Kusse. »Der eine«, der Liebhaber oder die Liebhaberin, wer gerade dabei ist, den runden Kuss auszuführen. Indem der Mund des Ausführenden dabei geöffnet ist, soll er mit seiner Zunge oben und unten die Zähne berühren, d. h. reiben. Den Gaumen soll er mit der Zunge berühren, indem er sie nach oben streckt, und die Zunge, indem er sie geradeaus streckt. »So ist das der Zungenkampf«, den er da ausführt, ist zu ergänzen; unter gegenseitiger Tätigkeit. – Das ist von vierfacher Art: Küssen des Mundinnern, Zähnekuss, Zungenkuss und Gaumenkuss.

Damit ist das gewaltsame Ergreifen und Reichen des Mundes und der Zähne angedeutet.

Mit dem Zungenkampfe ist das Ergreifen des Mundes und der Zähne angedeutet, der Kampf bei dem gegenseitigen gewaltsamen Ergreifen des Mundes mit dem Munde, der Zähne mit den Zähnen; der Mundkampf und der Zähnekampf begleitet von dem Ergreifen. – »Und Reichen«: der eine reicht zum Küssen ungestüm den Mund oder die Zähne zum Ergreifen, der andere ergreift sie: so findet zwischen beiden begleitet von Reichen und Ergreifen der Mundkampf und der Zähnekampf statt.

An den übrigen Körperteilen sei der Kuss, je nach der Stelle, auf die er gedrückt wird, mäßig, gepresst, gebogen (?) oder sanft. – Das sind die verschiedenen Küsse.

»An den übrigen Körperteilen«, den Stellen, wie die Stirn usw., die andere sind als Lippen und Mundinneres, gibt es je nach der Ausführung viererlei Küsse: den mäßigen, gepressten, gebogenen (?) und sanften. Kuss, »je nach der Stelle, auf die er gedrückt wird«, d. h. er sei so, wie es der Stelle entspricht, wo er ausgeführt wird. So sei er an der Vereinigungsstelle der Schenkel, der Achsel und der Brust mäßig, nicht gepresst und nicht allzu sanft; ferner auf den Wangen, der Gegend unterhalb der Achsel und des Nabels gepresst; an der Stirn und dem Kinn und dem Umkreise der Achsel sei der Kuss gebogen (?); auf der Stirn und den beiden Augen bestehe er nur in der Ausführung einer sanften Berührung. – So sind die verschiedenen Küsse je nach ihrer Ausführung erörtert.

Diese bekommen nun nach der besonderen Gelegenheit, bei der sie angewendet werden, noch andere Namen. Dazu sagt (der Verfasser):

Wenn sie, des Schlafenden Gesicht betrachtend, ihn zur eignen Befriedigung küsst, so ist das »das Anzünden der Leidenschaft«.

»Des Schlafenden«: dass sie das Gesicht betrachtet, deutet an, dass sie von Zuneigung erfüllt ist. – »Zur eignen Befriedigung«, d. h. sie küsst ihn, damit sie selbst Befriedigung findet. Unter solchen Umständen ist dies »das Anzünden der Leidenschaft«, weil es ihre Leidenschaft entflammt, indem es den geküssten Liebhaber erweckt. Auch wenn er wacht, ist das möglich. Da ist es dann ein gelegentlicher Bestandteil der geschlechtlichen Vereinigung.

Wenn er unaufmerksam ist oder streitet oder durch etwas anderes abgelenkt ist oder schlafen will, so nennt man den Kuss, der den Schlaf vertreiben soll, den antreibenden.

»Der den Schlaf vertreiben soll«: das ist eine elliptische Bezeichnung: »wenn er unaufmerksam ist«, mit Gesang, Malen usw. beschäftigt ist um seine Unachtsamkeit zu vertreiben; »wenn er streitet«; mit ihr, um den Zank zu beendigen; »wenn er durch etwas anderes abgelenkt ist«, um seinen Blick von dem andern Gegenstande abzulenken; »wenn er schlafen will«; um, wenn er schläfrig ist, den Schlaf zu vertreiben. Eine andere Lesart hat: »der den Schlaf des Schläfrigen usw. vertreiben soll«. – »Der antreibende«: der den Liebhaber von der Unachtsamkeit usw. abwendet ... Hierbei zeigt sich die Liebhaberin als ausführender Teil in besonderer Schönheit.

Wenn der spät in der Nacht Kommende die auf dem Lager Schlafende zur eignen Befriedigung küsst, so ist das der erweckende Kuss.

»Spät in der Nacht«: wenn der Ausführende zu einer Zeit, wo man nicht mehr umherstreicht, ankommt ... »Die auf dem Lager Schlafende«, zu Umwerbende. Infolge seiner Leidenschaft ist er unruhig (?) – »Der erweckende«: der zum Ziele das Erwachen hat. – Dieser fällt nicht mit dem »Anzünden der Leidenschaft« zusammen, da hier keine persönliche Befriedigung durch das Beschauen des Gesichtes stattfindet. Dort der Kuss »Anzünden der Leidenschaft« findet statt, wenn die Geliebte vertraut ist.

Sie selbst stellt sich wohl auch schlafend, wenn sie die Zeit der Ankunft des Liebhabers erfahren hat, indem sie Verlangen trägt, seine Neigung zu ergründen.

»Sie selbst aber« fordert den erweckenden Kuss heraus, »indem sie Verlangen trägt, seine Neigung zu ergründen«: ›Ich will einmal sehen, ob er Neigung zu mir hat oder nicht‹. So nach Huldigung von dem Liebhaber verlangend, schlafe sie aus Scham. »Stellt sich schlafend«, d. h. ruht in erheucheltem Schlafe: ›Wenn er in mich verliebt ist, dann wird er mir den erweckenden Kuss, geben oder mir sonst huldigen‹. Er soll sie, falls sie zürnt, durch Huldigungen besänftigen, indem er sie durch Fußfall usw. verehrt. – So hat (der Verfasser) das Benehmen der beiden, wenn sie sich genähert haben, gebührend nach den drei Arten beschrieben.

Wenn man das Bild einer geliebten Person im Spiegel, an der Wand oder im Wasser küsst, so ist das eine Tat, die das Wesen offenbaren soll.

»An der Wand«, die von einer Lampe usw. erleuchtet ist, – »Einer geliebten Person«: nach der elliptischen Bezeichnung mit diesem Worte kann auch der

Liebhaber gemeint sein, da hier kein Unterschied stattfindet. – »Wenn man das Bild küsst«: das Küssen des im Spiegel usw. sich abspiegelnden geliebten Wesens in der Nähe, ist ein nicht gewöhnliches scherzhaftes Beginnen, welches »das Wesen offenbaren soll«, d. h., um das Wesen zu offenbaren, welches die Zuneigung offenbart. Denn, wenn man einen Mann in solchem Zustande sieht, meint man, dass er in einen verliebt ist, weil er solch Wesen zeigt. »An der Wand« aber ist es kein Scherz. Vielmehr, wenn man seinen Mund auf den Mund des Bildes legt, soll das dazu dienen, »um sein Wesen zu offenbaren«.

Wenn man ein Kind, ein Bild oder eine Statue küsst, so ist das der übertragene Kuss und die übertragene Umarmung.

»Wenn man ein Kind«, einen auf seinem Schoße sitzenden Knaben, »ein Bild«, Gemälde, oder »eine Statue«, aus Ton, Stein, Holz usw. in Gegenwart der Geliebten »küsst, so ist das der übertragene Kuss«, und, in übertragener Bedeutung, auch eine übertragene »Umarmung«. Diese wird hier gelegentlich erwähnt, da es gerade passt, wenn auch der Kuss das Thema ist. Diese beiden, das Küssen des Bildes und der übertragene Kuss, sind von den Verhältnissen abhängig und bei solchen Liebenden zu beobachten, die keine Gelegenheit haben, sich zu berühren, sich nicht sprechen können und noch nicht zusammengekommen sind.

Ebenso in der Nacht, im Theater oder im Gedränge der Angehörigen das Fingerküssen der Geliebten seitens des in der Nähe Befindlichen oder, falls er sitzt, das Zehenküssen.

»Ebenso«: (d. h., auch folgendes) dient zur Offenbarung des Wesens. »In der Nacht«, nachts, entweder »im Theater«, bei dem Ansehen von Schauspielen usw., oder »im Gedränge der Angehörigen«, wenn Blutsverwandte und Angehörige zusammenstehen, »der Geliebten« seitens des in der Nähe sitzenden Geliebten oder, da das elliptische eine Bezeichnung ist, des Geliebten seitens der in der Nähe sitzenden Geliebten. »Fingerküssen«, da dann die Hand leicht zu erfassen ist. Indem diese unter einem anderen Vorwande herangezogen wird, werden die Finger derselben geküsst. – »Falls er sitzt«, in der Nähe der Liebhaberin ruht, dann findet das Küssen der Finger statt, da beides dann leicht zu erreichen ist. Hier bei dem Küssen der Finger sind beide Teile Ausübende; bei dem Zehenküssen aber nur die Liebhaberin, nicht der Mann, weil das bei ihm tadelnswert ist.

Wenn aber eine Frottiererin, die den Liebhaber ihren Zustand merken lässt, vom Schlafe übermannt ihren Mund auf seine Schenkel legt, gleichsam als hätte sie keinen Wunsch, und die Schenkel sowie die große Zehe küsst, so sind das herausfordernde Küsse.

»Wenn aber eine Frottiererin«, irgendeine Frau, die den Liebhaber frottiert und auf dem Wege des Frottierens ihn umwirbt, und »die den Liebhaber ihren Zustand merken lässt«, ihren Zustand erfassen lässt, der ihre Zuneigung andeutet. »Gleichsam als hätte sie keinen Wunsch«, als wünschte sie ihn nicht zu küssen, indem sie das Wesen des Liebhabers noch nicht erfasst hat. Daher legt sie in erheucheltem Schlafe den Mund auf den Schenkel des Liebhabers, um ihn zu küssen. – Wenn sie aber bei dem Frottieren die Füße anzieht und die große Zehe küsst, so ist sogar die Tat in Gedanken keine Sünde, da Mund und große Zehe dann in gegenseitige nahe Berührung kommen. – Diese Fingerküsse usw. sind für solche Liebende, die die Berührung der Leiber in der berührenden Umarmung u. a. noch nicht durchgemacht und sich noch nicht gesprochen haben, auch noch nicht zusammengetroffen sind. – Diese herausfordernden Küsse, die zum Zwecke die Hingebung haben, Bilderküsse usw. und auch noch andere Praktiken sind in solchen Fällen wie die gewöhnlichen Küsse anzuwenden, da in der Ausführung kein Unterschied besteht.

Nun gibt (der Verfasser) eine für die Zeit der Vereinigung und der Umwerbung allgemein gültige Regel:

Hier gibt es einen Vers:

Eine Tat vergelte man mit einer Tat, einen Schlag mit einem Schlage, und aus eben diesem Grunde einen Kuss mit einem Kusse.

»Eine Tat«: eine von dem aktiven Teile zur Zeit der geschlechtlichen Vereinigung oder der Umwerbung getane Tat vergelte der passive mit einer ebensolchen. Um ein Beispiel vorzubringen, nennt der Verfasser »Schlag« und »Kuss«. Der eine, der bei der geschlechtlichen Vereinigung den andern für (leblos wie) eine Säule ansehen muss, wird seiner überdrüssig, und dann dürfte die Liebesfreude eine dürftige werden. Oder, wenn sie die Umwerbung duldet, aber sich nicht küssen lässt, dann wird sie als Vieh betrachtet, und dann dürfte das Ziel, die geschlechtliche Vereinigung, nicht zustande kommen. – »Aus eben diesem Grunde« soll man je nach der Art der Ausführung, wie man genossen wird, vergelten. So dürfte der Koitus, infolge des Erfassens seines Wesens, deutliche Liebeslust bereiten, indem derselbe dann dem Herzen entspricht.

§ 10 - Die Arten der Nägelwunden

NACHDEM SO mit dem Küssen begonnen worden ist, werden nun, um mit dem Wichtigeren, den Nägelmalen, vorgehen zu können, die Arten der Nägelwunden beschrieben, d. h. die verschiedenen Weisen, mit den Nägeln zu kratzen.

Das beschreibt (der Verfasser) seinem Wesen nach, indem er sagt:

Wenn die Leidenschaft gewachsen ist, findet das Kratzen mit den Nägeln statt, welches im Reiben besteht.

»Welches im Reiben besteht«: ein gründliches Reiben einer bestimmten Stelle mit den Nägeln, ein Absondern eines Gliedes, das nennt man Kratzen mit den Nägeln, indem darin sein Wesen besteht; und dieses findet statt, »wenn die Leidenschaft gewachsen ist«. Ein Stoßen aber mit der Nagelspitze gibt es, wenn die Leidenschaft erschöpft ist, weil dann ein Verwunden nicht mehr stattfindet. Hier werden nur die Arten des Kratzens mit den Nägeln beschrieben.

Wo wird das angewendet und wann? Darauf antwortet (der Verfasser):

Es wird angewendet bei der ersten Vereinigung, bei der Rückkehr von der Reise, bei dem Antritt einer Reise, wenn die zürnende Geliebte versöhnt wird und wenn sie betrunken ist: bei nicht Feurigen nicht beständig.

»Es«, das Kratzen mit den Nägeln. – »Bei nicht Feurigen«, bei Leuten von mattem und mäßig feurigem Temperamente, »nicht beständig«. Wann denn? Darauf erwidert (der Verfasser): »Bei der ersten Vereinigung«, ferner »bei der Rückkehr von der Reise«, weil dann beide voller Sehnsucht sind und ihre Leidenschaft gewachsen ist; »bei dem Antritt einer Reise«, zum Andenken; »wenn die zürnende Geliebte versöhnt wird«; wenn sie von dem Liebhaber versöhnt wird und ihre Leidenschaft aus Freude darüber wächst: »und wenn sie betrunken ist«: indem durch einen Schnapsrausch die Leidenschaft überaus heftig wird. Ebendasselbe gilt für den zürnenden und versöhnten sowie für den betrunkenen Liebhaber; dass bei feurigen Liebenden und dann beständige Anwendung stattfindet: so ist der tiefere Sinn.

Ebenso das Verwunden mit den Zähnen; und zwar dem Wesen entsprechend.

»Ebenso« ist die Ausführung des Verwundens mit den Zähnen anzuwenden. Diese Übertragung findet statt, weil dasselbe soweit ähnlich ist. Danach ist die Definition einzurichten: Wenn die Leidenschaft gewachsen ist, findet das Beißen mit den Zähnen statt, welches im Reiben besteht. Wenn aber die

Leidenschaft erschöpft ist, dann gibt es nur noch ein Greifen mit den Zähnen. – »Und zwar dem Wesen entsprechend«: d.h wenn das Beides angewendet wird, dürften zwei nicht feurige Liebende, ihrem Temperamente entsprechend, sie nicht aushalten; darum findet in diesem Falle die Anwendung nicht statt.

Es ist der Gestalt nach achtfach: klingend, Halbmond, Kreis, Linie, Tigerkralle, Pfauenfuß, Hasensprung und Lotusblatt.

»Es«, das Kratzen mit den Nägeln. – »Der Gestalt nach«, dem Aussehen nach. Das ist nämlich von zweierlei Art: gestaltet und gestaltlos. Was dabei irgend etwas nachahmt, das ist gestaltet, bei dem sieht man das Äußere, wie bei dem »klingenden« usw. Die Beschreibung desselben gibt (der Verfasser) später. Was nichts (Gestaltetes) nachahmt, das ist gestaltlos und von dreierlei Art, je nachdem es zart, mittel- und übermäßig stark angewendet wird.

Die Stellen sind: Achseln, Brüste, Hals, Rücken, Schamgegend und Schenkel.

»Die Stellen«, indem die Nägelwunden bei Mann und Frau besonders an diesen sechs Stellen: Achseln, Brüsten, Hals, Rücken, Schamgegend und Schenkeln beigebracht werden. So ist die Ansicht der Lehrer, unter Hinweis auf die Repliken. – Hierbei bedeutet »Hals« (auch) seine Umgebung, da das nahe dabei liegt. Der Ausdruck »Schamgegend« steht zusammenfassend für Hüftgegend und einen Teil derselben, den Vorderteil. So weit geht hier die Zusammenfassung. Darum ist auch das Kratzen an den Hinterbacken gestattet. So heißt es denn: »An dem Halse und seiner Umgebung, den Schenkeln und Achseln, an Hüfte, Rücken und Brüsten der Frauen wende man während der geschlechtlichen Vereinigung die Nägelmale an.«

Suvarnanābha sagt: »Wenn das Rad der Liebeslust ins Rollen gekommen ist, dann kennt man Stätte oder Nichtstätte nicht.«

»Wenn das Rad der Liebeslust ins Rollen gekommen ist«, wenn der Strom der Leidenschaft hervorgebrochen ist. – »Stätte oder Nichtstätte«: Glied oder Nebenglied, alles gilt als Stätte für die Nägelwunden. Wenn es auch so ist, wird der Verfasser doch die für die gestalttragenden Male geltenden Stellen noch angeben. Dort nämlich sind sie am gebräuchlichsten.

Da die Verwundung von den Nägeln abhängt, so gibt (der Verfasser) Regeln für ihren Standort, ihre Gestalt, Eigenschaften und Größe:

Hierbei seien die Nägel der feurigen Liebenden, (und zwar) die der linken Hand, frisch geschnitten und mit zwei oder drei Spitzen versehen.

»Hierbei«, bei dem Arbeiten mit den Nägeln. »Die der linken Hand«, indem die linke Hand der Standort ist, an dem sie gewachsen sind. Da die rechte

Hand gewöhnlich viel beschäftigt ist, so dürften sie hier bald abbrechen. »Frisch geschnitten«, indem neue Spitzen daran gemacht sind. – »Mit zwei Spitzen oder mit drei Spitzen versehen«: wie die Zähne einer Säge gestaltet. Wenn es drei Spitzen sind, brechen sie schnell ab, da ihre Fläche nicht allzu ausgedehnt ist. – Der tiefere Sinn ist: umgekehrt ist es bei Liebenden mit mäßig feurigem und von mattem Temperamente; und zwar haben die mäßig Feurigen Nägel mit ein wenig vernachlässigten Spitzen vom Aussehen eines Stachels; die Matten Nägel mit (ganz) vernachlässigten Spitzen vom Ansehen eines Halbmondes. Das sind die drei Gestalten der Nägel.

Mit einem verlöschenden Streifen versehen, gleichmäßig, glänzend, nicht unsauber, nicht zerrissen, nachwachsend, weich und von geschmeidigem Aussehen: das sind die guten Eigenschaften der Nägel.

»Mit einem verlöschenden Streifen versehen«, in deren Mitte eine verlöschende, farblose Linie ist. »Gleichmäßig«, weder mit vertieftem noch erhöhtem Rücken. »Glänzend«, da kein fremder Schmutz daran ist. »Nicht unsauber«, gemäß der guten Sitte. – »Nicht zerrissen«, nicht geborsten. »Nachwachsend«, auf Zunehmen bedacht. »Weich«, nicht holzartig. »Von geschmeidigem Aussehen«: wie etwas gesehen wird, das ist das Aussehen, die Gestalt ... Darum ist der Nagel weich.

Lange Nägel, die die Hand schmücken und die Herzen der Frauen bei ihrem Anblicke rauben, finden sich bei den Gaudās.

Der Größe nach sind sie dreifach. Hier also »lange, die die Hand schmücken«, deren Eigenschaft es ist, nur die Hand zu verschönern, indem sie nicht geeignet sind, die Nägelwunden zuschlagen. »Bei ihrem Anblicke«, wenn sie sie sehen. »Rauben die Herzen«: wenn sie von den Frauen erblickt werden, nehmen sie deren Herzen gefangen. So besitzen sie also zwei Vorzüge. Gewöhnlich finden sie sich »bei den Gaudās«, indem diese damit nur berühren.

Kurze, die Tätigkeit aushaltende und nach Belieben bei der Anwendung der verschiedenen Arten dienende finden sich bei den Bewohnern des Südlandes.

»Kurze, die Tätigkeit aushaltende«, die die Tätigkeit des Kratzens und andere aushalten; während lange abbrechen. – »Bei der Anwendung der verschiedenen Arten«, der besonderen Arten wie »Halbmond« usw.; bei deren Ausführungen »nach Belieben dienend«; bei ihnen findet sich nach dem Wunsche des Ausführenden ein Fliegen nach der betreffenden Stelle; nicht aber bei den langen. – Das sind die beiden Vorzuge. »Sie finden sich bei den Bewohnern des Südlandes«, da diese heiße Leidenschaften haben.

Mittlere, an beiden teilnehmende besitzen die Mahārāstra-Bewohner.

»Mittlere«, weder lange noch übermäßig kurze. »An beiden teilnehmende«; an den Vorzügen der langen und kurzen teilnehmende. Solche besitzen in der Regel die Mahratten, infolge ihrer Erfahrenheit.

Nun gibt (der Verfasser) die Beschreibung des »Klingenden« usw. und gibt die hauptsächlichsten Stellen ihrer Anwendung:

Wenn mit diesen gut zusammengefügten (Nägeln) in der Gegend des Kinnes, an den Brüsten oder der Unterlippe eine leichte Bewegung ausgeführt wird, ohne dass dabei eine Spur entsteht, und nur am Ende infolge der bloßen Berührung ein Sträuben der Härchen stattfindet und aus dem Zusammenprallen ein Ton erwächst, so ist das das klingende Mal.

»Mit diesen«, allen fünf Nägeln der mittleren Art, »gut zusammengefügten«; fest zusammengedrückten. Mit Rücksicht auf die mittlere Stufe gilt die Bezeichnung. – Vorher sind die Nägel nicht fest zusammengedrückt; sie werden aber »gut zusammengefügt«, wenn sie auf eine Stelle vereinigt und dann langsam angezogen werden. Vorher sind sie nicht »gut zusammengefügt«, indem man ja im gewöhnlichen Leben diese Anordnung sehen kann. – »Eine leichte Bewegung«, wobei eine leichte Handhabung stattfindet, damit keine Verwundung vorkommt. Das sagt (der Verfasser) mit den Worten: »Ohne dass dabei eine Spur entsteht«. Wozu das also?

Darauf antwortet (der Verfasser): »Und nur am Ende infolge der bloßen Berührung ein Sträuben der Härchen stattfindet«: durch die Ausführung der Berührung, durch das Anschlagen der Nägel usw.; indem durch den Daumennagel infolge Anprallens an die gegenüberstehenden Nägel ein knisternder Ton entsteht; eine solche Tätigkeit nennt man das klingende Mal, infolge des Erklingens der Nägel. Indem nun so keine Verwundung mit den Nägeln stattfindet, so wird die Gegend des Kinnes und die Unterlippe erwähnt, um zu zeigen, dass es bei allen Liebhaberinnen dort außer dem »klingenden« keine andere Tätigkeit der Nägel gibt. Die Brüste sind erwähnt, um anzudeuten, dass hier die Anwendung ganz besonders stattfindet, indem auch hier nur von Berührung die Rede ist.

Nun sagt (der Verfasser), dass die Ausführung bei Berücksichtigung besonderer Gelegenheiten auch noch an anderen Stellen zulässig ist:

Dieses wird bei der zu Gewinnenden angewendet während des Frottierens, des Kopfkratzens, des Aufdrückens von Beulen und des Ängstlichmachens durch Erschrecken.

»Dieses wird bei der zu Gewinnenden«, einem Mädchen, »angewendet«, um das Vertrauen zu gewinnen. Keine andere Handlung (wird zu diesem Zwecke vorgenommen). »Während des Frottierens«, an all den Stellen, an denen das Reiben stattfindet. »Während des Kopfkratzens«, auf dem Kopfe. »Während des Aufdrückens von Beulen«, bei dem Aufdrücken kleiner, am Leibe befindlicher Beulen. In Verbindung damit (?) »während des Ängstlichmachens durch Erschrecken«: d. h., um Furcht zu erwecken, wenn sie irgend etwas nicht geschehen lassen will. Diese gelegentlichen Dinge während des Frottierens usw. finden bei allen Liebhaberinnen statt. Da es von gelegentlichen Handlungen abhängt, so kann hierbei auch die Liebhaberin der ausführende Teil sein.

Am Halse und an der Wölbung der Brüste ein krummes Eintreiben der Nägelspur ergibt den Halbmond.

»Am Halse«, an der Seite des Halses, mit der Öffnung nach außen, »an der Wölbung der Brüste«, mit der Öffnung nach oben. Krumm wie ein Halbmond, daher »Halbmond«. Er ist herzustellen mit der nadelspitzen Spitze des kleinen oder der halbmondförmigen Spitze des mittleren Fingers.

Zwei solche, einander zugekehrt, bilden den Kreis.

»Zwei solche«, Halbmonde, in Gestalt einer Höhlung »einander zugekehrt«, bilden »den Kreis«, indem sie dessen Gestalt haben.

In der Gegend unter dem Nabel, in den Lendenhöhlen und den Weichen wird dieser angewendet.

»In der Gegend unter dem Nabel«, wie ein Liebhaber des Gürtels dastehend. »In den Lendenhöhlen«; in den oberen Hüfteinschnitten befindet er sich als reizende Vertiefung. »Den Weichen«, der Verbindungsstelle der Schenkel; wie ein Ohrschmuck für die Schamgegend.

An allen Stellen die nicht gar zu lange »Linie«.

»An allen Stellen«. Da die »Linie« keine besonders eigenartige Gestalt zeigt[18], so gibt es für sie keinen Unterschied der Stelle. Darum ist sie am Halse, den Hüften, dem Rücken, den Seiten, der Schenkelgegend und an den Armen in nicht zu langer Ausdehnung, zwei oder drei Daumenbreiten lang, mit den frisch geschnittenen Nägeln auszuführen.

Diese gekrümmt bis an die Brustwarze ist die »Tigerkralle«.

»Diese«, die »Linie«, von der Brustwarze anhebend und vorn gekrümmt gleich einem Teile der Tigerkralle, schmückt die Spitze der Brust.

Eine mit den fünf einander gegenüberstehenden Nägeln gezogene, auf die Brustwarze gerichtete Linie ist der »Pfauenfuß«.

---

[18] *Von: samsthānaviśesābhāvān na …*

»Mit allen fünf Nägeln«, deren Spitzen nadelscharf sind. »Auf die Brustwarze gerichtet«: unterhalb der Brustwarze setze man den Daumennagel ein und ziehe nach oben, auf die Brustwarze gerichtet, die zusammengedrückten Nägel der übrigen Finger heran. »Pfauenfuß«, weil er dessen Aussehen hat.

Dasselbe an der Brustwarze der durch die geschlechtliche Vereinigung Ruhmreichen, die eng zusammengesetzten fünf Nägelspuren bildet den »Hasensprung«.

»Dasselbe«, der Pfauenfuß. – »Der durch die geschlechtliche Vereinigung Ruhmreichen«, deren Ruhm die geschlechtliche Vereinigung mit dem Liebhaber ausmacht; bei einer solchen ist das auszuführen. Alle Frauen nämlich schätzen es hoch, wenn ihre Brustwarze von allen Nägeln zerkratzt ist. So heißt es denn: »In deinem Herzen, zartgliedrige Freundin, wohnt er gleichsam vorn, da deine Brustwarze, du Langäugige, mit dem Pfauenfuße gezeichnet ist«. – »An der Brustwarze«: ›an‹ drückt die Nähe aus. – »Eng zusammengesetzt«; indem man die fünf Nagelspitzen fest zu einem Ganzen vereinigt, niedersetzt, bilden die fünf fest zusammengesetzten Spuren den »Hasensprung«, (so genannt), weil es dessen Aussehen hat.

Auf der Wölbung der Brüste und auf dem Pfade des Gürtels eine Art Lotusblatt: das ist das »Lotusblatt«.

»Eine Art Lotusblatt«: dem Aussehen nach ein Lotusblatt. Das wird einzeln »auf der Wölbung der Brüste und auf dem Pfade des Gürtels« angebracht. Wie ein Gürtel wird es angebracht, und zwar, wie aus der Wahl des Wortes »Pfad« hervorgeht, bringt man nicht ein einzelnes an, sondern waagrecht gleichsam einen Kranz von Lotusblättern, des schönen Aussehens wegen. Das prangt auf ihrer Nabelgegend und dem Brüsterunde wie eine Perle von Liebhaber.

Auf die Schenkel und die Wölbung der Brüste werfen zur Erinnerung an den in die Fremde Gehenden vier oder drei zusammenhängende Linien eingedrückt. – Das sind die Taten der Nägel.

»Zur Erinnerung«: eine Nagelwunde mit Namen »Linie«, welche an den Verreisten erinnern soll ... Hierbei bezieht sich das Mal auf den Schenkeln der Geliebten auf einen in die Fremde gehenden heimlichen Liebhaber, der es beigebracht hat, das auf der Wölbung der Brust auf einen aller Welt bekannten. – »Zusammenhängend«, ununterbrochen, als Gürtel. Dass die Trennung nicht lange dauere, dienen die Linien als Zählmittel: vier bei einer langen Reise, drei bei einer kurzen. – Bei diesen (Nägelmalen), dem Halbmonde usw., kann je nach dem Lande, der Zeit und dem Zwecke auch die Liebhaberin der ausübende Teil sein. – »Das sind die Taten der Nägel«: d. h. das sind die gestalttragenden Nägelmale. Die ohne Gestalt sind auf diese

Stellen nicht beschränkt, da sie keine bestimmte Form besitzen. Überall findet die Anwendung an dem genannten Orte statt.

(Der Verfasser) überträgt das Gesagte nun auch auf andere (Male):

Auch noch andere, mit verschiedenen Formen versehene soll man ausführen.

»Mit verschiedenen Formen versehene«, mit besonderem Aussehen versehene. »Auch noch andere«, Vogel-, Blumen-, Topf-, Blatt-, Ranken- u. a. Nägelmale sind anzuwenden. Damit deutet (der Verfasser) die große Masse von Abarten an.

Wegen der Zahllosigkeit der Abarten, der Endlosigkeit des Erfahrungssammelns, der Allverbreitung des Studiums und der Zugehörigkeit der Male zur Leidenschaft – wer kann da die verschiedenen Weisen übersehen? So sagen die Lehrer.

Es ist die Ansicht der Lehrer über die »Abarten«. Achtfach verschieden sollen sie sein, nicht mehr. Wer kann diese Abarten von Malen, wenn sie einzeln aufgezählt werden, bei der Endlosigkeit derselben übersehen? So ist der Zusammenhang. Wer das übersehen will, muss Erfahrung sammeln. Die Unterarten dieser wieder sind endlos, wegen der Mannigfaltigkeit: darum sagt (der Verfasser): »wegen der Endlosigkeit«. »Erfahrungssammeln«, Erfahrungen machen. Dieses kommt nicht ohne Studium: so muss da also dieses dritte bedacht werden! Wird dieses auf die eine Stelle verwendet, so erlangt man an der andern keine Erfahrung: darum muss es sich überall hin erstrecken: so sagt (der Verfasser): »wegen der Allverbreitung des Studiums«. So ergibt sich da eine lange Kette: »wer also kann die verschiedenen Weisen« übersehen? Und ferner: »wegen der Zugehörigkeit der Male zur Leidenschaft«: da die Nägelmale aus der Leidenschaft hervorgehen, so bilden sie deren Zubehör; denn bei dem Wachsen der Leidenschaft findet das Kratzen mit den Nägeln statt: so wendet man das dann in der Blindheit der Leidenschaft gestaltlos an. Wer kann da bei dem Stoffe der Male eine (richtige) Weise anwenden?! So kann man auch nicht von einer achtfachen Verschiedenheit reden.

Auch in der Leidenschaft verlangt man ja nach Mannigfaltigkeit; und vermittelst der Mannigfaltigkeit muss gegenseitig die Leidenschaft erzeugt werden. Mannigfaltigkeit besitzende gaṇikās und deren Liebhaber sind füreinander erstrebenswert. Denn auch in dem Dhanurveda und anderen Lehrbüchern über den Gebrauch der Waffen verlangt man Mannigfaltigkeit; wie viel mehr hier! – So sagt Vātsyāyana.

»Auch in der Leidenschaft verlangt man ja«: das Wort ›ja‹ dient zur Bekräftigung. Sogar zur Zeit der Leidenschaft verlangen manche die Mannigfaltigkeit, trotz der bestehenden Endlosigkeit. Das Wort ›sogar‹ soll andeuten: »auch wenn keine Leidenschaft vorhanden ist«. Dazu sagt (der Verfasser): »Vermittelst der Mannigfaltigkeit«. Bei einem Koitus, bei dem die Leidenschaft erst zu erwecken oder erkünstelt ist, entsteht die Leidenschaft nicht ohne Mannigfaltigkeit: daher ist ihr Urquell das Erfordernis der Mannigfaltigkeit. Welche sind das nun aber, die bei dem Vorhandensein oder Fehlen der Leidenschaft Mannigfaltigkeit verlangen?

Darauf antwortet (der Verfasser): »Mannigfaltigkeit besitzende«: die mit deren Kenntnis ausgestatteten, der Devadattā ähnlichen »ganikās und deren Liebhaber«, die dem Mūladeva gleichen. Diese, nach auserlesenem Koitus Verlangenden, »sind füreinander erstrebenswert«, verstehen sich darauf: »Dass nur nicht anderswo ein schlechter Koitus stattfindet!« So erzeugt nun ihre Mannigfaltigkeit gerade die Leidenschaft. – Mit den Worten: »Auch in dem Dhanurveda« deutet (der Verfasser) auch mit einem anderen Lehrbuche die Richtigkeit dieser Sache an. Das Wort ›und andere‹ fasst die Lehrbücher über die Speere, Schwerter usw. zusammen. – »Lehrbücher über den Gebrauch der Waffen«: Das Wissen ist ein zweifaches: ein theoretisches und ein praktisches. In dem Dhanurveda nämlich findet sich eine Mannigfaltigkeit von praktischen Regeln: wie man mit seinen Pfeilen die heranfliegenden feindlichen Pfeile unschädlich machen, bei dem Auflegen eines Pfeiles mehrere abschießen kann usw. »Wie viel mehr hier«, in dem Lehrbuche der Liebe, wo gerade die Mannigfaltigkeit als die Hauptsache anerkannt ist! Was für ein Unterschied wäre sonst zwischen einem Elegant und einem Nichtelegant?

Nun gibt (der Verfasser) für die überall mit Gewandtheit Ausgestatteten ein Verbot der Mannigfaltigkeit:

Nicht aber soll man so tun bei Frauen, die einen andern geheiratet haben. An den versteckten Stellen derselben soll man zur Erinnerung und weil es die Leidenschaft mehrt, besondere Male anbringen.

»Nicht aber« ist »bei Frauen, die einen andern geheiratet haben«, auch wenn sie mit Gewandtheit ausgestattet sind, »so« Mannigfaltigkeit am Platze, da jene von heimlichen Liebhabern genossen werden. – »An den versteckten Stellen«, den Schenkeln, der Schamgegend, den Weichen usw. »Zur Erinnerung«: wenn sie die betreffenden besonderen Male sehen, erinnern sie sich (wenigstens): da beständiger Verkehr schwer zu ermöglichen ist. – »Und weil es die Leidenschaft mehrt«. Da das Wesen (der Male) nur große Freude ist, so erzeugen sie ein heftiges Lustgefühl wie bei der Samenergießung.

Mit Bezug auf die Erinnerung singt (nun der Verfasser) das Lob der Nägelmale, das eine Mal positiv, das andere Mal negativ:

Wenn eine Frau an den geheimen Stellen die Nägelmale sieht, wird bei ihr selbst eine seit langer Zeit aufgegebene Liebe wieder ungekünstelt jung.

»An den geheimen Stellen« usw. – »Jung«, wie bei der ersten Vereinigung. – »Liebe«, Leidenschaft. – »Ungekünstelt«; nicht erheuchelt.

Wenn die Leidenschaften seit langer Zeit erstickt worden sind, würde die Liebe den Untergang finden, falls nicht das Nägelmal da wäre, welches an die Stätte der Leidenschaft erinnert.

»Seit langer Zeit erstickt«, seit langer Zeit aufgegeben, nachdem man sie genossen hatte. »Untergang«, Tod. – »Welches an die Stätte der Leidenschaft erinnert«; Schönheit, Jugend und Vorzüge sind die Stätte der Leidenschaft. Das Nägelmal, dessen Wesen es ist, daran zu erinnern. Infolge des Anblickes der Nägelwunden entsteht Erinnerung an jene Schönheit usw. und darauf Erwachen der Liebe, indem diese vor Augen tritt.

Im allgemeinen sie lobend, sagt (der Verfasser):

Selbst bei einem Fremden, der von weitem die junge Frau sieht, deren Brüste von der Nägeln hart mitgenommen sind, entsteht Achtung und Eintritt der Leidenschaft.

»Von weitem«, sogar ohne ihre Art und Weise richtig erfasst zu haben. »Hart mitgenommen«, genossen. – »Achtung«, außerordentliche Ehrfurcht. – »Selbst bei einem Fremden«, mit dem sie nichts zu tun gehabt hat. – »Eintritt der Leidenschaft«, d. h., er wird von Leidenschaft ergriffen.

Ein Mann, der an den Stellen mit den Nägelzeichen gezeichnet ist, bringt in der Regel selbst ein festes Frauenherz zum Gleiten.

»Ein Mann«: so gut wie bei dem Manne Leidenschaft entsteht, ebenso gut auch bei der Frau, wenn sie einen Mann erblickt. – »An den Stellen«: den entsprechenden. – »Gezeichnet«, zerkratzt. – Selbst ein mit Bußübungen usw. ernst beschäftigtes (Herz) »bringt er in der Regel zum Gleiten«, aus seiner Verfassung nämlich.

Kein anderes geeigneteres Mittel, die Leidenschaft wachsen zu machen, gibt es, als die Ausführungen der Taten, die mit Nägeln und Zähnen vollbracht werden.

»Kein anderes«, gegenüber den Praktiken der Leidenschaft. »Geeigneteres«, für das Wachsen der Leidenschaft passenderes. Die Erwähnung der Zähne geschieht gelegentlich, um anzudeuten, dass der Erfolg hierbei ein ähnlicher ist. »Ausführungen der Taten«: die Handhabungen der Verwundungen. Wenn sie dem Leibe beigebracht werden, dann gibt es in der Welt kein anderes Mittel, bei der geschlechtlichen Vereinigung sogar »die Leidenschaft wachsen zu machen«. – (Der Verfasser) wird darüber noch reden, wie eins dem andern vorangeht.

§ 11 - Die Regeln für das Beißen mit den Zähnen

NACHDEM SO die Nägelmale behandelt worden sind, folgen nun in diesem Kapitel zwei Paragraphen; erstens um ein Weiteres, die Zahnwunden, anbringen zu können, »die Regeln für das Beißen mit den Zähnen«; und dann, da die Anwendung der Umarmungen usw. ohne Beachtung der lokalen Gepflogenheit die Leidenschaft nicht erzeugt, die in verschiedenen Gegenden geltenden Gebräuche, »die Gebräuche in den einzelnen Ländern«.

Da für das Beißen Wesen, Gegenstand und Zeit früher nicht angegeben worden sind, so nennt (der Verfasser) jetzt die Stellen:

Mit Ausnahme von Oberlippe, Mundinnerem und Augen sind die Stellen für das Bearbeiten mit den Zähnen dieselben wie bei den Küssen.

»Oberlippe«, nicht wie bei dem Kusse. Auch hier bereitet es kein Vergnügen, wenn die Oberlippe verwundet wird. »Mundinneres«, Zunge und das übrige, da die Zähne darin sind. »Augen«, weil sie nicht verwundet werden dürfen, indem das endlosen Schmerz bereitet und Entstellung bewirkt. Mit Ausnahme dieser alle übrigen: Stirn, Unterlippe, Hals, Wangen, Brust und Busen; ferner bei den Bewohnern von Lāta die Verbindungsstelle der Schenkel, die Achselhöhle und die Gegend unter dem Nabel: diese und jene Stellen gelten, aber nicht von allen Leuten sind sie zu benutzen. – Das alles kommt zur Anwendung, da es mit dem Kusse ein und dasselbe Gebiet hat. »Die Stellen für das Bearbeiten mit den Zähnen«, die Stätten für die Verwundungen mit den Zähnen. – Um die stets zunehmende Verschiedenheit darlegen zu können, ist darüber nicht unmittelbar nach den verschiedenen Arten der Küsse gehandelt worden.

(Der Verfasser) nennt nun die Eigenschaften der Zähne:

Die guten Eigenschaften der Zähne sind, dass sie gleichmäßig, von glattem Aussehen, Farbe haltend, von der rechten Größe, ohne Lücken und scharfspitzig sind.

»Gleichmäßig«, nicht hervorstehend, so dass sie einen gleichmäßigen Biss tun können. »Von glattem Aussehen«, nicht rau. »Farbe haltend«, bei dem Genusse von Betel usw. nicht geblümt werdend. Das sind zwei Vorzüge bezüglich des schönen Aussehens. »Von der rechten Größe«, nicht schmal und nicht breit. »Ohne Lücken«, fest aneinandergefügt. »Scharfspitzig«: das sind drei Vorzüge bezüglich des Beißens und des schönen Aussehens.

Stumpf, mit einer Linie versehen, rau, ungleich, weich, breit und unvollständig: das sind die schlechten Eigenschaften.

»Mit einer Linie versehen«: in deren Mitte ein rissiger Strich sich befindet: das kann man bei den Leuten sehen, die das heilige Feuer unterhalten u. a. – Wenn auch aus dem Gegenteile der guten Eigenschaften sich sofort die schlechten ergeben, so wird die Sache doch nochmals besprochen, um die hauptsächlichsten derselben namhaft zu machen. Danach ist die Unmöglichkeit, Farbe zu halten, kein Mangel. (Weiße Zähne werden gewöhnlich gefärbt.) Hierbei beeinträchtigen die mit einer Linie versehenen, rauen und ungleichen die Anmut des Gesichtes; der Mangel der übrigen, der stumpfen usw. besteht in der Unfähigkeit, die Funktionen zu erfüllen.

Der versteckte Biss, der aufgeschwollene, der Punkt, die Punktreihe, Koralle und Edelstein, Edelsteinkette, zerrissene Wolke und Eberbiss: das sind die verschiedenen Zahnwunden.

Die verschiedenen Wunden werden hier kurz namhaft gemacht. –

Nun gibt (der Verfasser) ihre Beschreibung und nennt die Stelle, wo sie angewendet werden:

Der versteckte Biss ist zu erkennen an der bloßen, nicht übermäßig roten Farbe.

»An der bloßen Farbe«: seine Farbe besteht eben in der bloßen Farbe, indem eine Verwundung dabei nicht stattfindet. »Übermäßig rot« würde schon einen besonders übertriebenen Grad desselben bedeuten. Daran ist er zu »erkennen«, danach zu bestimmen. Auf diese Weise ist er gleichsam versteckt, darum heißt er »der versteckte«, weil er nicht deutlich sichtbar ist. Er ist unter Aufsetzung der Spitze eines einzelnen Vorderzahnes auszuführen.

Dieser wird durch Drücken zu dem »aufgeschwollenen«

Man spricht dann (von diesem), wenn der versteckte unter heftigem Drücken ausgeführt wird. In diesem Falle heißt er »aufgeschwollen«, weil dabei eine Geschwulst entsteht.

Diese beiden ergeben den »Punkt«, inmitten der Unterlippe.

»Diese beiden«, der versteckte und der aufgeschwollene. »Punkt«: dieser Ausdruck bedeutet das Wesen. Die Beschreibung des Punktes wird später gegeben. Diese drei Bisse geschehen inmitten der Unterlippe, weil sie sehr wenig umfangreich sind.

Für den aufgeschwollenen gibt (der Verfasser) noch einen besonderen Platz an:

Der »Aufgeschwollene« und »Koralle und Edelstein« auf der Wange.

»Der Aufgeschwollene« und »Koralle und Edelstein«, dessen Beschreibung noch angegeben wird, »auf der Wange«, indem er hier ausgeführt werden kann.

Auf welcher Wange? – Darauf antwortet (der Verfasser):

Der Kuss des Blumenohrschmuckes und Nägel-und Beißwunden sind die Zierde der linken Wange.

»Die Zierde der linken Wange«: wie der Blumenohrschmuck, weil es hübsch aussieht, hinter das linke Ohr gelegt wird und so einen Schmuck für die linke Wange bildet, ebenso das andere. So heißt es auch: »Zahnwunden und Küsse samt Betel sind Zierden, welche röten«.

Die Herstellung von »Koralle und Edelstein« geschieht durch die Ausführung einer anhaltenden Vereinigung mit Zahn und Lippe.

»Durch die Ausführung einer anhaltenden Vereinigung mit Zahn und Lippe«: mit den oberen Zähnen und der Unterlippe wird behufs »Vereinigung« mit der betreffenden Stelle unter Zufassen ein Druck ausgeübt; »anhaltend«, immer und immer wieder so handelnd: die »Ausführung« dieser Arbeit bildet die »Herstellung«: Wenn man so zu Werke geht, wird jenes hergestellt. Auf diese Weise nämlich, durch jene anhaltende Beschäftigung, findet eine gerötete Spur des Einsetzens von Zahn und Lippe statt, ohne Zufügung einer Wunde: gleichsam Koralle und Edelstein.

Dieselbe (Herstellung), aber im Ganzen, findet statt bei der Edelsteinkette.

Die Herstellung der »Edelsteinkette« geschieht durch die Ausführung einer anhaltenden Vereinigung mit Zahn und Lippe. Auch hierbei ist also die Art der Ausführung dieselbe; aber erst ist eines auszuführen dann ein weiteres, bis eine Kette entstanden ist.

Die Herstellung des Punktes erfolgt durch das zangenartige Erfassen eines kleinen Stückchens Haut vermittelst zweier Zähne.

»Eines kleinen Stückchens«, mit Berücksichtigung der Stelle. Dabei ist das Stück Haut am Halse nur eine Mungobohne, an der Unterlippe nur ein Sesamkorn groß. »Durch das zangenartige Erfassen vermittelst zweier Zähne«: Der Sinn ist: mit der Spitze des oberen und unteren Zahnes zieht man die Haut an, wodurch eine »Zange« und daher eine Verwundung geschieht. – »Herstellung des Punktes«: es ist gleichsam ein Punkt; daher heißt es »Punkt«, da nur eine sehr kleine Stelle verwundet wird. Der Sinn ist: die Herstellung erfolgt durch das gleichzeitige zangenartige Erfassen eines kleinen Stückchens Haut vermittelst der vier oberen Zähne.

Und vermittelst aller Zähne die der Punktreihe.

»Punktreihe«, weil es so aussieht.

Darum sind alle beiden Ketten in der Gegend des Halses, der Achseln und der Weichen (anzubringen).

»Darum sind alle beide Ketten«, die Edelsteinkette und die Punktreihe, »in der Gegend des Halses, der Achseln und der Weichen (anzubringen)«, weil die Haut derselben weich ist.

Auf der Stirn und den Schenkeln die Punktreihe.

Hierbei stehe sie an den Schenkeln da wie eine Reihe Sesamkörner, nicht waagrecht, sondern wie ein Kreis. Wie ein Kreis erscheint es, trotz der Unterbrechung durch die Mundwinkel.

Gleichsam ein Kreis, versehen mit ungleichen Vorsprüngen, ist die »zerrissene Wolke«, auf der Wölbung der Brüste.

»Versehen mit ungleichen Vorsprüngen«: überall versehen mit den ungleichen, breiten, mittleren und spitzen Spuren der Zähne. »Zerrissene Wolke«, wegen der Ähnlichkeit damit. – »Auf der Wölbung der Brüste«, weil es sich da leicht ausführen lässt und schön aussieht. Bei dem Manne ist die Brust zu verstehen. Es wird ausgeführt unter Neigen des Halses.

Festanschließende, sehr lange, zahlreiche Streifen von Zahnspuren, mit dunkelroten Zwischenräumen bilden den »Eberbiss« auf der Wölbung der Brüste.

»Festanschließende«: von dem einen Teile der Wölbung der Brüste aus beiße man mit der Zange der Zähne einen sehr kleinen Teil der Haut an, bis nach dem andern Teile. Auf diese Weise sind durch wiederholtes Beißen ununterbrochene, »sehr lange, zahlreiche«, vier oder sechs Streifen von Zahnspuren herzustellen. Deren Zwischenräume sind dunkelrot, da das Blut sich dort zusammendrängt. Weil das nun aussieht wie von dem Bisse eines Ebers herrührend, so heißt es »Eberbiss«. – »Auf der Wölbung der Brüste«, weil da viel Fleisch ist.

Dies Beides bei feurigen Liebenden. – Das sind die Zahnwunden.

»Dies Beides«: die Bisse »zerrissene Wolke« und »Eberbiss«, »bei feurigen Liebenden«, weil sie diesen entsprechen. Bei jenen ist auch die Liebhaberin als ausübender Teil anzusehen, indem beide in dem Lehrbuche genannt werden. Je nach Gegend, Zeit und Zweck ist das eine für diesen, das andere für jenen ungewöhnlich. – So weit die Zahnwunden, die ein Zubehör der geschlechtlichen Vereinigung bilden, indem sie an dem Leibe der zu Genießenden ausgeführt werden, bei der Umwerbung aber nicht statthaft sind.

Nun nennt (der Verfasser) eine Handlung der Übertragung bei der Umwerbung, die den Seelenzustand andeuten soll:

Bei einem Stirnschmucke, Ohrschmucke, Blumensträuße, Betel-Laube und Tamāla-Blatte, soweit sie bei der zu Umwerbenden zur Verwendung kommen sollen, (kann man) Nägel- und Zahnwunden als Zeichen der Werbung (anbringen).

»Stirnschmuck«, ein aus Birkenblättern usw. gefertigtes Abzeichen. »Ohr-schmuck«, aus blauen Wasserrosen usw. »Blumenstrauß«, das ist eine elliptische Bezeichnung. – An dem Diademe befestigtes »Betelblatt«. – »Tamāla-Blatt«, das wohlriechend ist und zu Liebesbriefen benutzt wird. Diese alle bilden ein Ziel für Verwundungen. – Das Wort »soweit« bedeutet das Wesenhafte. – »Soweit sie bei der zu Umwerbenden zur Verwendung kommen sollen«: sie werden kommen, also sollen sie kommen ... Die zur Verwendung kommen sollen: Stirnschmuck usw. ... Bei diesen nämlich kann man Verwundungen anbringen als übertragene »Zeichen der Werbung«. »Nägel- und Zahnwunden«: die Nägelmale sind als Zubehör der Werbung oben nicht genannt worden; hier geschieht es, da sie ein und dasselbe Ziel haben, unter Zusammenstellung beider.

§ 12 - Die Gebräuche in den einzelnen Ländern

DAS VERFAHREN in den einzelnen Ländern sind die »Gebräuche in den einzelnen Ländern«. Diese nennt jetzt (der Verfasser):

Nach der Landessitte umwerbe man die Frauen.

Die Sitte ist zweifach: nach dem Lande und nach dem Charakter. In einer Gegend also, wo die Sitte des Küssens usw. gilt, wird derlei eben verlangt. Dort soll man die Weiber nicht umwerben; von selbst soll das ihrem Wesen nach geschehen. – Das ist eine elliptische Bezeichnung: sie gilt auch für die Frau gegenüber den Männern.

Hier nennt (der Verfasser zuerst) die Sitte der Bewohner des Mittellandes, weil dieses das bedeutendste ist:

Die Bewohnerinnen des Mittellandes, meistens Arier, haben lauteres Benehmen und hassen Küsse, Nägel- und Zahnmale.

»Die Bewohnerinnen des Mittellandes«: Bhrgu sagt: »Was zwischen Himālaya und Vindhya liegt, östlich von dem Verschwindungspunkte der Sarasvatī und westlich von dem Vereinigungspunkte von Gaṅgā und Yamunā, das heißt das Mittelland«. Vasistha sagt: »Einige meinen, zwischen Gaṅgā und Yamunā«. Dieses ist bei den Autoren hauptsächlich gemeint. Die dort Wohnenden sind »die Bewohnerinnen des Mittellandes«. Sie haben »lauteres Benehmen«, bei dem Liebesgenusse feines Verhalten, da es »meistens Arier sind«. Ihr Wesen ist es, die drei Dinge, Küsse usw., zu hassen; (dagegen) wünschen sie Umarmungen.

(Ebenso) die Bewohnerinnen des Landes Bālh und von Avantī.

»Die Bewohnerinnen des Landes Bālh«, die Bewohner des Nordlandes. – »Von Avantī«, die aus der Gegend von Ujjayinī stammen. Das sind die westlichen Mālavās. Sie hassen Küsse usw.

(Der Verfasser) gibt an, wie sie sich von den vorigen unterscheiden:

Diese haben aber Hang zu absonderlichen Liebesgenüssen.

»Zu absonderlichen Liebesgenüssen«: diese werden später beschrieben. – Zu diesen haben sie »Hang«, weil sie (ihnen) außerordentliche Wonne bereiten.

Die Frauen von Mālava und Ābhīra lieben besonders Umarmungen und Küsse, verwerfen Verwundungen und sind durch Schläge zu gewinnen.

Die »Frauen von Mālava«, die aus dem östlichen Mālava stammen. Sie lieben besonders Umarmungen und Küsse und verwerfen Verwundungen, wünschen nur schwache Nägel- und Zahnberührung (?). »Sind durch Schläge zu gewinnen«, infolge von Schlägen entsteht ihre Wollust. – »Die Frauen von Ābhīra«: das Land Ābhīra ist die Gegend von Srīkantha, Kuruksetra usw. Die hier wohnen.

Die Bewohner des Binnenlandes der Flüsse, deren sechster der Sindhu ist, treiben den Koitus mit dem Munde.

»Die Flüsse, deren sechster der Sindhu ist«. Das sind nämlich folgende fünf: Vipāś, Satadru, Irāvati, Candrabhāgā und Vilatā. Die in den Binnenländern derselben Wohnenden. »Treiben den Koitus mit dem Munde«: wenn auch Umarmungen, Küsse usw. stattfinden, so fungiert doch der Mund an Stelle der Schamgegend, d. h. sie vergnügen sich in heißblütiger Weise.

Die Bewohner des äußersten Westens und von Lāta sind feurig und machen leise sīt.

»Die Bewohner des äußersten Westens«: in der Nähe des westlichen Meeres liegt das Land des äußersten Westens; dessen Bewohner. Durch dortige Einwohner wurde von Seiten des Arjuna der Harem des Visnu zerstört. – »Die Bewohner von Lāta«, das Land Lāta liegt westlich von dem westlichen Mālava. – Die dortigen Einwohner »sind feurig« und »machen leise sīt«; d. h. sie ertragen leise Schläge und machen sīt dabei, indem der Ruf sīt daraus entsteht.

Die Frauen in Strīrājya und Kośalā verlangen harte Schläge, sind eben heißblütig und benutzen vielfach künstliche Vorrichtungen.

Strīrājya: westlich von dem Lande Vajravanta liegt Strīrājya; dessen Weiber und die von Kośalā üben den Beischlaf aus, indem sie außer an den Umarmungen usw. sich an »harten Schlägen« ergötzen. »Sind eben heißblütig«: d. h. nach dieser Bestätigung sind sie es immer. Infolge des Übermaßes ihrer Geilheit heißt ihr Temperament heiß. Dein gegenüber ist feurig etwas anderes. Unter diesen Umständen »benutzen sie vielfach künstliche Vorrichtungen«, d. h. um ihre Geilheit zu stillen, verlangen sie hauptsächlich nach einem künstlichen Penis.

Die Frauen von Andhra sind von Natur zart, lieben die Wollust, haben unlautere Gelüste und sind von unfeinem Benehmen.

»Die Frauen von Andhra«: das Land südlich der Narmadā ist das Dekhan; hier, östlich von dem Gebiete der Karnāta, liegt das Land Andhra. Die hier Wohnenden »sind von Natur«, ihrem Wesen nach, zartgliedrig, ertragen Schläge usw. nicht. Aber sie »lieben die Wollust«, d. h. sie verlangen den Beischlaf mit dem Manne. »Haben unlautere Gelüste«, unsauberes Verhalten; »und sind von unfeinem Benehmen«, d. h. halten keine Schranken aufrecht.

Die Frauen von Mahārāstra entbrennen durch die Anwendung der sämtlichen vierundsechzig Künste, lieben unanständige, grobe Reden und sind auf dem Lager von ungestümem Beginnen.

»Die Frauen von Mahārāstra«: das Land Mahārāstra liegt zwischen der Narmadā und dem Gebiete von Karnāta. Die dort wohnen, deren Leidenschaft entsteht durch die Anwendung der sämtlichen vierundsechzig Künste nach Pāñcāla, und der anderen, deren erste der Gesang ist: darum »entbrennen« sie durch deren »Anwendung«. – Sie gebrauchen und dulden »unanständige«, bäuerische und »grobe«, rohe Reden: also »lieben« sie sie. »Auf dem Lager«: bei der geschlechtlichen Vereinigung sind sie »von ungestümem Beginnen«: d.g. genießen den Mann in frechem, leidenschaftlichem Ungestüm.

Die Frauen von Nagara sind ganz ebenso, zeigen das aber nur im Geheimen.

»Die Frauen von Nagara«, die Bewohnerinnen von Pātaliputra, »sind ganz ebenso«, entbrennen in derselben Weise durch die Anwendung aller vierundsechzig Künste und lieben unanständige, grobe Reden, »zeigen das aber nur im Geheimen«, in der Einsamkeit; aus Scham. Die Frauen von Mahārāstra jedoch tun das öffentlich und heimlich; das ist der Unterschied. Das ungestüme Beginnen auf dem Lager ist das gleiche.

Die Frauen der Dravidas werden nur ganz langsam feucht, wenn sie von der Annäherung an gerieben werden.

»Die Frauen der Dravidas«: das Land der Dravida liegt südlich von dem Gebiete der Karnāta. Die dort wohnenden Frauen. »Wenn sie von der Annäherung an«, vor der Vereinigung der Zeugungsglieder von dem Manne von der Annäherung unter Umarmungen usw. an »gerieben«, an den Gliedern innen und außen schlaff gemacht werden, »werden sie nur ganz langsam feucht«, lassen sie nur ganz wenig Samen sich ergießen, ohne die Wonne wollüstiger Ohnmacht, da sie keine Geilheit besitzen. Daher findet schließlich die Samenergießung erst nach heftigen Anstrengungen statt. Damit deutet (der Verfasser) an, dass sich ihre Leidenschaft in einem einzigen Koitus erschöpft.

Die Frauen von Vanavāsa sind mäßig feurig, ertragen alles, verhüllen den eigenen Leib, spotten über den anderer und vermeiden Tadelnswertes, Unanständiges und Grobes.

»Die Frauen von Vanavāsa«: das Land Vanavāsa liegt östlich von dem Lande Kuṅkana. Die dort wohnenden Frauen sind dem Temperamente und der Zeit nach »mäßig feurig«; sie »ertragen« Umarmungen usw.; einen sichtbaren Fehler am eigenen Leibe »verhüllen«, am fremden bespötteln sie; »Tadelnswertes«, dem Äußern und der Beschäftigung nach. »Unanständiges«, Bäurisches und »Grobes« vermeiden sie: dessen machen sie sich nicht schuldig.

Die Frauen von Gauda haben sanfte Sprache, sind voll Zuneigung und besitzen zarte Glieder.

»Die Frauen von Gauda«, die in dem Lande Gauda wohnen. Das ist bekannt, und auch das übrige ist klar zu erkennen.

Suvarnanābha sagt: »Die Gewohnheit des Charakters ist wichtiger als die Gewohnheit des Landes. Es gibt also hier keine Gebräuche in den einzelnen Ländern.«

»Gewohnheit des Charakters«: Charakter ist Wesenseigentümlichkeit; deren Gewohnheit ist gemeint. Gerade nach der Gewohnheit des Landes sind die Gebräuche zu halten. Wenn bei einer Kollision der beiden ein Konflikt stattfindet, so ist »die Gewohnheit des Charakters wichtiger als die Gewohnheit des Landes«, weil jene das vor allem andern Wesentliche ist. »Es gibt also hier keine Gebräuche in den einzelnen Ländern« nach Suvarnanābha. Die Ansicht der Meister aber ist, dass man unter Umgehung der Gewohnheit des Charakters nach der Gewohnheit des Landes zu Werke gehen muss. Dem Verfasser selbst ist die Ansicht des Suvarnanābha genehm, indem sie nicht verboten wird.

Im Laufe der Zeit gehen die Gebräuche, Kleidung und Belustigungen von einem Lande zum andern über: das muss man wissen.

»Im Laufe der Zeit«, mit der Zeit gehen so (die Gebräuche) aus dem einen Lande zu den dort (in dem anderen Lande) geltenden Gebräuchen über, ebenso »Kleidung«, Toilette »und Belustigungen«, besondere Handlungen und »das«, das Übergehen zu einem anderen Lande usw. »muss man« seinem Wesen nach »wissen«, sonst wird (eine Frau), wenn man sie, als aus dieser Gegend stammend, unter Anwendung anderer Gebräuche umwirbt, abstoßend. Darum also soll man unter Vermeidung veränderlicher Eigenschaften der Gewohnheit des Charakters gemäß zu Werke gehen, indem man gerade die feststehenden Gebräuche der Länder beachtet.

Unter den Umarmungen usw. ist immer das Vorangehende das stärkere Mittel, die Leidenschaft zu entflammen; und immer das Nachfolgende das Merkwürdigere.

»Unter den Umarmungen usw.«: unter den sechs äußerlichen Taten, Umarmungen, Küssen, Nägel- und Zahnwunden, Schlägen und sīt-Machen »ist immer das Vorangehende das stärkere Mittel, die Leidenschaft zu entflammen«. Dabei ist stärker als das lieblich zu hörende sīt-Machen das Berührung verursachende Schlagen; stärker als dieses das außerordentliche Berührung verursachende Verwunden mit den Zähnen; stärker noch als dieses das Kratzen mit den Nägeln; stärker auch als dieses das Küssen, welches eine zarte Berührung bewirkt; stärker noch als dieses die Allgliederumarmung, die außerordentliche Berührung bewirkt.

»Immer das Nachfolgende ist das Merkwürdigere.« Hierbei ist merkwürdiger als die feste Umarmung das Küssen, eine schnurrige Beschäftigung; merkwürdiger als dieses das Kratzen mit den Nägeln; noch merkwürdiger als dieses das außerordentlich schnurrige Verwunden mit den Zähnen; merkwürdiger noch als dieses das Schlagen, weil dieses die Leidenschaft entflammt infolge der schnellen Bewegung der Hände, unter Ausschluss träger Betätigung. Merkwürdiger als dieses noch ist das sīt-Machen, welches selbst durch Unterricht schwer zu erfassen ist.

So finde auch nach der Sitte des Landes gegenseitig zunehmend der Streit beim Verwunden statt: das Verhalten hierbei, welches dazu dient, die Liebe zu festigen, wird (jetzt) geschildert. Es ist von zweierlei Art, ein geheimes und ein öffentliches Treiben. Mit Bezug auf das erste sagt (der Verfasser):

Was ein Mann, der behindert wird, an Verwundungen beibringt, soll die Frau doppelt vergelten, indem sie es nicht geduldig hinnimmt.

»Der behindert wird«, durch einen mit Zeichen oder Worten ausgedrückten Wink von der Gewohnheit seines Charakters abgehalten wird. Wenn er jedoch nicht abgehalten wird, dann liegt der Fall vor: »Eine Tat vergelte man mit einer

›Tat‹. Da findet keine doppelte Anwendung statt, indem kein Streit vorliegt. Auch bei dem Streite im Spiele ist darüber bezüglich des Spieles gehandelt worden. Hier bildet die Gewohnheit den Unterschied. – »Indem sie es nicht geduldig hinnimmt«, ohne es sich gefallen zu lassen. »Doppelt«, eben das, was mehr ist als das Zugefügte; nichts Andersartiges. »Soll sie vergelten«: zurückgeben.

Doppelt was und für was? Darauf antwortet (der Verfasser):

Für den Punkt ist die Vergeltung die Reihe, für die Reihe die zerrissene Wolke: so soll sie, wie von Zorn erfüllt, die Streitigkeiten ausfechten.

»Die Reihe«, die Punktreihe. Deren Vergeltung wiederum ist die »zerrissene Wolke«. Nachdem sie so die doppelte Vergeltung erlernt hat, soll sie sie im Streite anwenden. So ist für die »zerrissene Wolke« die Vergeltung »der Eberbiss«; für den »Versteckten« der »Aufgeschwollene«, für diesen »Koralle und Edelstein«, für diese die »Edelsteinkette«; für diese der »Punkt«. Dabei befinden sich die vier ersten auf der Haut, die übrigen dringen in die Haut ein. – »Wie von Zorn erfüllt«, indem sie in erheucheltem Zorne einen andern Zustand zeigt. Das soll andeuten, dass es unter den Streitigkeiten auch einen erheuchelten Streit gibt.

Indem sie ihn bei den Haaren packt, soll sie darauf seinen Mund trinken, indem sie ihn emporrichtet; soll sich fest an ihn pressen und vom Rausche getrieben ihn hier und dort beißen.

»Den Mund trinken«, vermittelst des Kusses, der »Lippentrinken« heißt. Hierbei gilt folgende anerkannte Ordnung: »Indem sie ihn bei den Haaren packt« und »emporrichtet«, d. h., indem sie ihn mit der einen Hand an den Haaren und mit der andern am Kinn ergreift und nach oben richtet. »Soll sich fest an ihn pressen«, ihn eng umschlingen, »und ihn hier und dort beißen«, an den Stellen, die verwundet werden können; oder überall da, wo sie von ihm gebissen worden ist. – »Vom Rausche getrieben«, entflammt von dem Rausche infolge des Trinkens. Gerade dieses treffliche Beginnen bereitet Wonne.

Noch eine andere Regel (gibt der Verfasser):

An der gewölbten Brust des Geliebten ruhend und den Kopf desselben emporhebend bringe sie ihm am Halse eine ›Edelsteinkette‹ bei und was sie sonst noch kennt.

»An der gewölbten Brust ruhend« und mit der einen Armschlinge den Kopf »emporhebend«, mit der andern Hand das Kinn ergreifend »bringe sie ihm eine ›Edelsteinkette‹ bei«. »Am Halse«, als der entsprechenden Stelle; das bedeutet: gleichsam als Halsschmuck. – »Und was sie sonst noch kennt« an herzerfreuenden Verwundungen mit den Zähnen. Auch hier wird das Erfordernis der Mannigfaltigkeit ausgesprochen.

Nun beschreibt (der Verfasser) das Treiben in der Öffentlichkeit:

Am Tage lache sie, von anderen unbemerkt, über das von ihr selbst beigebrachte, von dem Liebhaber vor der Menschenmenge zur Schau getragene Mal.

»Am Tage«: ›Wie ist das von der Liebhaberin nachts beigebrachte Mal am Tage von dem Liebhaber zu verbergen, bei dieser Menschenmenge?‹ So soll ihr Zustand sein, den sie fühlt, so das Aussehen, das sie zeigt. – »Über das von ihr selbst beigebrachte Mal lache sie«, indem sie den Gedanken hegt: ›Das ist die gerechte Strafe für den Bösen!‹ – »Von anderen unbemerkt«, versteht sich, auch von dem Liebhaber unbemerkt; sonst wären die beiden in dem Menschengedränge keine Elegants.

Sie selbst auch zeige die von jenem beigebrachten Male; so sagt (der Verfasser):

Gleichsam den Mund zusammenziehend und den Geliebten tadelnd zeige sie wie unwillig die an ihren Gliedern befindlichen Male.

»Gleichsam den Mund zusammenziehend«, den Mund gleichsam zu einem nicht ausgeführten Kusse spitzend, indem dieses Mundspitzen ihr genehm ist. »Tadelnd«, unter Augenrollen und Brauenrunzeln wird auf das Mal hingewiesen. Eine andere Lesart ist: »drohend«. Die Drohung lautet dann: »Du wirst schon den Lohn dafür bekommen!« – »Wie unwillig«, als wollte sie es sich nicht gefallen lassen.

Darum, wenn die beiden so in gegenseitiger Geneigtheit schamhaft wandeln, wird ihre Liebe selbst in hundert Jahren nicht zugrunde gehen.

»Darum«, auf diese Weise. – »In hundert Jahren«, d. h., im Verlaufe eines Menschenalters »wird die Liebe nicht zugrunde gehen«, d. h. bleibt sie fest. Sonst nämlich erzeugt es Ekel, wie wenn man z. B. fortwährend eine Nahrung zu sich nimmt, die immer nur einen und denselben Geschmack hat.

§ 13 - Stellungen beim Verkehr

ZUR ZEIT DES sinnlichen Verlangens lege sich die Gazellenfrau beim Verkehr nieder und mache bei einer vollkommenen Vereinigung die Scheide gleichsam weit.

Die Elefantenfrau (lege sich) bei einem weniger befriedigenden Verkehr nieder und mache die Scheide gleichsam eng.

Wenn eine übereinstimmende Vereinigung stattfindet, (lege sich) die Frau (beim Verkehr) auf den flachen Rücken.

Durch diese beiden Regeln wird auch das Verhalten der Stutenfrau deutlich gemacht.

Beim Verkehr nehme die Frau den Liebhaber mit der Scheide auf.

Vor allem bei einem weniger befriedigenden Verkehr (nehme man) künstliche Mittel.

Die aufblühende, die gähnende, die indranische – diese drei Arten passen im allgemeinen zur Gazellenfrau.

*

Wenn der Kopf nach unten gesenkt und die Scheide nach oben gehoben wird, dann wird der ›aufblühende‹ Verkehr bewirkt. Hier gewähre er (der Mann) ein vorsichtiges Eindringen.

Beide Schenkel nicht gesenkt und gleich weit öffnend empfange sie: dieser Verkehr ist der ›gähnende‹.

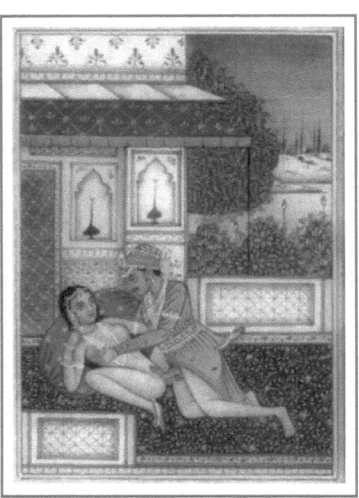

Sie stelle in gleicher Weise beide Schenkel zu beiden Seiten (des Mannes) und lege beide Knie (des Mannes) auf beide Seiten: dieser *indranische Verkehr* muss durch Übung erlernt werden. Dadurch geschehe die Durchführung auch des vollkommeneren Verkehrs.

Bei einem einfacheren Verkehr geschieht die Empfängnis durch die Schale.

Deshalb ist bei einem noch niedrigeren Verkehr der Schalenverkehr der Elefantenfrau gepresst, umschlingend, pferdeähnlich.

Wenn beide Füße beider Partner gerade gestellt werden, ist dies der Verkehr der Schale.

Jener (Verkehr) geschieht zweifach: die Seitenschale und die emporgehobene Schale, so nämlich wird sie durchgeführt. Wenn aber der Mann auf der Seite liegt, gebrauche er die Frau auf der rechten Seite liegend: das ist allgemein im Volk verbreitet.

Ein ›gepresster‹ *Verkehr* wird erreicht, wenn die Frau nach dem Einführen des Penis gemäß dem Verkehr der Schale ihre Schenkel sehr zusammenpresst.

Ein *umschlingender Verkehr* findet statt, wenn sie ihre Schenkel verschränkt.

Der pferdeähnliche Verkehr, der durch Übung erlernt werden muss, geschieht, wenn die Frau, die eine Pferdefrau ist, (das Glied mit den Schamlippen) festhält. Das geschieht vor allem bei den Frauen der Andhrer – Dies sind die verschiedenen Arten des Beischlafs, von den Babhraviyern erklärt.

Aber von den Sauvarnabhi überliefert: beide Schenkel hoch erhoben: dies ist die *gekrümmte Art des Verkehrs*.

Wenn der Liebhaber ihre beiden Beine nach oben zieht, entsteht der *gähnende Verkehr*.

Wenn er die gebeugten (Beine an seine Brust zieht), ist dies der *gepresste Verkehr*. Wenn (bei diesem Verkehr) nur ein Bein gestreckt wird, entsteht der *halb-gepresste Verkehr*.

Wenn ein Bein auf die Schulter des Liebhabers gelegt wird, das andere gestreckt wird und das abwechselnd wiederholt wird, ist das ›*die Spaltung des Schilfrohres*‹.

Wenn das eine Bein über den Kopf gehoben wird, das andere gestreckt wird, ist dieser durch Übung zu erlernende Verkehr das ›mit der Lanze durchbohren‹.

Wenn (der Liebhaber) die beiden gekrümmtem Beine (der Frau) an seine Blase stellt, ist das der *Krebs-Verkehr*.

Wenn die gehobenen Schenkel überkreuzt werden, ist das der gepresste Verkehr.

Wenn die Unterschenkel überkreuzt werden, wird der Verkehr ›*Lotussitz*‹ bewirkt.

Wenn sie den Rücken umfasst, während er sich abwendet, ist dies der *Wende-Verkehr*, der durch Übung erlernt werden muss.

Auch wenn man im Wasser liegt, sitzt oder steht, sind Vereinigungen möglich und diese werden als wunderbar bezeichnet, weil sie leicht durchgeführt werden können. So lehrt Suvarnanabhus.

Dies aber muss zurückgewiesen werden, weil es von den guten (Schriftstellern) nicht überliefert ist. So lehrt Vatsyayanus.

§ 14 - Besondere Vereinigungen

JETZT die besonderen Vereinigungen.

Wenn die Liebenden aufrecht stehen oder sich gegenseitig stützen oder an eine Mauer oder Säule sich lehnen, geschieht eine Vereinigung, die im Stehen ausgeführt werden muss.

Wenn sich der Mann an eine Mauer lehnt, die Frau die Schlinge ihrer Arme um seinen Hals legt und auf seinen verschränkten Händen sitzt, dabei mit der Schlinge ihrer Schenkel seine Hüfte umschlingt und den Fuß gegen eine Mauer stützt und dabei hin und her schwingt, dann ist das der *hängende Verkehr.*

Wenn die Frau nach Art eines Vierfüßlers auf dem Boden kniet und wie beim Liebesspiels eines Stiers bestiegen wird, so ist das der *Verkehr der Kuh*. Dabei kommt der Rücken in den Genuss der Dinge, die der Brust zustehen.

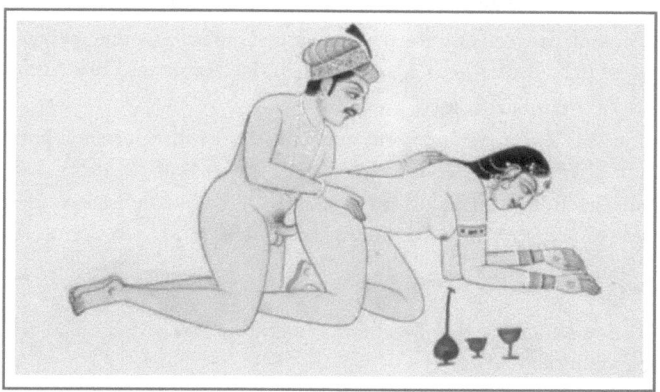

Gemäß dieser Vereinigung mag man den Verkehr eines Hundes, eines Hirsches, einer Ziege, die Annäherung an einen Esel, das Spiel eine Katze, die Bespringung eines Tigers, das Drücken eines Elefanten, die Reibung eines Ebers, die Besteigung eines Pferdes und andere irgendwo einzigartigen und sonderbaren Arten der Vereinigung erkennen.

*

Der vollendete Verkehr mit zwei Frauen, die miteinander in Zuneigung verbunden sind, wird der doppelte (Verkehr) genannt. – Der mit vielen Frauen durchgeführte Verkehr ist der Verkehr einer Kuhherde.

Den Verkehr eines im Wasser lebenden Tieres, einer Ziege und Gazelle führt der aus, der deren Art und Weise nachahmt.

*

In der Gegend Gramanari, Strirajya und Bahilika sind mehrere junge Männer, die im Frauenhaus gleiches Recht genießen, Gatten ein- und derselben Frau. Jene sollen einzeln oder gemeinsam je nach der Natur und der Aufgabe jedes einzelnen die Frau befriedigen.

Der eine soll jene festhalten, ein andrer sich um ihr Gesicht kümmern, ein andrer um ihre Schamgegend, ein andrer um die Mitte ihres Körpers: so mögen sie der Reihe nach und im Wechsel folgen. – Dadurch sind auch eine Dirne, die eine Schar von Männern gebraucht, und der Gatte vornehmer Frauen erklärt.

*

Bei den Bewohnern der südlichen Gegend gibt es den *abwärts gewandten Verkehr*, auch in den After.

Das Verhalten des Mannes beim Verkehr werden wir im Kapitel über den vertauschten Verkehr (Rollentausch) erklären.

*

Hier sind zwei Merksprüche:
Durch die Gewohnheiten der zahmen und wilden Tiere und der Vögel soll der Herzenskundige die Zahl der lustvollen Verbindungen vermehren.

Wenn man jene Arten der Liebe gemäß der Gewohnheit der Frau und des Landes anwendet, dann entstehen bei den Frauen Liebe, Leidenschaft und Achtung.

Die Stellungen im Bild
1. A Tergo (Von Hinten)

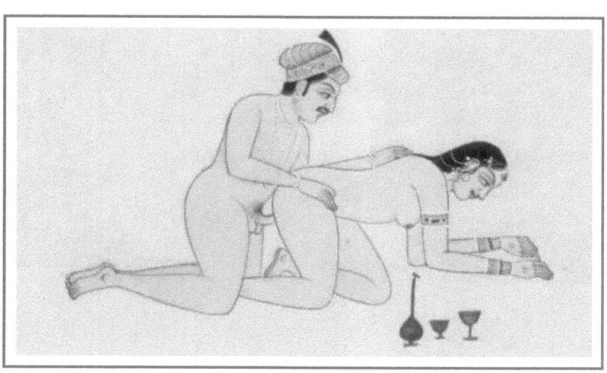

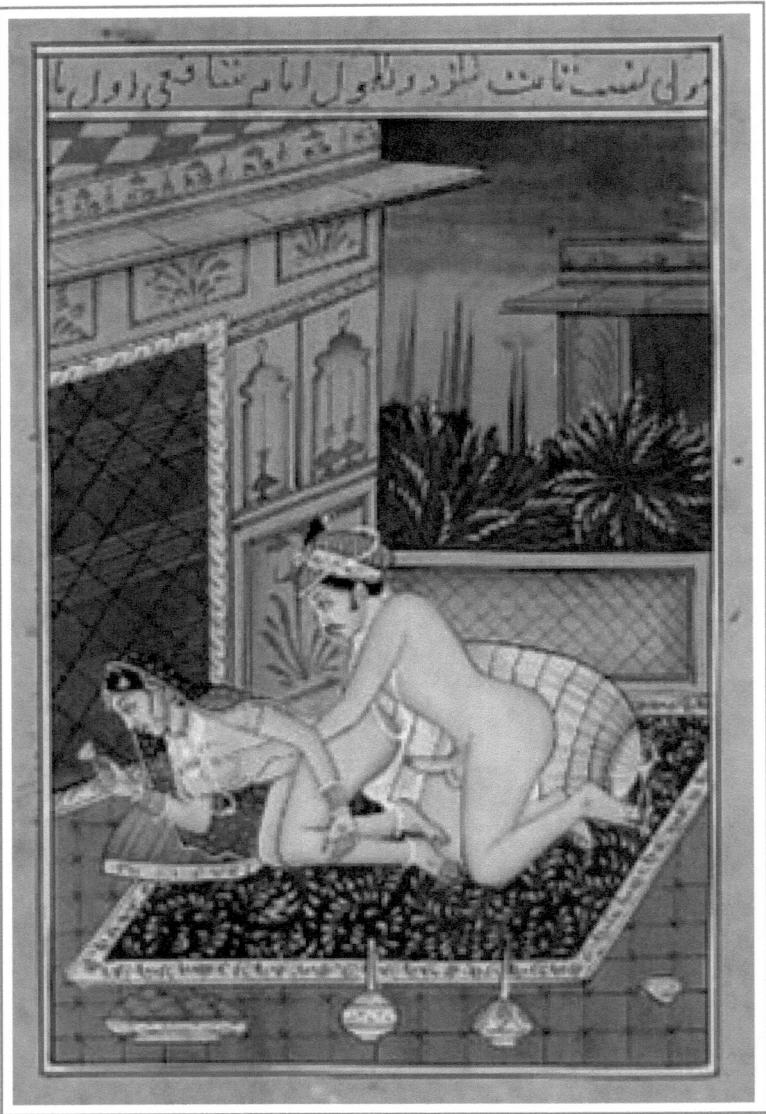

2. Frau & Mann zugewandt, sitzend, liegend

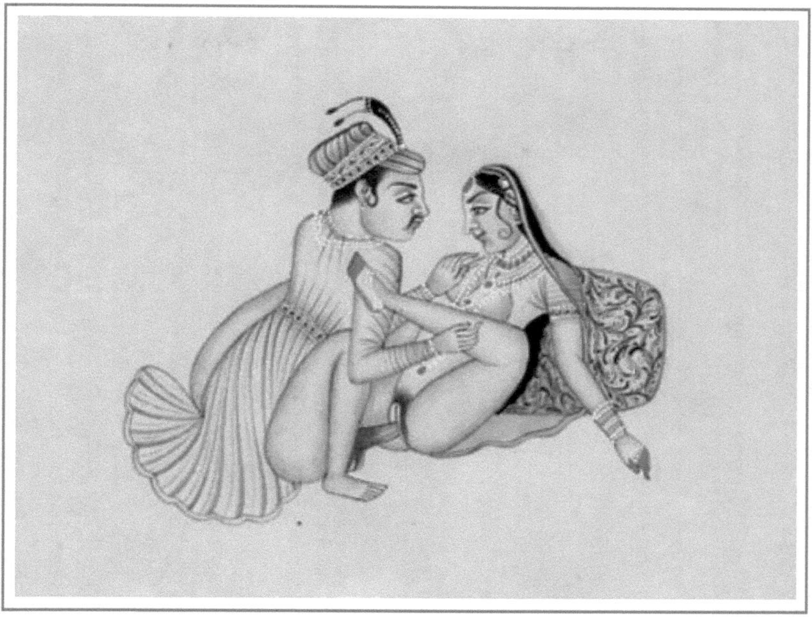

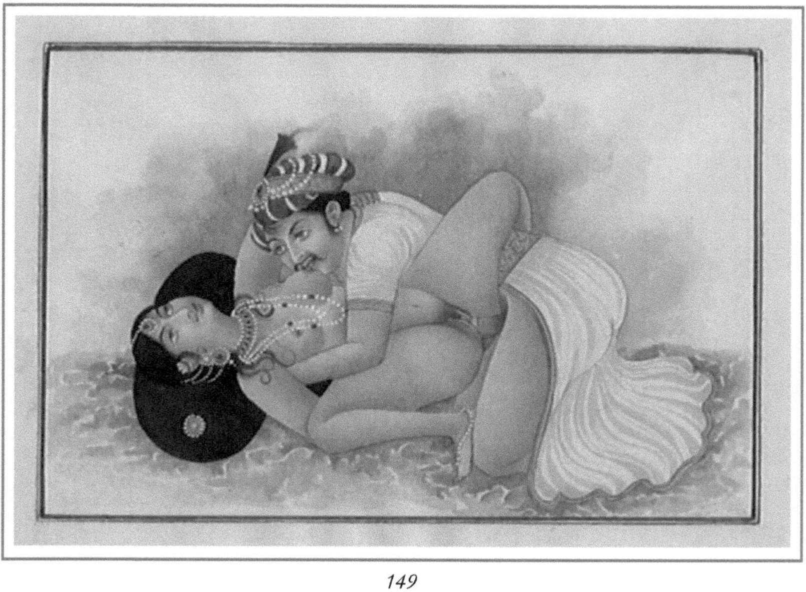

3. Frau angehoben oder oben sitzend

4. Stehend

S. Fellatio

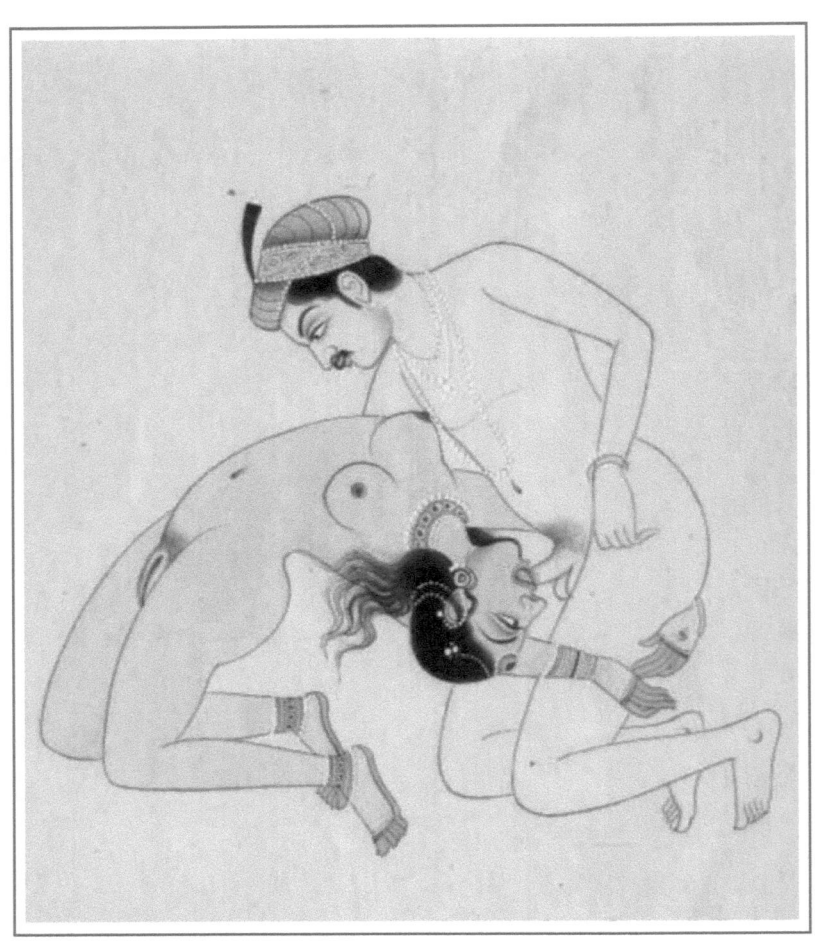

6. Gruppe

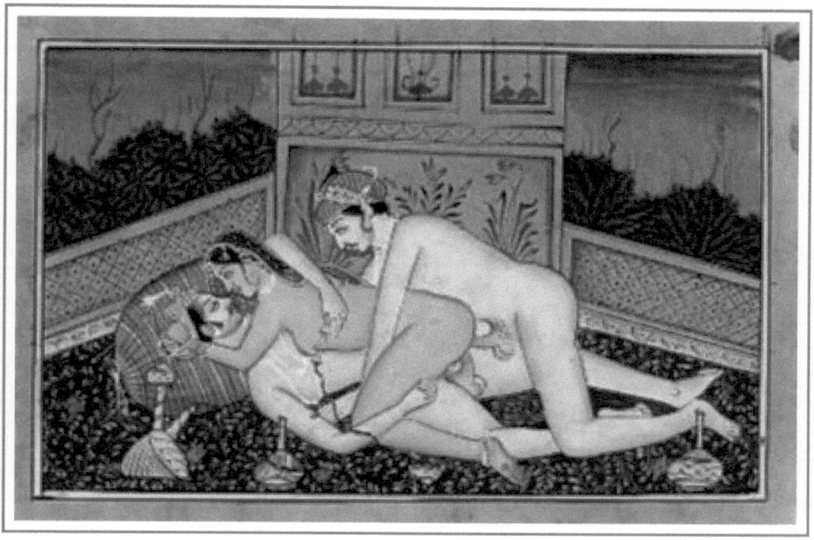

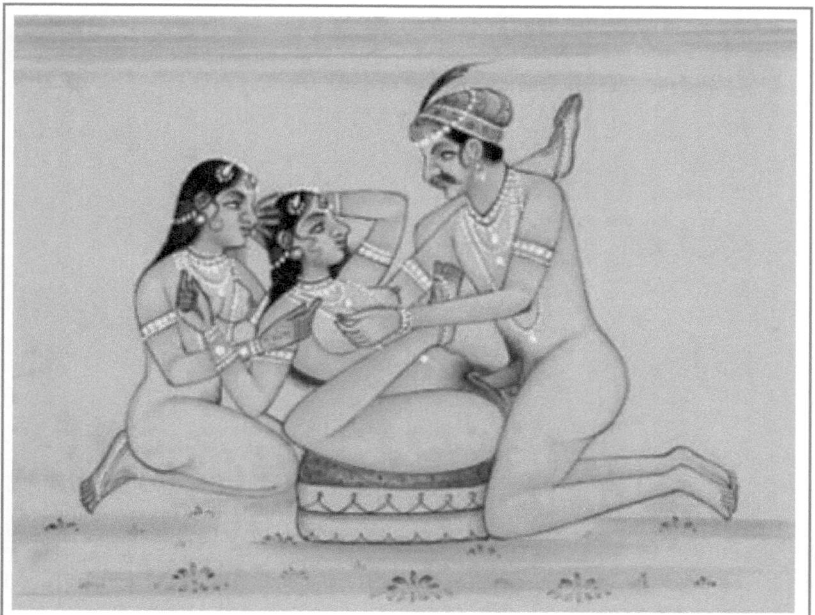

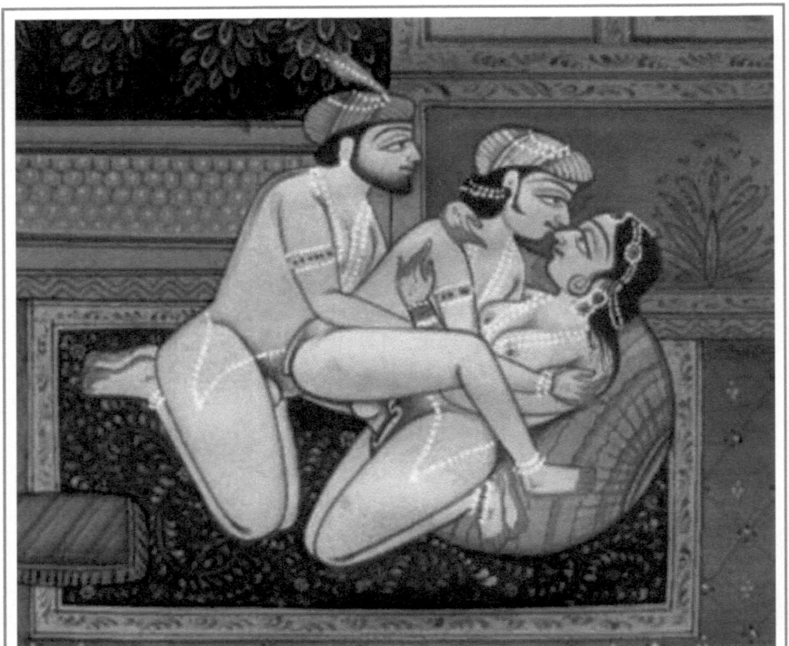

Dritter Teil - Besonderheiten

§ 15 und § 16 - Die Anwendung von Schlägen und die Ausführung des dabei gebräuchlichen sīt-Machens

NACHDEM DIE FRAU sich so niedergelegt hat, bilden bei der Vereinigung der Zeugungsglieder die Schläge die Hauptsache; und da das *sīt*-Machen infolge der Schläge entsteht, sobald diese ausgeführt werden, so wird hier das Verfahren bei dem dabei gebräuchlichen *sīt*-Machen *[Ausstoßen des Lautes »sīt«]* angefügt. So ergeben sich in diesem Kapitel zwei Paragraphen. – Die Reihenfolge wird erwähnt, um anzudeuten, dass (erst) die Anwendung der Schläge erfolgt.

Schläge erzeugen Hass: wie können sie also dem Liebesgenusse förderlich sein? Darauf antwortet (der Verfasser):

Man sagt, der Liebesgenuss sei eine Art Streit, indem die Liebe ihrem Wesen nach ein Streiten und von schlechtem Charakter ist.

»Eine Art Streit«, d. h. einem Streite ähnlich. Wieso? Darauf entgegnet (der Verfasser): »Indem die Liebe ihrem Wesen nach ein Streiten ist«: ihr Wesen beruht im Streiten, da sie behufs Erreichung des Zieles von Mann und Frau unter gegenseitigem Überwältigen zur Ausführung kommt. »Und von schlechtem Charakter ist«, indem die Liebe von Natur feindselig ist. Wenn auch die Liebe aus sehr zarten Anfängen ihren Ursprung herleitet, so geht sie doch im Koitus erbarmungslos zu Werke. So heißt es (im Kirātārjunīyam IX, 49): »Mit Nägelmalen sind die Umarmungen erwünscht, die Küsse mit dichten Zahnwunden: die Liebe, die ihren Ruhm durch den Vorzug der Zartheit erwarb, ist doch bei dem Koitus hart.« Hierbei steht das Wort ›doch‹ an der unrechten Stelle: es muss heißen: Die Liebe, die doch ihren Ruhm durch den Vorzug der Zartheit erwarb, ist bei dem Koitus hart. – Das Wesen der Liebe ist in ihrem Auftreten je nach Ursache und Wirkung von zweierlei Art: die eine ist gekennzeichnet durch das Verlangen nach der geschlechtlichen Vereinigung, die andere durch die Samenergießung.

Darum ist das Schlagen ein Teil desselben. Schultern, Kopf, Zwischenraum zwischen den Brüsten, Rücken, Schamgegend und Seiten sind die Stellen.

»Desselben«, des Liebesgenusses. »Das Schlagen ist ein Teil desselben«, ein Zubehör. – »Die Stellen«, für die Schläge.

Diese sind von viererlei Art: mit dem Handrücken, mit der ausgestreckten hohlen Hand, der Faust und der flachen Hand.

»Diese«, die Schläge, Stöße, »sind von viererlei Art«, da die Arten des Schlagens, mit dem Handrücken usw. vierfach sind. Schlag, mit dem Handrücken usw., weil damit eine Stelle geschlagen wird ... Darunter ist der »mit dem Handrücken«, der Rücken der Hand, wobei die Finger ausgestreckt sind. Den Schlag »mit der ausgestreckten hohlen Hand« wird (der Verfasser) noch beschreiben; der Schlag »mit der Faust ist bekannt; der Schlag ›mit der flachen Hand‹ ist der wobei die Handflächen unbewegt sind: er ist bekannt unter dem Namen mustakā.

Dass der andere Paragraph mit dem über die Schläge verschmolzen ist, zeigt (der Verfasser), indem er sagt:

Daraus entstehend ist das sīt-Machen*, indem es einem Schmerze entspricht. Dieses ist vielgestaltig. [*Ausstoßen des Lautes ›sīt‹]

»Daraus entstehend«, weil es auf das Schlagen erfolgt. Woher das? Darauf antwortet (der Verfasser): »Indem es einem Schmerze entspricht«. Da das sīt-Machen aus dem Schmerze entsteht, so heißt es ›diesem entsprechend‹. Wie unter dem Verhältnis von Ursache und Wirkung bei dem Schmerze infolge des Schlages sīt geschrien wird, so ist hier von den alten Meistern der artikulierte Laut, der den Schmerz ausdrücken soll, gleichsam ein sīt-Machen, mit diesem Worte bezeichnet worden; nicht aber ist das sīt-Machen bloß dieses: was (der Verfasser) mit den Worten sagt: »Dieses«: das sīt-Machen, »ist vielgestaltig«, je nach der Unterscheidung in den Laut hin usw.

Dazu die Schreie gibt acht.

»Die Schreie«, das unter diesem Gesamtbegriffe Zusammengefasste und in dem Paragraphen über das sīt-Machen Behandelte, welches seinem Wesen nach in Lauten besteht. Diese finden Anwendung bei Schlägen, da sie aus der Wollust entstehen, und auch da, wo keine Schläge stattfinden, da sie reizend sind. Das sīt-Machen aber erfolgt nur bei Schlägen; das ist der Unterschied.

Der Laut ›him‹; Donnern; Girren; Weinen; die Laute sūt, dūt und phūt.

Hierunter ist »der Laut him« der, welcher in dem nasaliert gesprochenen Worte ›hi‹ besteht: aus Kehle und Nase aufsteigend entsteht dieser sanfte Laut. »Donnern«, ein tiefer Ton wie der der Gewitterwolke. Dieser wird durch den gutturalen Ton ham hervorgebracht. »Weinen« ist bekannt; dieses soll herzerfreuend sein. »Der Laut sūt«, sūt-Machen ist ein anderer Name für Seufzer. Die Beschreibung des Girrens und der Laute dūt und phūt wird (der Verfasser) noch angeben. – Diese sieben bestehen aus undeutlichen Lauten.

Auch Worte, die ›Mutter‹, ein Verbot, ein Loslassen und ein ›genug‹ bedeuten; und diese und jene (andere), soweit sie einen ähnlichen Sinn haben.

Hierbei sind »die Worte, die ›Mutter‹ bedeuten« Mama, Mutter usw.; »die ein Verbot ausdrücken«: ›komm mir nicht zu nahe‹ usw.; »die ›genug!‹ ausdrücken«: »lass es damit genug sein!« usw.; »die ein Loslassen ausdrücken«: ›Lass! Lass los!‹ usw. – »Und diese und jene (andere), soweit sie einen ähnlichen Sinn haben: auch noch anderer, die einen Schmerz ausdrücken: ›Ich bin tot!‹ – Hilfe!« usw.

Die Schreie der Turteltaube, des indischen Kuckucks, der Columba Hariola, des Papageien, der Biene, des dātyūha-Huhnes, der Gans, der Ente und des Reihers wende man verschiedentlich an als ganz besondere Arten des sīt-Machens.

»Die Schreie der Turteltaube«, gleichsam die Stimme der Turteltaube usw. – »Dātyūha-Huhn«, welches unter dem Namen dāūk bekannt ist. – »Ganz besondere Arten des sīt-Machens«, Abarten desselben. – Der Sinn ist: da das sīt-Machen zur Zeit des Schlagens die Hauptsache ist, so wende man es dazwischen an. Das sīt-Machen dürfte reizend sein, wenn es mit noch anderen Lauten verbunden ist; wie ein Gesang, der sich aus einzelnen Teilen zusammensetzt. – Auch hierbei »verschiedentlich«, bald die eine Art, bald die andere, d. h. jede einzeln.

Nun gibt (der Verfasser) beides an, an welcher Stelle und bei welcher Gelegenheit die Schläge und das sīt-Machen stattfinden:

Wenn sie auf dem Schoße sitzt, dann gibt es mit der Faust Schläge auf ihren Rücken.

»Wenn sie auf dem Schoße sitzt«, auf dem Schoße des Liebhabers, »dann gibt es mit der Faust Schläge auf ihren Rücken«: mit nichts anderem, da es nicht angemessen ist.

Dabei lasse sie gleichsam unwillig den Laut des Donnerns, Weinens und Girrens hören und teile einen Gegenschlag aus.

»Dabei«, bei dem Schlage mit der Faust, »lasse sie gleichsam unwillig«, als könne sie den Schlag nicht ertragen, als ausführender Teil, um ihren Schmerz auszudrücken, »den Laut des Donnerns, Girrens und Weinens hören«, weil sie diesem Schlage entsprechen; »und teile einen Gegenschlag aus«, ebenfalls mit der Faust auf seinen Rücken.

Wenn sie mit dem Penis versehen worden ist, schlage er sie mit dem Handrücken zwischen die Brüste.

»Wenn sie mit dem Penis versehen worden ist«, mit dem Gesichte nach oben liegt, »schlage er sie mit dem Handrücken zwischen die Brüste«, auf den Raum zwischen den Brüsten; nicht mit den anderen Schlagarten, da diese hier nicht angemessen sind.

Langsam beginnend, unter Steigerung der Leidenschaft bis zum Höhepunkte.

»Langsam beginnend, unter Steigerung der Leidenschaft« das ist adverbieller Ausdruck. Am Anfang geschieht das Schlagen in langsamer Weise, dann, wie die Leidenschaft wächst, so nimmt es auch zu. Das ist der Sinn. »Bis zum Höhepunkte«, bis zur Sättigung. In dem Raume zwischen den Brüsten befindet sich nämlich das Herz, ein Sitz der Leidenschaft. Die Frauen haben nämlich drei Stätten der Leidenschaft: Kopf, Scham und Herz: wenn diese geschlagen werden, wird selbst eine Langsame und Feurige ihre leidenschaftliche Erregung los.

Hierbei findet gerade zu dieser Zeit die unbeschränkte, eifrige und mannigfaltige Anwendung des Lautes him und der übrigen statt.

»Hierbei«, bei dem Schlage mit dem Handrücken. »Des Lautes him und der übrigen«, sieben. – »Unbeschränkt«: da das Herz sanft geschlagen wird, so sind hier alle möglich, die ein Unbehagen ausdrücken. »Mannigfaltigkeit«: zart, mittel und übermäßig. »Eifrig«, in immerwährender Wiederholung. »Gerade zu dieser Zeit eben«: zur Zeit des Schlagens mit dem Handrücken: ist dieses vollbracht, dann ist die Zeit nicht mehr dieselbe.

Das Schlagen mit der Hand, deren Finger etwas gebogen sind, auf den Kopf der Widerstrebenden unter dem Laute phūt ist das Schlagen mit der ausgestreckten hohlen Hand.

»Deren Finger etwas gebogen sind«, d. h. in der Gestalt einer Schlangenhaube. »Der Widerstrebenden«: wenn sie an dem Schlagen mit dem Handrücken kein Gefallen findet und das Verlangen nach einem anderen Schlage zeigt, dann ist auf ihrem Kopfe, der ersten Stätte der Leidenschaft, ein anderer Schlag, mit der diesem entsprechenden ausgestreckten hohlen Hand, auszuführen, ›langsam beginnend, unter Steigerung der Leidenschaft bis zum Höhepunkte‹. »Unter dem Laute phūt« um die Leidenschaft zu entflammen.

Hierbei finde vermittelst des Innenmundes das Girren und das phūt-Machen statt.

»Hierbei«, bei dem Schlage mit der ausgestreckten hohlen Hand, »finde das Girren und das phūt-Machen statt«, seitens der Liebhaberin. Auf welche Weise? Darauf antwortet (der Verfasser): »Vermittelst des Innenmundes«: die

Gegend im Munde ist der Innenmund: dort findet das Girren statt, und zwar mit geschlossener Kehle. Die Bezeichnung Girren deutet einen undeutlichen Laut an. Wenn es mit geöffneter Kehle und der Zungenwurzel hervorgebracht wird, dann entsteht das phūt-Machen. Was dies nachahmt, sagt (der Verfasser) weiter unten: gleichsam den Laut einer in das Wasser fallenden Brustbeere.

Am Ende des Liebesgenusses Seufzen und Weinen. Das dūt-Machen ahmt den Laut gleichsam von berstendem Bambusrohre nach.

»Am Ende des Liebesgenusses Seufzen und Weinen«, weil dann der Stoff erschöpft und Ermattung eingetreten ist. Seufzen und Weinen ist mit lieblicher Stimme auszuführen. – Das Nachahmen des Lautes »gleichsam von Bambusrohr«, welches unter den Fingern eines Mannes an einer Knotenstelle »berstet«, ist das dūt-Machen.

Das phūt-Machen ist die Nachahmung des Lautes wie von einer in das Wasser fallenden Brustbeere.

Es wird zustande gebracht durch das Festdrücken des oberen Teiles der Zungenspitze an den Vordergaumen. »Wie von einer Brustbeere«, bedeutet elliptisch irgend einen kugelrunden Gegenstand. »Einer fallenden«. Es findet die Nachahmung eines Lautes statt. Was dieses Merkmal besitzt, den Klang des Geräusches zur Zeit des Fallens kleiner Kiesel in das Wasser.

Überall soll die mit Küssen usw. Bedachte unter sīt-Machen auf eben die Weise Vergeltung üben.

»Die mit Küssen usw. Bedachte«, von dem Manne unter Küssen, Nägel- und Zahnwunden Umworbene soll »unter sīt-Machen auf eben diese Weise Vergeltung üben«, auf die sie mit einem unter den Küssen usw. angegangen wird; d. h. sie soll auf eben diese Weise, mit dem Laute him usw., vergelten. Damit erinnert (der Verfasser) an den Spruch: »Eine Tat vergelte man mit einer Tat«.

Bei dem eifrigen Austeilen von Schlägen infolge der Leidenschaft werden Worte, die ein Verbot, ein Loslassen, genug und Mutter bedeuten, und Schreie ausgestoßen, vermischt mit von erstickten Seufzern und Weinen begleitetem Donnern. Zur Zeit des Aufhörens des Liebesgenusses findet das Schlagen der Schamgegend und der Seiten statt, außerordentlich schnell bis zum Abschlusse.

»Bei dem eifrigen Austeilen von Schlägen infolge der Leidenschaft«: wenn im Übermaße der Leidenschaft der Liebhaber in fortwährender Wiederholung Schläge austeilt, dann ist die Anwendung von »Worten, die ein Verbot bedeuten«, angemessen. Welcher Art ist dieselbe? Darauf antwortet (der Verfasser): »Begleitet von«; d. h. mit Donnern begleitet, welches unter abgebrochenem Seufzen und Weinen vor sich geht. Ebenso ist auch die Anwen-

dung der Schreie der Turteltaube, usw. – »Zur Zeit des Aufhörens des Liebesgenusses«: wenn man an dem Penis merkt, dass die Wollust auf dem
Höhepunkte ist, findet an der Schamgegend, der dritten Stätte der Liebeslust,
und an den beiden Seiten, unterhalb der Achseln, das Schlagen statt; mit der
flachen Hand, ist zu ergänzen. Andere lesen: »Vermittelst des Schlages mit der
flachen Hand«. »Außerordentlich schnell …«; bei dem Schlagen nämlich kehrt
die in Gang gekommene Liebeslust wieder zurück.

Hierbei finde eilig das Schreien nach Art des Reihers und der Gans statt. – Soweit die
Anwendung der Schreie und der Schläge.

»Hierbei«, bei dem Schlagen mit der flachen Hand finde ein »Schreien«, Aus-
stoßen eines Lautes, nach Art des Reihers und der Gans statt, weil es sanft
und zart ist; und zwar »eilig«, da das Schlagen (auch) eilig ausgeführt wird. –
»Anwendung der Schreie und Schläge«: somit ist die Anwendung des im sīt-
Machen und in dem Schreien bestehenden Ausstoßens von Lauten und der
Schläge abgehandelt worden.

Welcher Ruhm ist nun mit dem sīt-Machen und Schlagen von Mann und
Frau verknüpft und für wen? Darauf antwortet (der Verfasser):

Hier gibt es zwei Strophen:

Rauheit und Ungestüm nennt man die Zierde des Mannes, Unfähigkeit, Schmerz-
empfindung, Sichabwenden und Schwäche die der Frau.

Bisweilen finde in der Leidenschaft und der Praxis entsprechend auch ein Tausch statt:
aber nicht lange; und bei Beendigung desselben finde wieder die Beachtung des natürlichen
Verhältnisses statt.

»Rauheit«, Festigkeit des Geistes und des Leibes. »Ungestüm«, Handeln ohne
Überlegung und mit Frechheit. Dies Beides ist »die Zierde des Mannes«, d. h.
seine Art. Unter deren Anwendung führt der Mann seine Schläge aus. –
»Unfähigkeit«, die Unmöglichkeit, zu schlagen. Infolge der Zartheit der Hände
»Schmerzempfindung«, Qualen. »Sichabwenden« der Schlagenden. Wenn die
Frau von dem Manne zum Schlagen aufgefordert wird, zeigt sich bei ihr
»Schwäche«, völlige Erschöpfung, indem sie nur wenig ausrichten kann. Das
ist die Art der Frauen, indem es ihnen so angemessen ist: kein Schlagen, wohl
aber das daraus entstehende sīt-Machen. So sind also sīt-Machen und
Schlagen je nach dem Objekte anders bestimmt.

»Bisweilen«, nicht durchgehends, finde bei dem Koitus ein »Tausch« statt.
(Der Verfasser) gibt den Grund dafür an: »In der Leidenschaft und der Praxis
entsprechend«: in der übermäßigen Aufwallung der Leidenschaft und je nach
dem Gebrauche des Landes lässt die Frau von ihrer Art und teilt, die Eigenart

des Mannes annehmend, Schläge aus, während dann der Mann, weil die Frau die Schläge ausführt, seine Art aufgibt, ihre Art annimmt und den Laut sīt und die übrigen Schreie ausstoßen soll. Dies jedoch »nicht lange«. Nur eine gewisse kleine Spanne Zeit daure der Tausch. Was folgt dann? Darauf antwortet (der Verfasser): »Bei Beendigung desselben«, am Ende dieses Tausches »finde wieder die Beachtung des natürlichen Verhältnisses statt«: d. h. so dass dann Mann und Frau nach ihrer Eigenart handeln. So währt die Anwendung des Tauschens und des natürlichen Wesens bis zum Abschlusse. Wo aber kein der Leidenschaft und einer besonderen Sitte entsprechendes Handeln stattfindet, da gilt die alte Regel, indem dann kein Tausch zur Anwendung kommt.

Das Schlagen ist in vierfacher Weise behandelt worden: wie es zu einem achtfachen wird, zeigt (der Verfasser), indem er sagt:

Den Keil auf der Brust, die Schere an dem Kopfe, die Nadel an den Wangen und die Zange an den Brüsten und den Seiten: so wird mit den vorigen zusammen die Zahl der Schläge achtfach bei den Bewohnern des Südens. Bei den jungen Frauen derselben sieht man an der Brust die Keile und ihre Wirkung. Das ist eine lokale Gepflogenheit.

»Den Keil auf der Brust«. Hierbei ist der »Keil« die Faust, wobei der Zeige- und Mittelfinger nach außen mit der Rückseite stehen, und der Daumen daran gesetzt wird. Damit findet ein Schlagen nach unten gerichtet statt. »Die Schere« ist zweifach, je nachdem die Finger ausgestreckt oder gekrümmt sind. Hierbei ist die Schere mit gekrümmten Fingern von zweierlei Art: mit einer Hand dargestellt ist es die schöne Schere, sind beide Hände vereinigt, so ist es die Zwillingsschere. Wenn der gekrümmte Zeigefinger auf die Spitze des Daumens gesetzt wird, dessen Glieder gekrümmt sind, so ergibt sich die tönende Schere, die bei der Anwendung, infolge der Schlaffheit der Finger, unermessliche Töne von sich gibt. Bei einigen heißt sie »Lotusblatt«. Mit beiden schlägt man vermittelst der Spitze des kleinen Fingers den Kopf.

Die geballte Faust, bei der man zwischen dem Zeige- und dem Mittelfinger oder zwischen dem Mittel- und Ringfinger den Daumen herausstreckt, gibt »die Nadel«. Mit dieser, in der Gestalt des Daumens, sticht, schlägt man die Wangen. Die Faust bildet »die Zange« vermittelst zangenartigen Zufassens mit dem Zeigefinger und Daumen oder dem Zeige-und Mittelfinger. Damit findet an den Brüsten und den Seiten unter Quetschen ein Ausreißen des Fleisches als Schlagen statt. – »Mit dem vorigen zusammen«, dem Schlagen mit dem Handrücken usw. »Achtfach bei den Bewohnern des Südens«; bei den Meistern jedoch nur vierfach. – (Der Verfasser) beweist es durch den Augenschein, indem er sagt: »Die Keile«. »Bei den jungen Frauen derselben«, den Schönen der Südländer. »An der Brust« ist eine elliptische Bezeichnung: an der Brust sieht man die Wirkung des Keiles; am Kopfe, der Scheitelspitze, die Wirkung der Schere; an den Wangen die der Nadel. – »Das ist eine lokale Gepflogenheit«, indem ein solches in der Leidenschaft beigebrachtes Mal, auch wenn es Entstellung hervorruft, dort gerühmt wird.

Derlei ist anderswo nicht anzuwenden: so sagt (der Verfasser):

Das ist bösartig, barbarisches Treiben und verwerflich, sagt Vātsyāyana.

»Bösartig«, bringt Unheil; da es eine erbarmungslose Handlung ist; »barbarisches Treiben«, nicht das Benehmen Trefflicher; (und) »verwerflich«, nicht zu billigen, da es Sünde mit sich bringt.

So soll man auch anderes, was nach der Sitte eines Landes angewendet wird, anderswo nicht anwenden.

»So soll man auch anderes«, das Schlagen mit Steinen usw., »was nach der Sitte eines Landes angewendet wird«, von den Südländern, »nicht anwenden«

Etwas aber, was Gefahr bringt, soll man auch dort meiden.

»Etwas, was Gefahr bringt«, was Gebrechen und Lebensgefahr verursacht, »soll man auch dort meiden«, wo es auch immer im Gebrauche ist. Diese Gefahr zeigt (der Verfasser), wenn er sagt:

Bei der Lustvereinigung tötete der König von Cola mit dem Keile die Hetäre Citrasenā.

»Bei der Lustvereinigung«, einer Vereinigung, die zum Zwecke den Koitus hatte: bei der fleischlichen Vereinigung. »Der König von Cola«, der König im Lande Cola. Von diesem nämlich wurde zu Beginn des Beischlafes die Hetäre Citrasenā so fest umarmt, dass sie bei ihrer Zartheit körperliche Schmerzen empfand. Wiewohl er nun ihren Zustand erkannte, tötete er die zart zu Behandelnde in der Blindheit der Leidenschaft mit einem Keile, den er in ihre Brust trieb, ohne dessen Kraft zu bedenken.

Vermittelst der Schere tötete der Kuntala Sātakarni Sātavāhana die Königin Malayavatī.

»Der Kuntala«, benannt nach dem Lande Kuntala, in dem er geboren war. »Sātakarni«, der Sohn des Satakarna. »Sātavāhana« ist der Name. Als dieser nämlich die Königin Malayavatī, die erst vor kurzem eine Krankheit durchgemacht und ihre Kräfte noch nicht wieder erlangt hatte, am Frühlingsfeste im Schmucke der Kleider sah, erwachte seine Leidenschaft; und als er sie beschlief, wurde sein Geist von der Leidenschaft verdunkelt, so dass er sie mit einem übermäßig schweren Scherenhiebe auf die Brust tötete.

Naradeva, der eine lahme Hand hatte, machte durch einen unglücklich geführten Nadel-hieb eine Tänzerin einäugig.

»Naradeva«, der General des Königs der Pāndya, »der eine lahme Hand hatte«, dessen Hand infolge eines Schwerthiebes gelähmt war. Als dieser nämlich an dem Hofe des Königs eine Tänzerin Citralekhā tanzen sah, erwachte seine Leidenschaft; und bei dem Beischlafe machte er sie, blind vor Leidenschaft, durch einen infolge der Lähmung seiner Hand »unglücklich geführten Nadel-hieb«, der nicht die Wangenfläche, sondern das Auge traf, einäugig. – Der Zangenhieb ist nicht erwähnt, weil dabei seinem Wesen entsprechend keine Gefahr vorhanden ist.

(Der Verfasser) zeigt, auf Grund welcher Beweggründe man Unpassendes vermeidet, indem er sagt:

Hier gibt es einige Verse:

Hierbei gibt es weder irgendein Bedenken noch ein Innehalten des Lehrbuches: wenn es zur Vereinigung in Liebeslust gekommen ist, ist dabei die Leidenschaft allein die treiben-de Kraft.

Der Liebhaber ist nämlich von zweifacher Art: ein Kenner des Inhaltes des Lehrbuches oder das Gegenteil. Da gibt es denn »hierbei«, in der Ausführung der Schläge, für den Kenner des Inhaltes des Lehrbuches von dem Stand-punkte seiner Natur aus kein »Bedenken«: einerlei, ob etwas Gefahr bringt oder nicht, d. h. keine Rücksicht. »Noch ein Innehalten des Lehrbuches«, indem das im Lehrbuche Gesagte nicht ausgeführt wird. Darum ist für ihn, »wenn es zur Vereinigung in Liebeslust gekommen ist, dabei«, bei der Ausführung der Regeln über die Schläge, »die Leidenschaft allein die treibende Kraft«, nicht seine umfangreiche Kenntnis. Allerdings ist für den Kenner des Wesens des Lehrbuches, wenn auch die Leidenschaft die erste treibende Kraft zum Handeln ist, die Kenntnis die zweite. Danach gibt es für einen, der mit Überlegung handelt, beides: Bedenken und Innehalten des Lehrbuches. Darum ist für die Handlungsweise jener beiden die Leidenschaft die treibende Kraft. Hierbei ist nur der Unterschied, dass der eine den Schmuck des Wissens besitzt, der andere dessen ermangelt.

Wenn nun bei beiden die Leidenschaft außerordentlich angewachsen ist, dann gibt es infolgedessen selbst unerhörte und ungesehene Praktiken. Das zeigt (der Verfasser), indem er sagt:

Selbst im Traume sieht man jene Zustände und jene Scherze nicht, die bei den Unterhal-tungen des Liebesgenusses den Augenblick zur Anwendung kommen.

»Selbst im Traume«, der doch dazu angetan ist, die unmöglichsten Dinge zur Erscheinung zu bringen. »Zustände«, das scherzende Treiben der Geliebten. – »Die bei den Unterhaltungen des Liebesgenusses«, dem gegenseitigen Küssen, Aufsuchen und ähnlichen Beschäftigungen, diesen Augenblick geschaffen werden, zu der Zeit zur Anwendung kommen: d. h. nicht im Lehrbuche stehen.

Hier entstehen diese dem einen, da er mit dem Schmucke des Wissens versehen ist, aus der Erzeugung der Leidenschaft; dem andern, da er des Wissens ermangelt, werden sie verderblich. Darum sieht dieser Wissensarme, der gemäß seiner außerordentlich angewachsenen Leidenschaft zu Werke geht, das Verderben nicht. Das zeigt (der Verfasser) in einem Gleichnisse, indem er sagt:

Wie nämlich ein Pferd auf seinem Wege, wenn es in die fünfte Gangart verfallen ist, blind vor Eile weder Pfosten noch Löcher noch Höhlen sieht, so handeln auch die beiden vor Leidenschaft blinden, feurigen Liebenden in dem Wollustkampfe und beachten keine Gefahr.

Als die fünf Gangarten des Pferdes werden in der Turagaśikṣā genannt: Schritt, Sprung, Trab, Galopp und Karriere. Hier also, »wenn es in die fünfte Gangart verfallen ist«, namens Karriere, die vorzüglichste; d. h. wenn es sich darin befindet. In diesem Zustande nämlich besitzt das Pferd die Schnelligkeit des Windes. »Löcher«, von Menschenhand gefertigte Gruben; »Höhlen«, von den Göttern hergestellte. »So«: dies bildet die Verbindung mit dem Verglichenen. »In dem Wollustkampfe«, dem überaus heftigen. »Die beiden Liebenden«, Mann und Frau ...

Weil infolge mangels an Wissen Ungehöriges zutage tritt, so muss man mit ganz besonderem Wissen zu Werke gehen. Das zeigt (der Verfasser), indem er sagt:

Darum gebrauche der Kenner des Lehrbuches die Mittel so, nachdem er die Zartheit, Feurigkeit und Kraft der Jungfrau sowie seine eigene Kraft kennen gelernt hat.

»Zartheit, Feurigkeit«, d. h. mattes und feuriges Temperament. »Kraft«, Lebensmut. Sowie seine eigene Zartheit oder Feurigkeit: so ist ebenfalls zu beziehen. »So«, in zarter usw. Weise, »gebrauche der Kenner des Lehrbuches die Mittel«. Was für ein Unterschied wäre sonst zwischen einem Kenner des Lehrbuches und einem anderen? (Der Verfasser) sagt auch später (370/71, nicht genau zitiert): »Wer das Wesen dieses Lehrbuches kennt, handelt nicht aus blinder Leidenschaft.«

Bei der Ausführung der Mittel je nach zarter usw. Weise sollen wohl alle überall und bei allen Weibern gelten? – Dazu sagt (der Verfasser):

Nicht überall und nicht bei allen Frauen gelten die zum Liebesgenusse gehörigen Ausführungen: nach Ort, Land und Zeit findet ihre Anwendung statt.

»Nicht überall«; hierbei zunächst die Anwendung »nach dem Orte«: z. B. der Schlag mit dem Handrücken gehört auf den Raum zwischen den Brüsten, der Schlag mit der ausgestreckten hohlen Hand auf den Kopf; usw. – »Nach dem Lande«, d. h. der Gegend, wo der Gebrauch herrscht; z. B. bei einer Frau von Mālava gilt das Schlagen, bei einer Frau von Abhīra der Mundkoitus, usw. – Bei einer Frau, bei der der Penis eingeführt ist, gilt der Schlag mit dem Handrücken, bei einer, die auf dem Schoße sitzt, der Schlag mit der Faust: das ist die Anwendung »je nach der Zeit«.

§ 17 und § 18 – Vertauschter Verkehr (Rollentausch) & Gewohnheiten des Mannes beim Verkehr

WENN DIE FRAU MERKT, dass der Liebhaber durch ständige Tätigkeit körperliche Ermüdung, aber noch kein Nachlassen der Lust erreicht hat, dann lege sie ihn mit seiner Einwilligung nach unten und helfe ihm durch den umgekehrten Verkehr. Entweder tue sie das von sich aus, weil sie danach strebt, etwas Besonderes zu tun, oder wegen der Neugier des Liebhabers.

Wenn sie dabei von einem anderen, der den Penis eingeführt hat, emporgehoben wird, lege sie diesen nach unten; so wird der Verkehr ohne Unterbrechung der Lust zu Ende geführt, wie er begonnen wurde. Dies ist die erste Art und Weise. Die zweite, wenn die Frau von Anfang an, sobald sie erneut begonnen hat, so handelt.

Sie flechte Blumen ins Haar und lache, unterbrochen vom Seufzen, drücke seine Brust mit ihren Brüsten, um sein Angesicht so zu bedecken, neige immer wieder ihr Haupt hinab und ahme jene Handlungen nach, die er selbst vorher gezeigt hat. ›Selbst besiegt werde ich dich bezwingen‹ spreche sie lachend, drohend, schlagend; dann zeige sie Scham, Ermüdung und den Wunsch aufzuhören; sie führe aber den Verkehr zu Ende gemäß den Gewohnheiten des Mannes beim Verkehr.

Diese werden wir erklären:

Der Mann löse das Untergewand der auf dem Bett liegenden Frau, deren Sinn durch seine Reden gleichsam abgelenkt wurde. Wenn sie zurückweisend ist, verwirre er sie durch einen Kuss auf die Wange. Mit seinem aufgerichteten Glied berühre er sie da und dort. Wenn er zum ersten Mal mit ihr zusammen ist, berühre er einen Teil innerhalb der eng zusammengepressten Schenkel; wenn sie noch Jungfrau ist, (berühre er) die eng zusammengpressten Brüste, die Hände, Achseln und den Hals; wenn sie eine draufgängerische Frau ist, (handle er) nach der Sitte und Situation. Um sie zu küssen, greife er mit gekrümmten Fingern in ihre Haare und an das Kinn. Dabei zeigt sie Scham-gefühl und schließt die Augen: beim ersten Zusammensein, wenn sie noch Jungfrau ist.

Beim Geschlechtsverkehr werde die Frau naturgemäß so durchleuchtet (erforscht), dass herausgefunden wird, wie sie Befriedigung erreicht.

Wohin sie ihr Auge richtet, während sie nach dem Eindringen des Gliedes bedient wird, dort werde sie gedrückt. Das ist das Geheimnis bei Jungfrauen, sagt Suvarnanabhus.

Das Erschlaffen der Glieder, das Schließen der Augen, das Schwinden der Scham, die dichteste sexuelle Vereinigung: sind Zeichen der Lust bei den Frauen.

Sie schüttelt die Hände, ist traurig, beißt, lässt den Mann nicht los, stößt mit dem Fuß und übertrifft am Ende des Verkehrs den Mann.

Bevor das Glied eingeführt wird, errege er mit der Hand ihre Scheide wie ein Elefant, bis sie feucht wird; dann führe er das Glied ein.

Einfaches Eindringen, Rühren, Dolch, Reibung, Drücken, Windstoß, Eberstoß, Stierstoß, Sperlingsspiel, Schale: das sind beim Verkehr die Gewohnheiten das Mannes. Die allgemein übliche und richtige Vereinigung ist das Eindringen. Wenn das Glied mit der Hand überall herumgeführt wird, ist das das »Rühren«. Wenn die tief liegende Scheide von oben gestoßen wird, ist das der Dolch; das Gleiche umgekehrt und heftig ausgeführt ist die Reibung. Wenn mit dem Glied tief eingedrungen wird und durch Drücken lange Zeit gehalten wird, ist das das Pressen. Wenn das Glied sehr weit herausgezogen wird und seine Leiste schnell (an die Scheide) herangeführt wird, ist das der Windstoß. Wenn nur ein Teil (der Scheide) heftig bearbeitet wird, ist das der ›Eberstoß‹. Wenn dasselbe von beiden Seiten wechselnd geschieht, ist das der ›Stierstoß‹; wenn bei einer Vereinigung zwei-, drei- oder viermal zugestoßen wird so, dass das Glied nicht herausgezogen wird, ist das das ›Sperlingsspiel‹; ›Schale‹ ist jene Handlung, die als Ende der Lust bezeichnet wird.

Diese Arten sollen nach der Gewohnheit der Frau verschieden angewendet werden.

Beim vertauschten Verkehr kommen noch dazu: die Zange, das Rad, die Schaukel.

Wenn sie nach Art einer Pferdefrau das Glied aufnimmt, es heftig zieht und drückt und lange dabei verweilt, ist das die Zange.

Wenn sie nach Einführung des Gliedes wie ein Rad sich dreht, ist dies das Rad, das durch Übung gelernt werden muss.

Dabei muss der eine den Schoß hochheben.

Wenn sie ihr schwingendes Becken in alle Richtungen bewegt, ist das die Schaukel.

Nach Einführung des Gliedes lege man Stirn an Stirn und ruhe so aus.

Aber nach dem Ausruhen dreht sich der Mann wieder um. – Das ist der umgedrehte Verkehr.

Hier sind einige Merksprüche:

Auch wenn die Frau ihre Natur verheimlicht und ihr Gesicht verstellt, eröffnet sie doch, sobald sie obenauf liegt, während der Leidenschaft ihre Beschaffenheit.

Von welcher Natur eine Frau ist und wie gierig sie nach Lust ist, das alles kann aus ihren Gewohnheiten ersehen werden.

Aber bei keiner Frau zur Zeit der Menstruation, bei keiner Wöchnerin, keiner Gazellenfrau, keiner Schwangeren und übermäßig Starken lasse man zu, den umgedrehten Verkehr auszuführen.

§ 19 - Über den Mundverkehr

ZWEIFACH ist die dritte Art, entweder in weiblicher oder männlicher Form.

Hier ahme die mit weiblicher Form ausgestattete Art die Kleidung der Frau nach, ihre Stimme, ihre Natur und Gewohnheit, ihre Zartheit und Furchtsamkeit, ihre Einfachheit und Schwäche sowie ihre Schamhaftigkeit.

In ihrem Munde geschehe das, was gewöhnlich in der Scheide ausgeführt wird; und das nennt man den Mundverkehr.

Daraus kann man ein bewusst entstehendes Vergnügen suchen sowie Gelderwerb; wie eine Dirne kann man seine Lebensweise zeigen. Dies ist die weibliche Art.

Die männliche Art verberge ihr Verlangen und, wenn sie einen Mann gewinnen will, führe sie das Geschäft eines Masseurs aus. Bei der Massage umfasse er gleichsam mit seinen Gliedern die Schenkel des Liebhabers und drücke sie. Bei fortgeschrittener Vertrautheit berühre er die Wurzeln der Schenkel zusammen mit den Geschlechtsteilen. Wenn er sieht, dass dessen Glied sich aufgerichtet hat, errege er es durch Reiben mit der Hand. Er lache dabei und schimpfe ihn gleichsam wegen seiner Zügellosigkeit. Wenn er von einem Mann, obwohl er alle Anzeichen zeigt und er seine widernatürliche Art kennt, nicht aufgefordert wird, beginne er von sich aus. Wenn er aber von dem Mann eingeladen wird, soll er sich sträuben und nur widerwillig sich nähern.

Dabei kann man eine achtfache Art der gemeinsamen Durchführung anwenden: die gemessene Art, der Seitenbiss, die Außenzange, die Innenzange, Kuss, Berührung, Saugen des Mangosaftes, Verschlingen.

Der andere befehle, dass eine andere Art folge und ausgeführt werde; ist diese beendet, die nächste.

Er ergreife mit der Hand den Penis, führe ihn an die Lippen, reibe ihn und führe ihn an den Mund; das ist die gemessene Art.

Wenn er die Eichel in der Hand hält und sie mit den Lippen drückt, ohne die Zähne zu Hilfe zu nehmen, sage er beruhigend »das ist genug«. – Das ist der Seitenbiss.

Weiter aufgefordert, drücke er mit geschlossenen Lippen dessen Eichel und gleichsam einziehend gebe er sie frei. Das ist die Außenzange.

Hier führe er auf Einladung den Penis etwas weiter ein; mit den Lippen die Eichel drückend werfe er sie aus. Das ist die Innenzange.

Wenn der mit der Hand ergriffene Penis wie eine Lippe gepackt wird, ist dies das Küssen.

Wenn bei der Ausführung die Eichel von allen Seiten mit der Zungenspitze berührt und geleckt wird, ist das die Berührung.

Er drücke den mit Lust halbeingeführten Penis immer wieder fest, dann gebe er ihn frei. Das ist das Saugen des Mango-Saftes.

Zur Freude des Mannes verschlinge er den Penis und drücke ihn bis zum Höhepunkt. Das ist das Verschlingen.

Wie es eines jeden Verlangen ist, so wende man Schreie und Schläge an. Das ist der Mundverkehr.

Auch lockere und zügellose Frauen, Sklavinnen und Masseusen tun dies.

Dies aber geschehe nicht, weil es von den Schriften der Guten abweicht und unehrenhaft ist. Wenn du nämlich später den Mund junger Frauen berührst, wirst du wohl Schlimmes ertragen. So lehren es die Autoren.

Für den Verkehr mit einer Dirne ist das keine Sünde, aber aus anderen Gründen ist es zu vermeiden. So lehrt es Vatsayayanus.

Deshalb verbinden sich Völker des Ostens nicht mit solchen Frauen, die den Mundverkehr ausüben.

Die Bewohner von Ahicchatra verkehren nicht mit Dirnen; wenn sie aber doch verkehren, meiden sie deren Arbeit mit dem Mund.

Die Saketer verkehren (so) ohne jedes Bedenken.

Aber die Nagaraker üben nicht von sich aus Mundverkehr.

Die Saurasenier üben ohne jedes Bedenken alles (alle Formen des Verkehrs).

Sie sagen nämlich so: Wer kann der Natur, der Ehrlichkeit, dem Charakter, der Wahrheit, den Worten einer Frau trauen? Von Natur aus nämlich haben sie schlechten Charakter, sind aber dennoch nicht zu verachten. Deshalb muss man sie gemäß der religiösen Schriften für rein halten. So nämlich steht geschrieben:

Das junge Kalb ist rein, solange es Milch gibt; der Hund ist rein, solange er wilde Tiere fängt; der Vogel, solange er Obst frisst; der Mund der Frau, solange sie Geschlechtsverkehr übt.

Weil die Meinungen der rechtschaffenen Männer voneinander abweichen und das Buch religiöser Schriften hier in der Praxis verschieden ist, möge man nach den Gewohnheiten der Gegend und der Natur sowie der Glaubwürdigkeit der Frau handeln. So lehrt Vatsayayanus.

Hier sind einige Merksprüche:

Bei gewissen Männern pflegen junge Sklaven, mit glänzenden Ohrringen behängt, Mundverkehr.

Auf dieselbe Weise erweisen einige vertraute Freunde, die sich um ihr gegenseitiges Wohl sorgen, einer dem anderen diesen wohlwollenden Dienst.

Auf dieselbe Weise tun auch Männer bei Frauen dieses, wobei man wissen muss, dass die Art der Ausführung dieselbe ist wie bei der Durchführung des Küssens eines süßen Mundes.

Wenn aber Mann und Frau mit umgedrehten Körpern gleichzeitig eine den anderen genießt, ist das die Liebe der Krähen.

Deshalb erfreuen sich Dirnen, welche in der Liebe kundige, lebenserfahrene, großzügige (von edler Abstammung) Männer verschmähen, mit einfachen Leuten, Sklaven, Elefantenwärtern und sonstigen.

Weder ein weiser Brahmane noch ein Gefährte und Ratgeber des Königs noch einer, der das Vertrauen der Menschen genießt, lasse Mundverkehr mit sich geschehen.

Nicht der Gewinn, weil es ein Vorteil ist, ist der Grund dieses Liebesgenusses. Man muss wissen, dass das Argument des Vorteils sich auf alle bezieht, der Liebesgenuss aber auf den einzelnen.

In der Medizin sind Geschmack, Wirksamkeit und Folgen sogar des Hundefleisches bekannt: müssen das aber die Weisen verzehren?

Es gibt solche Menschen, bestimmte Gegenden und bestimmte Zeiten, für die bzw. in denen jene Vorschriften sehr nützlich sind.

Nachdem du also die Gegend, die Zeit, den Brauch, Vorteil und dich selbst betrachtet hast, sollst du jenen Vorschriften gehorchen oder nicht.

Da dies (der Mundverkehr) etwas Geheimes ist und die Denkart verschieden ist, wo gibt es also einen, der entscheiden könnte, wer oder wann oder wie man etwas macht?

§ 20 – Anfang und Ende des Liebesgenusses

SO IST DENN die Wollust bis zu dem Mundkoitus einschließlich abgehandelt. Was geschieht nun am Anfange und am Ende des Liebesgenusses? So ergibt sich die Abhandlung über »Anfang und Ende des Liebesgenusses«. Wenn nun auch »der Anfang des Liebesgenusses« eigentlich unmittelbar hinter den Abschnitt über die Arten der Liebe gehört, der über das Ende des Liebesgenusses aber hierher, indem das die Reihenfolge der Ausführung ist, so ist doch erst über die Umarmungen usw. gehandelt worden, weil diese mit der Liebe eng verbunden sind: darauf folgt dann »der Anfang des Liebesgenusses«, der in der Weise eines Miscellaneums alles übrige enthält; und dann, im Zusammenhange damit, »das Ende des Liebesgenusses«.

Mit Bezug auf das erste sagt (der Verfasser):

Der Elegant, umgeben von seinen Freunden und Dienern, bediene in dem mit Blumenspenden versehenen, von Wohlgerüchen durchzogenen Wohnorte der Wollust, dem zurechtgemachten Schlafgemache, die gebadete und geschmückte Frau, die in der rechten Weise getrunken hat, mit freundlichen Worten und dann mit einem Trunke. An ihrer rechten Seite setze er sich nieder; befühle ihren Haarschopf, den Saum des Gewandes, den Gürtel; wegen der zu genießenden Wollust umarme er sie mit dem linken Arme, aber nicht ungestüm. Dann folgt: im Anschluss an die vorhergehenden Gegenstände ein Bedienen mit Worten des Scherzes und der Zuneigung; allgemeine Unterhaltung über geheimnisvolle und zweideutige Dinge; Gesang und Instrumentalmusik mit oder ohne Tanz; Unterhaltungen in den Künsten; dann nochmals ein Anregen vermittels eines Trunkes. Wenn sie in Aufregung geraten ist, Entlassung der übrigen Leute unter Beschenkung mit Blumen,

Salben und Betel. In der Einsamkeit soll er sie dann durch Umarmungen usw., wie beschrieben, freudig erregen. Darauf verschreite er zur Lösung des Untergewandes usw., wie es oben geschildert worden ist. – So ist der Anfang des Liebesgenusses.

»Der Elegant«, einer, der im Leben des Elegants« beschrieben wird, soll bedienen, ist der Zusammenhang. »Umgeben von seinen Freunden«, dem Pīthamarda usw. »und Dienern«, dem Betelträger, dem Mundschenken usw. – »Blumenspenden«, ausgestreute Blumen in Menge. – »Wohnort der Wollust«, eine Stätte, die zum Zwecke der Wollust da ist: das äußere »Schlafgemach«; hier nämlich soll man das Lager aufschlagen. – So ist der Schmuck des Schlafgemaches; der der Frau ist zweifach: Bad und Toilette bildet den Schmuck des Leibes, da der bloße Anblick einer ungeschmückten Frau verpönt ist; dass sie in der rechten Weise getrunken hat, bildet den Schmuck des Geistes: nicht allzu trunken, weil das Verwirrung bewirkt. Man sieht nur, dass sie getrunken hat. – Zuerst bediene er sie »mit freundlichen Worten«, gütigen Reden, mit Fragen nach dem Wohlbefinden usw. »und dann mit einem Trunke«: es werde ein berauschendes Getränk getrunken. Dabei setze er sich an ihrer rechten Seite nieder, so dass er mit der rechten Hand den Becher hält und mit dem linken Arme sie umarmt Dabei findet zuerst »Befühlung«, Berührung des Haarschopfes usw. statt, dann Umarmung mit dem linken Arme. »Aber nicht ungestüm«, damit sie nicht erschreckt wird.

»Im Anschluss an die vorhergehenden Gegenstände«, der vorangegangenen Einleitung entsprechend »ein Bedienen mit Worten« wie: »Erinnerst du dich, Schöne, dass wir da und da miteinander scherzten und uns lieb gewannen?« – »Geheimnisvolle und zweideutige Dinge«: was geheimnisvoll, schwer zu verstehen und zweideutig, bäuerisch (weltbekannt!) ist und in den alten Liedern, Āryā-Strophen usw. enthalten ist, über dies beides findet aus Neugier eine »allgemeine« kurze »Unterhaltung« statt; d. h. ein Erzählen. – »Gesang mit oder ohne Tanz«. Die Kenntnis des Tanzes offenbare er greifbar bei dem Gesange unter Pantomimen mit den Gliedern usw. Es sei also ein Tanz im Sitzen. Die andere zeige sich nur im Gesange. – »Instrumentalmusik«, nachdem er die an einem Haken aufgehängte Laute ergriffen hat; da hierbei andere Musik nicht möglich ist.

»Unterhaltungen in den Künsten«, in den übrigen, Malen usw., um seine Geschicklichkeit darin zu zeigen. – Nachdem er sie so gewonnen, hat, erfolgt »nochmals ein Anregen vermittels eines Trunkes«; ein Aufmuntern. – »Wenn sie in Aufregung geraten ist«, durch die genannten Ausführungen, dann folgt der Kniff der Entlassung unter Betelspenden. »Die übrigen Leute«, Freunde, Diener usw. – »Wie beschrieben«, was vor der Wollust gesagt ist. – »Freudig erregen«, in außerordentliche Freude versetzen, damit die Lagerung stattfindet. »Darauf«, in der Folgezeit »verschreite er zur Lösung des Unterge-wandes usw.« der auf dem Lager Ruhenden. Von da an beginnt das äußere Verhalten des Mannes bei dem Liebesgenusse.

Das Ende des Liebesgenusses: Wenn sie die Leidenschaft gestillt haben, gehen beide ver-schämt, gleichsam als kennten sie sich nicht, ohne einander anzusehen, einzeln nach dem Toilettezimmer. Von dort zurückgekehrt nehmen sie, nicht mehr so verschämt und am gehörigen Platze sitzend, Betel; er selbst soll klaren Sandel oder eine, andere Salbe auf ihre Glieder streichen. Mit dem linken Arme sie umschlingend und in der Hand die beiden Becher haltend, lasse er sie unter freundlichem Zureden trinken. Oder beide nehmen einen Trunk Wasser, Naschwerk oder sonst etwas ihrer Gewohnheit und Natur Entsprechen-des; klare Säfte, Brühen, saure Reismehlbrühe, Getränke mit geröstetem Fleische als Zukost, Mangofrüchte, gedörrtes Fleisch und Zitronensaft mit Zucker, je nach der Gewohnheit des Landes. Hierbei biete er dies und jenes an, nachdem er jedes Mal gekostet hat, ob es süß, mild oder klar ist. Oder wenn sie beide auf dem Dache weilen, setzen sie sich, um den Mondschein zu genießen. Hierbei unterhalte er sie mit geeigneten Erzählungen. Wenn sie auf seinem Schoße liegt und den Mond ansieht, erläutere er die Reihe der Sternbilder und zeige ihr die arundhatī, den Polarstern und den Kranz der sieben Sterne des großen Bären. – Das ist das Ende des Liebesgenusses.

»Das Ende des Liebesgenusses«, soll jetzt beschrieben werden, ist zu ergän-zen. »Wenn sie die Leidenschaft gestillt haben«, die Liebeslust genossen haben. – »Gleich als kennten sie sich nicht«: wie bei zwei Liebenden, die miteinander noch nicht vertraut sind, Verschämtheit herrscht, ebenso sind beide »ver-schämt«, da sie Unanständiges getrieben haben. So gehen sie, »ohne einander anzusehen« bei dem Anblick eines solchen Zustandes würde Ekel entstehen. Daher gehen sie »einzeln nach dem Toilettezimmer«; d. h. zusammen sollen sie sich in dem Waschzimmer nicht reinigen. »Von dort zurückgekehrt«, aus dem Toilettezimmer. »Nicht mehr so verschämt«, indem ihre Verschämtheit noch nicht ganz aufgegeben ist.

Der »gehörige Platz« ist ein andrer Ort als das Lager. Sie »nehmen«, genie-ßen, »Betel«, weil dann der Mund spröde geworden ist und schlechten Geschmack bekommen hat. Hierbei findet innerlich und äußerlich ein Kräftigen des Körpers statt, der ja die Hauptsäfte abgegeben hat. Äußerlich: in der heißen Jahreszeit »soll er klaren Sandel oder eine andere Salbe«, wie sie der Zeit entspricht, »selbst«, um seine Zuneigung zu beweisen, »auf ihre Glieder streichen«; d. h. darauf bei sich selbst. – Innerlich: Getränke usw. Auch hierbei »sie umschlingend«, umarmend. – »Die beiden Becher«, die Behälter für die berauschenden Getränke. – »Unter freundlichem Zureden«, indem er ihr Liebes sagt, »lasse er sie trinken«. – »Einen Trunk Wasser oder Naschwerk«, um der Stärkung willen. »Oder sonst etwas«, eine Menge Sesamkeime usw. »ihrer Gewohnheit und Natur Entsprechendes nehmen beide«. – »Klare Saftbrühen«: Brühen sind von zweierlei Art: Saft von Fleisch und Saft von Reis. Um der Stärkung willen sollen beide klare Saftbrühen und Fleischsaft zu sich nehmen. – »Saure Reismehlbrühe«, mit Fleisch gefertigt; zur Stärkung. »Getränke«, deren »Zukost« »geröstetes«, gebratenes Fleisch bildet. – »Mangofrüchte«, gekochte. – »Gedörrtes Fleisch«, welches besonders kräftigt. – »Zitronensaft«, Zitrone, bei der der Saft etwas ausgedrückt ist, in Stücke zerschnitten und gezuckert: weil das angenehm mundet. »Je nach der Gewohnheit des Landes«; wie es in jedem Lande die Sitte verlangt. – »Hierbei«, bei der Abhaltung der Mahlzeit usw., gilt diese Regel, die Zuneigung ausdrücken soll: »Nachdem er jedes Mal gekostet hat«. Das ist eine elliptische Bezeichnung: nachdem er jedes Mal geschmeckt hat, ob dies oder jenes auf die Erregung wirkt, »biete er« dieses oder jenes Getränk an. – »Oder wenn sie beide auf dem Dache weilen«: wenn ihnen bei dem Verweilen im Hause auf ihren Sitzen heiß geworden und der Mond aufgegangen ist, »dann setzen sie sich, um den Mondschein zu genießen«, oben hin auf das Dach, mit den! Gesichte gen Himmel. Das Genießen desselben soll die Hitze vertreiben. Und wenn sie dort vor Hitze keinen Betel haben essen oder sonst etwas ausführen können, so ist das jetzt hier nachzuholen. – »Dort«, auf dem Hausdache. Wenn kein Appetit zum Essen mehr vorhanden ist, »unterhalte er sie«, nach dem der Leib wieder gestärkt ist, um Liebesverlangen zu erregen, mit dazu »geeigneten Erzählungen«. – »Wenn sie auf seinem Schoße liegt«: wenn sie mit ihrem Leibe auf dem Schoße des sitzenden Liebhabers liegt, blickt sie unverwandt auf das Himmelsgewölbe. Hierbei sieht sie den »Mond«, der den Augen Wonne verursacht. Da »erläutere er die Reihe der Sternbilder«, die ja mit dessen Körper in Berührung kommen. Gewöhnlich sind ja die Frauen mit den Sternbildern nicht vertraut. – »Das ist die ›arundhatī‹: der ganz kleine Stern Alkor im großen Bären: wer den nicht sieht, stirbt nach sechs Monaten. Dann den ›Polarstern‹ und die weiteren speziellen Angaben, bei deren Anblick die tagsüber begangene Sünde getilgt wird; und »das sind die sieben Sterne des großen Bären«, die in einer Reihe stehen: so zeige er die Sterne.

Mit Bezug auf beides sagt (der Verfasser):

Hierbei findet folgendes statt:

Sogar bei dem Aufhören erzeugt eine mit höflicher Aufwartung verschönte Liebe durch vertraute Erzählungen und Ausführungen die höchste Wollust.

Durch gegenseitige Liebe bewirkendes Willfahren gegen das Wesen des eignen Selbstes,
bald durch Abwenden in Zorn, bald durch Anblicken in Liebe;

Durch Spiele wie der hallīsa-Tanz, Gesang und Scherze von Lāta, durch das Betrachten
der Mondscheibe mit vor Leidenschaft unruhigen und feuchten Augen;

Durch Erzählen aller jener Dinge: welche Wünsche erwachten, als das erste Zusammen-
treffen stattfand und dann wieder welches Unglück bei der Trennung;

Und am Ende des Erzählens durch leidenschaftliches Umarmen unter Küssen − durch
solche und andere Zustände unterstützt wächst die Leidenschaft des Jünglings.

»Hierbei«, bei dem Anfange und dem Ende, in beiden Fällen »findet folgendes« statt«, was nun beschrieben wird. − »Sogar bei dem Aufhören«; das Wort »sogar« bedeutet, auch bei dem Anfange. − »Liebe« bei der Frau, Anbetung bei dem Manne. − »Mit höflicher Aufwartung«, durch Kränze, Odeurs usw. sowie durch Trinken usw. − »Verschönt«, gesteigert. − »Durch vertrauliche Erzählungen und Ausführungen«, durch vertrauliche Erzählungen und vertrauliche Ausführungen. − »Erzeugt die höchste« außerordentliche »Wollust«, gekennzeichnet durch die Samenergießung; infolge der darauf zielenden Beschaffenheit der treibenden Kraft. − Nun sagt (der Verfasser) mit Bezug auf die vertraulichen Ausführungen: »Gegenseitige Liebe bewirkend«, für Mann und Frau am Ende Wonne bereitend. Was ist das alles?

Darauf antwortet (der Verfasser): »Durch Willfahren gegen das Wesen des eigenen Selbstes«: Willfahren nach den eigenen Gedanken, Umarmungen usw.; also so handelnd, dass man sich einander hingibt. − »Bald durch Abwenden in Zorn, bald durch Anblicken in Liebe«: durch Abwenden in augenblicklichem Zorne infolge eines Liebesstreites, und dann wieder, infolge der Versöhnung, stracks Anblicken in Liebe; ab und zu. »Wächst die Liebe« ist bei jeder Strophe hinzuzufügen. − »Durch Spiele wie der hallīsa-Tanz«: Gesang, wozu der hallīsa-Tanz ausgeführt wird. So heißt es: »Wenn Frauen im Kreise tanzen, so ist das der hallīsa-Tanz; hierbei sei ein Mann der Anführer, wie Hari bei den Hirtenfrauen«. − »Scherze von Lāta«, wie sie in den verschiedenen Ländern gebräuchlich sind. Bei diesen ist der Gesang das besondere Kennzeichen, da sie mit dem Ohre wahrgenommen werden. − »Mit vor Leidenschaft unruhigen und feuchten Augen«: bei den Gesängen sind die Augen vor Leidenschaft bewegt und mit Tränen gefüllt.

Damit deutet (der Verfasser) an, dass die Stimmen reizend sind. − »Durch das Betrachten der Mondscheibe«: das ist eine elliptische Bezeichnung für herzerfreuende Dinge. − Dieses Willfahren usw. bildet das Erwerben des Vertrauens; da sie im Vertrauen angewendet werden; mit Bezug auf die vertraulichen Erzählungen sagt (der Verfasser): »Als das erste«, anfängliche, »Zusammentreffen stattfand«. »Wünsche«: »Wann werde ich mit dieser oder diesem zusammenkommen?« usw. »Dann wieder bei der Trennung«, da sie schmerzgepeinigt waren, »welches Unglück«, Unbehagen. – »Und am Ende des Erzählens«: das bedeutet das Wiederfinden nach der Trennung. – »Durch solche und ähnliche«, auch noch andere vertrauliche Ausführungen, unterstützt von Liebe. – »Des Jünglings«: da nur ein Teil genannt ist, so bedeutet es: des Jünglings und der Jungfrau.

§ 21 - Die verschiedenen Arten der geschlechtlichen Liebe

Wie der Liebesgenuss drei Stadien durchmacht, indem sein Anfang und sein Ende seine Glieder bildet, so wird er auch je nach der ursprünglichen Leidenschaft usw. unterschieden: daher werden jetzt »die verschiedenen Arten der geschlechtlichen Liebe« behandelt.

Die Liebe aus Leidenschaft, die zu erweckende, die künstliche, die übertragene, die mit Eunuchen, mit gemeinem Volke und die unbegrenzte Liebe: das sind die verschiedenen Arten der geschlechtlichen Liebe.

»Die Liebe aus Leidenschaft« usw.: danach gibt es eine ursprüngliche, erst zu erweckende, künstliche, aus Übermut und aus Vertrauen entstehende Leidenschaft und je nach diesen Arten die verschiedenen Arten der geschlechtlichen Liebe, die aus Leidenschaft usw.

Nun gibt (der Verfasser) deren Beschreibung und Anwendung:

Wenn beide vom (ersten) Sehen an in Leidenschaft erglühen, und ihre Zusammenkunft nur mit großer Mühe ermöglicht worden ist, oder bei der Rückkehr aus der Fremde oder bei einer Vereinigung nach der Trennung infolge eines Streites ergibt sich die »Liebe aus Leidenschaft«.

Ein Liebesgenuss, welcher stattfindet, wenn beide vom ersten Sehen an infolge all der Zustände oder Augenliebe usw.»in Leidenschaft erglühen und ihre Zusammenkunft nur mit großer Mühe«, durch Senden von Boten usw., »ermöglicht worden ist«; ferner »bei der Rückkehr aus der Fremde«, wenn die Getrennten voller Sehnsucht sind; ferner bei der Beendigung eines Liebesstreites, wenn sie sich versöhnt haben: »ergibt sich die Liebe aus Leidenschaft«, indem hierbei die ursprüngliche Leidenschaft außerordentlich zur Geltung kommt.

Hierbei ist das Verhalten je nach Bedarf abhängig von dem eignen Gutdünken.

»Je nach Bedarf«: da die Leidenschaft gewachsen ist, so bescheidet man sich in nichts. Nur »von dem eigenen Gutdünken abhängig« ist ihr »Verhalten«, bis zum Eintritt des Wollustgenusses.

Wenn zwei Leute von mittlerer Leidenschaft beginnen und später zur Leidenschaft gelangen, so ist das die zu erweckende Leidenschaft.

»Zwei Leute von mittlerer Leidenschaft«: da nur erst das Verlangen entstanden ist, so ist das eine Augenliebe: nicht die anderen Zustände, Vereinigung im Herzen usw. Daher also ist die Leidenschaft nur eine mäßige. Wenn diese beiden »beginnen«, nach der für den Anfang geltenden Regel; »und später zur Leidenschaft gelangen«, dieser Anfang zur Leidenschaft verdichtet wird – wie denn der Liebesgenuss beschrieben wird als eine Begattung durch den aktiven Teil, unter Umwerben des passiven Teiles – so »ist das die zu erweckende Leidenschaft«, weil dabei die Leidenschaft erst zum Entstehen gebracht wird.

Hierbei verhalte man sich so, dass man die Leidenschaft immer erst durch die der Eigenart entsprechenden Ausführungen der Vierundsechzig anfacht. Das nennt man die künstliche Leidenschaft, wenn man einen bestimmten Zweck erreichen will oder beide an etwas anderem hängen.

»Die Ausführungen der Vierundsechzig«, Umarmungen usw. »Der Eigenart entsprechend«: was ein jeder für eine Gewohnheit hat, dieser gemäß. Man verhalte sich so, dass man die »Leidenschaft«, das bloße Verlangen bei sich und bei der Frau entflammt. – »Wenn man einen bestimmten Zweck erreichen will«: um eines Vorteils oder der Abwehr eines Nachteiles willen; nicht aus Leidenschaft. – »Oder wenn beide an etwas anderem hängen«: die Frau an einem anderen Manne und der Mann ebenso an einer anderen Frau. – Da bei den beiden die Liebe mit Rücksicht darauf stattfindet, so ist das »die künstliche Leidenschaft«, indem beide Male die ursprüngliche Leidenschaft nicht zur Geltung kommt.

Hierbei beachte man die Hilfsmittel alle zusammen nach dem Lehrbuche.

»Alle zusammen«, nicht mit Auswahl, da in einer jeden dieser beiden Vereinigungen die ursprüngliche Leidenschaft nicht zur Geltung kommt. Darum »beachte man« alle Ausführungen, Umarmungen usw., zur Zeit wo sie zur Anwendung kommen, alle zusammen. Auch hier »nach dem Lehrbuche«, d. h. nicht ohne Berücksichtigung der dort genannten Stellen, Zeigen und des Wesens.

Eine Besonderheit des Zustandes, »wenn beide an etwas anderem hängen«, nennt (der Verfasser) jetzt:

Wenn der Mann jedoch eine andere Herzallerliebste im Sinne hat und so handelt, von der Vereinigung an bis zur Wollustempfindung, so ist das die übertragene Leidenschaft.

»Der Mann«, der, auch wenn er der einen anhängt, auch zu einer anderen Liebe empfindet, indem die Dauer keine ununterbrochene ist, dessen Liebe heißt künstlich, da das nichts Ursprüngliches ist; wer aber ununterbrochen treu bleibt, liebt keine andere, da die Leidenschaft fehlt. Wenn er jedoch diese als »Herzallerliebste«, Ersehnte im Sinne hat und im Herzen Leidenschaft verspürend »von der Vereinigung an bis zur Wollustempfindung so handelt«, so tut, so heißt das die »übertragene Leidenschaft«, indem die Leidenschaft auf die Herzallerliebste übertragen wird. – Ebenso ist es auch auf die Frau anzuwenden, dass sie den Herzallerliebsten im Sinne hat usw. – Hierbei gilt dieselbe Ausführung, dass man nämlich die Hilfsmittel alle zusammen anwendet.

Je nach der ursprünglichen, erst zu erweckenden und künstlichen Leidenschaft gibt es drei Liebhaber und drei Liebhaberinnen. Da ergeben sich bei der entsprechenden Vereinigung drei reine und bei der Vertauschung sechs gemischte Liebesgenüsse. Hierbei wende man die Arten des Umwerbens gemischt an. – Das alles bezieht sich auf Männer und Frauen von gleicher Stufe; für tiefer oder höher Stehende gibt (nun der Verfasser) die verschiedenen Arten der aus Übermut usw. entstehenden Liebe an:

Die bis zur Befriedigung gehende Vereinigung mit einer niedriger stehenden Wasserträgerin oder Dienerin bildet die Eunuchenliebe.

»Mit einer niedriger stehenden Wasserträgerin«: mit einer tief stehenden Wasserträgerin »oder einer niedriger stehenden Dienerin«, einer nicht ebenbürtigen, wie es bei Candrāpīda mit der Pattralekhā der Fall war. »Bis zur Befriedigung«, bis zur Wollust. – »Eunuchenliebe«, die Eunuchen, die Nichtmänner, die für beide Geschlechter gelten können.

Hierbei kümmere man sich nicht um das Aufwarten.

Bei einer solchen »kümmere man sich nicht um das Aufwarten«, Umarmungen usw., da es nicht auf das Ergötzen ankommt, sondern nur die aus Übermut entstandene Leidenschaft zu befriedigen ist.

Ebenso seitens einer Hetäre mit einem Bauern bis zur Befriedigung: das ist die Liebe mit dem gemeinen Volke.

»Ebenso« wie die unebenbürtige Vereinigung seitens des Liebhabers. »Hetäre«, ganikā oder rūpājīvā; nicht kumbhadāsī. Wenn sie den Ersehnten nicht bekommt und aus Übermut »mit einem Bauern«, Landmann usw. sich vereinigt, so ist das »die Liebe mit gemeinem Volke«, indem sie durch das Gewöhnliche eine Bloßstellung bewirkt.

Seitens des Elegants mit Frauen vom Dorfe, von Hirtenstationen und der Grenzländer.

Ebenso ist die aus Übermut geschehende Vereinigung mit Frauen vom Dorfe usw. »seitens des Elegants«, des Stadtbewohners, bis zur Befriedigung eine Liebe mit gemeinem Volke, keine Eunuchenliebe, indem auch hier eine Bloßstellung stattfindet. Hierbei sind die »Frauen vom Dorfe« die Weiber der Ackerbauern usw.; die »Frauen von Hirtenstationen« Hirtinnen, und die »Frauen der Grenzländer«, Frauen der Sabarās usw.

Nun nennt der Verfasser die besondere Art, die aus einer Leidenschaft auf Grund des Vertrauens entspringt:

Die unbegrenzte Liebe entsteht bei Liebenden, die miteinander vertraut sind, indem sie einander willfährig sind. – Soweit die Liebesgenüsse.

»Bei Liebenden, die miteinander vertraut sind«, die Vertrauen gefasst haben, da sie seit langer Zeit vereint sind; »indem sie einander willfährig sind«: der Mann beginne mit Willfährigkeit, und die Frau mit Willfährigkeit gegen ihn. – »Die unbegrenzte Liebe«, weil es da keine Grenzen gibt. Dass dieser absonderliche Liebesgenuss, je nach den verschiedenen Ausführungen als umgekehrter Liebesgenuss usw. von mannigfaltiger Art ist, zeigt (der Verfasser) durch den Gebrauch der Mehrzahl »Liebesgenüsse«.

§ 22 - Liebesstreit

NUN WOLLEN WIR den Liebesstreit beschreiben: So gut wie bei den vertrauten Liebenden unbegrenzte Liebe herrscht, so entsteht doch auch aus Zuneigung Streit. So spricht man von einem Liebesstreite. – Hier nennt der Verfasser nun die Ursachen des Streites:

Eine Liebhaberin, deren Zuneigung wächst, soll sich das Erwähnen des Namens der Nebengattin, eine auf sie bezügliche Unterhaltung oder auch ein Verwechseln des Namens und eine Übeltat des Liebhabers nicht ruhig gefallen lassen.

»Deren Zuneigung wächst«: in dem Maße, wie ihr Zutrauen wächst, ebenso soll sie wenig, mäßig und außerordentlich zürnen, ist der Sinn. Gewöhnlich ist es der Liebhaber, der Unliebsames tut. Darin wurzelt eben der Streit Das zeigt (der Verfasser), indem er sagt: »Eine Liebhaberin«. Der Liebhaber kann Unliebsames tun mit Worten und mit der Tat. Mit Worten: »das Erwähnen des Namens der Nebengattin«. »Eine auf sie bezügliche«: selbst wenn der Name nicht genannt wird, eine auf die Nebengattin bezügliche »Unterhaltung«, die deren Vorzüge andeutet. – »Ein Verwechseln des Namens«: wenn er die Liebhaberin mit dem Namen jener anredet. – »Eine Übeltat des Liebhabers«:

dass er das Haus der Nebengattin besucht, Betel usw. schickt, mit ihr vertrauten Umgang hat: solche Vergehen des Liebhabers soll sie »sich nicht ruhig gefallen lassen«. – Das sind unliebsame Begehungen mit der Tat.

Sie soll auch ihren Unmut äußern: so sagt (der Verfasser):

Dann erhebt sich sehr heftiger Streit, Weinen, Erregung, Schütteln des Haupthaares, Schläge, Heruntergleiten von dem Sitze oder dem Lager auf die Erde, Wegwerfen der Kränze und Schmucksachen und Lagern auf dem Fußboden.

»Dann«, bei der Erwähnung des Namens der Nebengattin usw. Die Äußerungen des Ärgers bestehen in Wort und Tat. Mit Worten: »Sehr heftiger Streit«, außerordentlich großer, dass er es nicht wieder tun solle. Mit der Tat: »Weinen« usw., »Erregung«, Zittern wie bei körperlichem Schmerze usw., »Schütteln«, hin und her Bewegen. »Schläge«, gegen sich selbst. Andere meinen, sie packt den Liebhaber bei den Haaren und schlägt ihn. – »Auf die Erde«, weil sie bei einem solchen Falle kein Ungemach empfindet. – »Wegwerfen«, Beseitigen der nicht befestigten Kränze und Schmucksachen. – »Lagern auf dem Fußboden«: nicht mit jenem zusammen.

Was soll nun der Liebhaber in seinem Schuldbewusstsein anfangen? Darauf antwortet (der Verfasser):

Hierbei soll er sie durch passende beschwichtigende Worte oder einen Fußfall ruhigen Sinnes besänftigen, an sie herantreten und sie auf das Lager setzen.

»Hierbei«, bei diesem Benehmen. – »Durch passende beschwichtigende Worte«, freundliche Reden. Sie sollen »passend« sein, wegen der besonderen Art der Vergehung. – »Fußfall«, der dem Liebhaber besonders zukommt. – »Ruhigen Sinnes«, ohne eine Veränderung zu zeigen; denn: »Eine Wunde soll man nicht noch ätzen«. – »Sie«, die auf dem Fußboden schläft. »Besänftigen«, beschwichtigen. – »Herantreten«, um sie aufzurichten. »Auf das Lager setzen«: »Sei gut, erhebe dich und setze dich auf das Lager!«

Als Antwort auf dessen Worte zeige sie nur noch heftigeren Zorn, ziehe sein Gesicht herunter, indem sie ihn bei den Haaren packt, und trete ihn mit dem Fuße ein-, zwei- oder dreimal gegen den Arm, Kopf, Brust oder Rücken. Sie gehe nach der Tür, setze sich dort nieder und vergieße Tränen. Aber wenn sie auch außerordentlich zornig ist, soll sie doch von der Türgegend nicht weiter gehen, weil das fehlerhaft ist, lehrt Dattaka. Dort mit List beschwichtigt soll sie nach Versöhnung verlangen. Aber auch versöhnt soll sie ihn mit unwilligen Worten gleichsam stoßen und endlich, voll Verlangen nach Liebesgenuss mit dem Versöhnten, von dem Liebhaber umarmt werden.

»Dessen«, der sie beruhigen will. »Als Antwort auf dessen Worte«, wie sie dem Augenblicke angemessen ist, »zeige sie nur noch heftigeren Zorn«, indem sie immer wieder an das Vergehen denkt. »Ziehe sein Gesicht«, den Kopf, »herunter, indem sie ihn bei den Haaren packt« und trete ihn »einmal«, um zu erfahren, ob da etwas geschieht oder nicht; »zwei- oder dreimal«, aus Zorn. Selbst ein Tritt gegen den Kopf bringt dann keine Verfehlung mit sich; vielmehr halten das alterfahrene Lebemänner für ein Zeichen von Gunst. – »Dort«, an der Türgegend. »Vergieße Tränen«, lasse sie fallen. – »Nicht weiter«, nicht hinaus, weil ein Weitergehen »fehlerhaft« ist, da die Befürchtung entsteht, sie könne in ihrem falschen Zorne anderswohin gehen. – Die Erwähnung des Dattaka geschieht ehrenhalber, indem seine Ansicht nicht verboten ist. – »Dort«, bei dem Tränenvergießen, suche der Liebhaber sie nochmals »mit List« zu beruhigen, indem er den Fußtritt für die Grenze ihres Zornes an sieht. Von ihm »mit List beschwichtigt soll sie nach Versöhnung verlangen«, indem sie den Fußfall als Grenze seiner Mittel zur Versöhnung ansieht. Dann wird sie »versöhnt« von dem Liebhaber umarmt. Aber trotzdem soll sie mit zornigen, unwilligen Worten »ihn«, den Liebhaber, »stoßen«, aus seiner Fassung bringen.

»Voll Verlangen nach Liebesgenuss mit dem Versöhnten«, indem sie von dem Versöhnten Liebeslust erwartet. Sonst, wenn sie sich nicht umarmen lässt, ist auch der Liebhaber wegen ihres Zornes, der über den Höhepunkt hinausgeht, unversöhnlich. – Diese Regeln gelten für anständige junge Frauen und Wiederverheiratete; für die Hetären und die Frauen anderer gibt (der Verfasser) die besonderen Regeln an:

Die in einem eigenen Hause wohnende Geliebte aber soll, wenn sie sich aus irgendeinem Grunde (mit dem Liebhaber) entzweit hat, unter ebensolchem Benehmen den Liebhaber angehen. Hierbei soll ihr Zorn durch den vom Liebhaber beauftragten Pīthamarda, Vita und Vidūsaka beschwichtigt werden; und durch sie versöhnt soll sie mit ihnen in seine Wohnung gehen und dort bleiben. – Das ist der Liebesstreit.

»Aus irgendeinem Grunde«, einem der oben genannten. »Entzweit«, wenn sie einen Streit begonnen hat; d. h. einen gewöhnlichen Streit hat. Das ist ein Unwille, der sich in Worten äußert; den mit der Tat beschreibt (der Verfasser) mit den Worten: »Unter ebensolchem Benehmen«, durch böse Blicke, Brauenrunzeln usw., was Zorn ausdrückt. »Den Liebhaber angehen«, d. h. in seine Nähe treten. – »Hierbei«, bei diesem zornigen Verhalten. »Vom Liebhaber beauftragt«, um sie zurückzubringen. – »Ihr Zorn soll beschwichtigt werden«, durch freundliche Worte; und »durch sie versöhnt«, nicht durch einen Fußfall seitens des Liebhabers, da dies bei außerhalb wohnenden Frauen nicht statthaft ist, »soll sie mit ihnen« gehen, um ihre Hoheit wieder zur Geltung zu bringen; »und dort bleiben«, diese Nacht in der Wohnung des Liebhabers, um die Leidenschaft zu entfachen.

(Der Verfasser) fasst nun den Inhalt dieses Abschnittes zusammen, indem er sagt:

Es gibt hier einige Verse:

Wer diese von Bābhravya gelehrten vierundsechzig Künste so anwendet, der Liebhaber hat Glück bei den trefflichsten Frauen.

»Die vierundsechzig Künste«, die Umarmungen usw. – »Von Bābhravya«, Pāñcāla. – »Bei den trefflichsten Frauen«, die dieselben kennen. – »Hat Glück«, erlangt Beliebtheit. Darum soll man die vierundsechzig Künste der Umarmungen usw. kennen lernen; sonst erlangt man nämlich, wenn man sie nicht kennt, nicht nur kein Glück, sondern wird auch anderswo nicht besonders beachtet, selbst wenn man andere Lehrbücher kennt.

Selbst wenn man auch andere Lehrbücher nicht kennt, hat man Glück und ist achtbar und von hohem Ansehen, wenn man nur jene Künste versteht: das zeigt (der Verfasser) mit den Worten:

Wer der vierundsechzig Künste ermangelt, mag er auch von anderen Lehrbüchern reden, wird bei den Unterhaltungen in der Gesellschaft der Wissenden nicht besonders beachtet.

»Mag er auch reden«, nach Inhalt und Anwendung erzählen. – »In der Gesellschaft der Wissenden«: Wissende sind solche, die in (dem Kapitel) »Erreichung der drei Lebensziele« im Vordergrunde stehen; in deren Versammlung. »Bei den Unterhaltungen«: über die drei Lebensziele.

Wer mit diesen geschmückt ist, mag er auch anderer Kenntnisse ermangeln, der nimmt in der Gesellschaft bei den Unterhaltungen unter Männern und Frauen die erste Stelle ein.

»Anderer Kenntnisse«, der Erfahrung in Grammatik und anderen Fächern. – »Mit diesen«, den vierundsechzig Künsten, »geschmückt«, durch theoretische und praktische Kenntnis. – »In der Gesellschaft«, wenn man sich im Vereine gesetzt hat, wird kein anderes Lehrbuch behandelt. »Bei den Unterhaltungen« über das Lehrbuch der Liebe. »Nimmt die erste Stelle ein«, d. h. steht im höchsten Ansehen.

Da die vierundsechzig Künste doch wohl nicht zu verehren sind, wie kann da ihre Kenntnis in der Gesellschaft der Wissenden im Ansehen stehen? – Darauf erwidert (der Verfasser):

Jene von den Wissenden verehrte, selbst von dem gemeinen Volke hochverehrte, von den Scharen der ganikās verehrte Freudenbringerin[19] – wer sollte die nicht verehren?

»Von den Wissenden«, den Kennern der drei Lebensziele, »verehrte«, weil sie das Mittel ist, die Frauen zu beschirmen. – »Selbst von dem gemeinen Volke hochverehrte«, weil ihr Wesen in Wirklichkeit danach ist. – »Von den Scharen der ganikās verehrte«, weil sie ihnen die Mittel zum Lebensunterhalte gewahrt Wegen solcher Vollbringungen heißt sie Freudenbringerin. So sagt der (Verfasser): »Die Freudenbringerin«; Freude, Lust und Ehre: das findet sich bei ihr.

Wie sie diese sinngemäße Bezeichnung führt, so hat sie auch noch andere: so sagt (der Verfasser):

Diese Freudenbringerin wird von den Meistern in den Lehrbüchern beschrieben als die geliebte, glückbringende, bezaubernde, den Frauen liebe.

»Geliebte«, indem alle Hausherren ihr frönen. – »Glückbringend«, wie das Wissen für sich einnehmend. – »Bezaubernd«, indem sie bei Mann und Weib Beliebtheit verursacht. – »Den Frauen lieb«, indem sie denen besonders Gluck bringt. – So verschafft sie verschiedenes. Wer sollte diese nicht verehren?

Darum ist einer, der sie kennt, schon achtbar, nun vollends einer, der sie anwendet! Besonders bei den Liebhaberinnen: so sagt (der Verfasser):

Von Mädchen, verheirateten fremden Frauen und ganikās wird ein Mann, der in den vierundsechzig Künsten erfahren ist, mit Zuneigung und Hochachtung angesehen.

*

Die Wiederverheiratete fällt unter die verheirateten Frauen. Denn sie, die Witwe, wird wieder verheiratet. Unter der Rubrik »Hetären« ist die ganikā genannt, um anzudeuten, dass das auch eine Frau ist, die die vierundsechzig Künste kennt. »Mit Zuneigung«, aus Zuneigung: der Grund, weshalb. »Hochachtung«, Ansehen.

---

[19] *Die Summe der vierundsechzig Künste nach Bābhravya*

Vierter Teil - Über den Verkehr mit Mädchen

§ 23 - Die Regeln für das Freien

WENN AUCH DER KENNER der vierundsechzig Künste von den Mädchen mit Zuneigung betrachtet wird, so ist doch ohne Zusammenkunft keine geschlechtliche Vereinigung möglich: daher wird nun das Mittel für die Zusammenkunft, ein Zusatz, besprochen: dadurch werden die Frauen allerwärts gewonnen. Da nun hierbei die Mädchen die Hauptsache sind, so ergibt sich der Abschnitt: »Über den Verkehr mit Mädchen«. Hier sind die Mittel zu deren Erlangung die acht Heiratsformen: die Brahma's, die des Prajāpati, die der rsi's, die der Götter, der Gandharven, Halbgötter, Dämonen und Teufel. Die ersten vier hiervon sind die gesetzlichen; mit ihnen beschäftigt sich der folgende Paragraph, »die Regeln für das Freien«.

Warum geht man so zu Werke? Darauf antwortet (der Verfasser):

Bei einer ebenbürtigen Frau, die noch keinem anderen angehört hat und dem Lehrbuche gemäß erlangt worden ist, ergibt sich Dharma und Artha, Söhne, Verwandte, Mehrung des Anhanges und ungekünstelte Liebeslust.

»Bei einer ebenbürtigen Frau«, die aus derselben Kaste ist, der Brahmanen usw., je entsprechend. – »Die noch keinem andern angehört hat«, weder in Gedanken, noch mit Worten, noch mit der Tat einem andern gegeben worden ist. Denn hier gilt die Überlieferung, dass das erste Kind jenem eben angehört. – »Dem Lehrbuche gemäß erlangt«, nach der im Lehrbuche beschriebenen Zeremonie des Herumführens um das Feuer, unter Vorausgang des Freiens gewonnen. »Ergibt sich Dharma«, bezeichnet als Vereinigung mit der Gattin und der Genuss der Wollust usw. – »Artha«: infolge des Erlangens der Mitgift und der Einrichtung des Hausstandes. – »Söhne«, sichtbare und unsichtbare Güter. – »Verwandte«, Veranlassung zu gemeinschaftlichem Essen usw. – »Mehrung des Anhanges«, Wachsen des eignen Anhanges, indem noch fremder Anhang dazukommt. – »Ungekünstelte Liebeslust«, keine künstliche, da die Vereinigung unter außerordentlichem Zutrauen geschieht.

Weil es sich so verhält:

Darum soll man auf ein Mädchen, welches von Angehörigen umgeben ist, Vater und Mutter hat, an Jahren mindestens drei Jahre jünger ist, aus einer achtbaren, reichen, anhangreichen, verwandtenlieben, mit Verwandten gesegneten Familie stammt, reichen Anhang von Seiten der Mutter und des Vaters besitzt, mit Schönheit, Charakter und Glück verheißenden Zeichen geziert ist, nicht zu wenig, nicht zu viel und auch nicht gar keine Zähne, Nägel, Ohren, Haare, Augen und Brüste besitzt und von Natur keinen kranken Leib hat: auf ein solches soll man, mit eben diesen Vorzügen geziert und ein Wissender, sein Augenmerk richten.

»Darum soll man auf ein Mädchen sein Augenmerk richten«: so ist der Zusammenhang: bei einer, die man nicht beachtet, findet kein Freien statt. Nun beschreibt (der Verfasser) dies Beachten der Reihe nach in Bezug auf Angehörige, Schutz, Alter, Anständigkeit der Familie, Zuneigung, Schönheit, Charakter, Merkmale und Gesundheit »Angehörige«, Familie, bestehend in Vater und Mutter. – »Mindestens drei Jahre«, von drei Jahren aufwärts, »jünger«: nicht ein oder zwei Jahre jünger, auch nicht gleichalterig oder älter. – »Achtbar«, eine Familie, deren Handlungsweise achtbar, erstrebenswert ist. »Reich«, begütert an Geld und Getreide. – »Verwandtenlieb«, zugeneigt. – »Anhangreich«, mit Angehörigen gesegnet. – »Reichen Anhang von Seiten der Mutter und des Vaters besitzt«: das bedeutet, dass das Mädchen mehrfachen Schutz genießt. – »Schönheit«, körperliches schmuckes Aussehen und Auftreten. – »Charakter«, rechtes Wesen. – »Glück verheißende Zeichen«, die andeuten, dass ihr kein Witwenstand usw. bevorsteht. »Nicht zu wenig«; das ist auf jedes einzelne zu beziehen, so dass sie respektive nicht zu wenig, nicht zu viel und nicht gar keine Zähne usw. hat, d. h. auch mit Schönheit der einzelnen Glieder begabt ist: bei einem Mädchen bilden ja Zähne usw. die wichtigsten Glieder. – »Von Natur keinen kranken Leib hat«, d. h. deren Leib seinem Wesen nach keine Krankheit hat. – »Mit eben diesen Vorzügen geziert«, mit Angehörigen usw. versehen: sonst würde es ein Mann sein, der keinen Zutritt hat. (Der Verfasser) gibt noch ein besonderes Merkmal an: »ein Wissender«; d. h. der die Wissenschaft beherrscht. – »Soll sein Augenmerk richten«, im Herzen bedenken ...

Wenn man eine solche gewonnen hat, darf man sich selber für befriedigt halten; und das Bewerben um sie kann von Ebenbürtigen nicht getadelt werden. – So sagt Ghotakamukha.

»Gewonnen«, (feierlich um das Feuer) herumgeführt. »Befriedigt«, zufrieden; »und kann von Ebenbürtigen nicht getadelt werden«, dass man etwas Tadelnswertes begangen habe. – »Das Bewerben«, die Vornahme des Freiens.

Die Erwähnung des Ghotakamukha geschieht, um anzudeuten, dass er für diesen Abschnitt Autorität ist.

Das Freien ist von zweifacher Art: (es geschieht) mit Berücksichtigung der Eigenschaften als Mensch und mit Rücksicht auf die Astrologie. Mit Bezug auf das erste sagt (der Verfasser):

Bei dem Werben um dieselbe sollen Vater und Mutter und Angehörige sich Mühe geben; und ebenso die Freunde, die seine Worte festhalten und mit beiden verbunden sind.

»Bei dem Werben«, Anhalten, »um dieselbe«, auf die man sein Augenmerk gerichtet hat, »sollen Vater und Mutter«, die von dem Liebhaber nach Besprechung mit der Freundesschar angestiftet werden, »sich Mühe geben« durch Anstiften von Freiwerbern. – »Angehörige«, die zur Familie des Liebhabers, in naher Beziehung stehen. – »Die Freunde« des Liebhabers sollen sich Mühe geben, »die seine Worte festhalten«, indem seine Worte nicht zu übertreten sind. »Mit beiden verbunden« durch nahe Beziehungen zur Mutter und zum Vater.

Diese sollen die augenscheinlichen und ererbten Fehler der übrigen Freier zur Sprache bringen und die Vorzüge des Liebhabers gemäß seiner Familie und in seiner Eigenschaft als Mann, die den Entschluss bestärken sollen und besonders solche, die der Mutter des Mädchens genehm sind und für Gegenwart und Zukunft passen, zeigen.

»Diese«, die Freunde. – »Der übrigen« Freier außer dem Liebhaber ... – »Augenscheinliche Fehler«, Hässlichkeit, Blindheit, Buckligkeit usw. – »Ererbte«, die durch bestimmte Körpermale angedeutet werden. Eine andere Lesart ist »künftige«, die erst später zum Vorschein kommen. »Sollen zur Sprache bringen«, nämlich bei den Eltern derselben. – »Gemäß seiner Familie«, wie sie in seiner Familie gang und gäbe sind; Charakter, Selbstgefühl und andere »Vorzüge des Liebhabers«. »In seiner Eigenschaft als Mann«, die aus Mannesarbeit entstehen, das Erfassen der Lehrbücher, Künste usw. »Die den Entschluss bestärken sollen«, die die Absicht der Eltern, ihm das Mädchen zu geben, zur Tat werden lassen sollen. »Und besonders solche, die der Mutter des Mädchens genehm sind«, jugendliches Alter usw. »und für Gegenwart und Zukunft passen«, in der gegenwärtigen und bevorstehenden Zeit durch Fruchtbringen gesegnet. Amara sagt: »Diese Zeit hier ist die Gegenwart, die darauf folgende die Zukunft«. – »Sollen zeigen«, die Freunde.

Mit Bezug auf die Astrologie sagt (der Verfasser):

Einer in der Verkleidung eines Schicksalskundigen schildere das zukünftige Glück des Liebhabers als Wohlergehen durch Offenbarung des Vogelfluges, der Vorzeichen, des Einflusses der in bestimmter Konstellation stehenden Planeten und der besonderen Merkmale.

»Einer in der Verkleidung eines Schicksalskundigen«, ein von dem Liebhaber abgeschickter Pseudo-Astrolog. – Des »Vogelfluges«, wenn bei ruhigem Himmel eine Krähe usw. krächzt. – »Der Vorzeichen«, die daraus sich ergeben usw. – Infolge einer »bestimmten Konstellation« der Glück verheißenden Planeten, die an den Stellen des 3., 6., 10. und 11. Hauses stehen: die »Offenbarung« »des Einflusses« derselben nach Himmelsrichtung, Zeit, Ort und Wesen. Ferner durch die Offenbarung »der besonderen Merkmale« (am Leibe), Muscheln, Kreise usw. – »Das zukünftige«, noch bevorstehende »Glück«, das Erlangen einer Generalsstelle, des Postens eines Gouverneurs usw. »Wohlergehen«, da es Wohlergehen bedingt, d. h. dem Glücke folgt.

Andere wiederum sollen die Mutter des Mädchens aufregen, indem sie sagen, dass er anderswo unter besonders ehrenden Umständen ein Mädchen bekommen könne.

»Andere«, in der Verkleidung als Schicksalskundige. »Er« der Liebhaber. »Anderswo«, an einer anderen Stelle, als wo um das Mädchen gefreit wird – »Unter besonders ehrenden Umständen«: ›Man wünscht ihm die reiche und schöne, hochangesehene Tochter jenes Generals zu geben: so wollen wir morgen das Horoskop stellen.‹ Dadurch sollen sie »die Mutter des Mädchens aufregen«, gewinnen, damit sie umgestimmt wird und die Tochter hingibt.

In der gehörigen Ordnung des Schicksals, der Vorzeichen, des Vogelfluges und der Orakelstimmen freie man um das Mädchen und gebe es hin.

»Des Schicksals, der Vorzeichen, des Vogelfluges und der Orakelstimmen«: Die in den früheren Existenzen begangenen guten oder schlechten Taten nennt man »Schicksal«; auch die Sternbilder und Planeten nennt man so, da sie dasselbe offenbaren. Wenn das günstig ist, bedarf es der Hektaden und Oktaden nicht. – ›Wird diese, wenn ich sie heirate, mir Wohlfahrt bringen oder nicht?‹ Daraufhin sind die in den Lehrbüchern enthaltenen »Vorzeichen« zu beachten und der »Vogelflug« zu befragen, auch in der Nacht die »Orakelstimmen« zu vernehmen. In Übereinstimmung damit suche man die dem Freier Zugedachte zu erlangen und »gebe sie hin«, der Anhang des Mädchens.

Nicht aufs Geratewohl, bloß weil er ein Mann ist, sagt Ghotakamukha.

»Bloß, weil er ein Mann ist«: wobei nur sein Stand als Mann in Betracht gezogen wird; »nicht aufs Geratewohl«: denn es kommt hier auch die Familie, die schützende Verwandtschaft usw. zur Geltung, d. h. man freie und gebe nicht hin, wahrend man einen andern Wunsch hegt. – »Ghotakamukha«: die fremde Ansicht wird gebilligt, da sie nicht verboten ist.

Zur Zeit des Freiens beachte man, wenn man das Mädchen sieht, die Vorzeichen: das zeigt (der Verfasser), indem er sagt:

Eine Schlafende, Weinende und Ausgegangene vermeide man bei dem Freien. Eine mit ungebräuchlichem Namen, eine Verborgene, Vergebene, Braunrote, Getüpfelte, ein Mannweib, eine Verwachsene, Scheußliche, Breitstirnige, in ihrer Lauterkeit Geschädigte, Mischlingin, Mannbargewordene, Stumme, Freundin, eine, die eine schöne jüngere Schwester hat und eine an Schweiß Leidende meide man.

Vermeiden soll man bei dem Freien als tadelnswert eine, die nach Sternbildern genannt ist, den Namen von Flüssen und Bäumen trägt und am Ende den Laut l oder r führt.

»Eine Schlafende«: das Lager deutet an, dass sie noch sehr jung ist. – »Eine Weinende«, Unglückliche. – »Ausgegangene«, die aus dem Hause geht. Wenn der Freier zur Zeit des Freiens sieht, dass sie das Haus verlässt, soll er sie meiden. – »Eine mit ungewöhnlichem Namen«, Bhaṅgikā, Vitrātikā. – »Eine Verborgene«, die nicht sichtbar ist: da man hier Mängel vermuten kann. – Für die »Vergebene« gilt ohne Weiteres als Grund des Meidens, was ausführlich unter »die noch keinem andern gehört hat« gesagt ist; für die »Braunrote« das unter »mit glückverheißenden Zeichen geziert« Gesagte. Hierunter gehört die »Braunrote«, Rötliche, die den Garten tötet.

Eine »Getüpfelte«: mit weißen Punkten Versehene, die das Vermögen verschwendet und den Gatten tötet. – »Mannweib«, vom Aussehen eines Mannes und von schlechtem Charakter. – »Eine Verwachsene«, in der Schultergegend verkrümmt und von schlechtem Charakter. – »Scheußliche«, mit nicht verbundenen Schenkeln, eine Unglückliche. – Eine »Breitstirnige«, mit großer Stirn; die den Gatten tötet. Eine »in ihrer Lauterkeit Geschädigte«, die dem verstorbenen Vater den Feuerbrand gebracht hat und wegen dieser Opferhandlung nicht lauter ist. – Eine »Mischlingin«, von einem Manne Geschändete. Eine solche zu ehelichen ist nicht Recht. Eine »eben mannbar Gewordene«: bei der die Regeln eingetreten sind, indem durch die Menstruation die Vulva verletzt worden ist. – Eine »Stumme«, die nicht sprechen kann und außerhalb der Verständigung steht. – Eine »Freundin«, die im Freundschaftsverhältnisse steht und nicht begattet werden darf. – »Eine schöne jüngere Schwester«; zu ergänzen ist: die mindestens drei Jahre jünger ist, d. h. um die richtige Zeitspanne später geboren ist.

So heißt es denn: »Man führe auf Grund des Freiens ein geeignetes Mädchen heim, kein anderes, welches nicht älter, sondern um vier bis acht Jahre jünger ist«. – »Eine an Schweiß Leidende«, die an Händen und Füßen schwitzt und den Gatten tötet. – »Eine, die nach Sternbildern genannt ist«, z. B. Sravanā, Viśākhā usw. – Flussnamen: Gaṅgā, Yamunā usw. – Baumnamen: Jambū, Priyaṃgu. – »Die am Ende den Laut l oder r führt«, in deren Namen in der Nähe des Endbuchstabens der Laut l oder r steht: z. B. Kamalū, Vimalū, Cārū, Tārū.

Einige lehren: diejenige, welche Augen und Herz fesselt, die bringt Wohlfahrt; um keine andere soll man sich kümmern.

Die Meinung einiger ist, dass das Mädchen Augen und Herz fesseln soll. Zu welcher man herzliche Anhänglichkeit und Augenliebe verspürt und das andere bei Vorhandensein auch von Angehörigen usw., mit der erlangt man, wenn sie geheiratet wird, Glück, die Erreichung der drei Lebensziele. Das ist also die beste Art. – »Um keine andere soll man sich kümmern«, bei der das nicht zutrifft. Das ist die schlechteste Art. Hier würde man nur unter Berücksichtigung der Angehörigen usw. freien, die Erstgenannte aber von ganzer Seele: das ist der Unterschied. Bei Mängeln jedoch, auch wenn Augen und Herz gefesselt sind, lasse man sie unberücksichtigt. Auch hier ist die größere oder geringere Bedeutung der Fehler zu beachten.

Nun beschreibt (der Verfasser) das Verhalten innerhalb des Anhanges des Mädchens bezüglich des Freiens:

Darum sollen sie das Mädchen, wenn die Zeit der Hingabe gekommen ist, in feiner Kleidung zur Schau stellen. Am Nachmittage führe die Geschmückte mit ihren Freundinnen beständig Spiele auf. Bei Volksaufläufen, z. B. Opferfesten, Hochzeiten usw. finde eifriges Zeigen statt; und ebenso an anderen Festen, indem sie ganz wie eine Ware behandelt wird.

»Darum«, weil das Mädchen nicht gefreit wird wegen böser Vorzeichen, indem sie schlafend betroffen wurde usw. – »Wenn die Zeit der Hingabe gekommen ist«. Da das eine elliptische Ausdrucksweise ist, so bedeutet das: auch zur Zeit des Freiens. – Die Angehörigen des Mädchens sollen sie in voller Toilette zur Schau stellen. – »Am Nachmittage« vor der Hingabe, sollen sie die dem Nachmittage entsprechende Beschäftigung vornehmen lassen. Diese beschreibt (der Verfasser): »Beständig führe sie mit ihren Freundinnen Spiele auf«, auf der Straße, den öffentlichen Plätzen usw. Bei »Opferfesten, Hochzeiten usw.«, die andere angehen. »Volksaufläufen«, an denen die Menschen zusammenströmen ... »Eifrig«, durch Eifer zu erreichen. Da sie von Dienern umgeben ist, schauen die Leute aus Neugierde eifrig nach ihr. »Ebenso an anderen Festen«, am Frühlingsfeste und bei anderen Volksaufläufen, wo eifriges Schauen stattfindet. »Indem sie ganz wie eine Ware behandelt wird«: die Leute schauen nämlich neugierig nach ihr, wie nach einem Verkaufsgegenstande; wenn man nicht nach ihr hinsieht, dürfte sie wie eine Ware übrig bleiben.

Nun nennt (der Verfasser) die Kennzeichen und die Aufwartung der Freier:

Die um des Freiens halber kommenden, schön anzuschauenden, freundliche Worte machenden und von jenen Angehörigen begleiteten Männer sollen sie feierlich empfangen.

Jenes geschmückte Mädchen sollen sie unter einem anderen Vorwande zeigen. Die Prüfung des Schicksals führen sie zu Ende, bis sie zur Hingabe entschlossen sind.

»Um des Freiens halber«, da das Mädchen normal von Gliedern ist und glückverheißenden Wandel führt. – »Freundliche Worte machend«, genehme Reden brauchend. – »Von jenen Angehörigen begleitet«: wie oben gesagt wurde, Freunde und Angehörige, mit diesen zusammen, ist der Sinn. »Feierlich«: mit saurer Milch, ungehülstem Korn usw. »Sollen sie empfangen«, die Angehörigen des Mädchens. – »Unter einem andern Vorwande«, indem sie einen andern Zweck vorgeben. Nicht aber sollen sie sie ohne Weiteres zeigen; da sie noch nicht fest entschlossen sind, sie hinzugeben. – »Die Prüfung des Schicksals«: solange die Hingabe noch nicht fest beschlossen ist, hängt sie noch von himmlischen Einflüssen ab. »Die Prüfung wollen wir mit den Freunden und Angehörigen vornehmen!« – so sollen sie sie »zu Ende führen«. Ein anderer aber sagt: »Die Prüfung des Schicksals stelle man an mit Lehmklößen von einer Kuhhürde, einer Ackerfurche, einem Teiche, einem Baume, einer Leichenstätte, einem unfruchtbaren Landstriche, einem Götterbilde und einem Kreuzwege.«

Zum Bade usw. eingeladen sollen die Freiwerber denselben Tag noch nichts zugestehen, mit den Worten: »Es wird schon, alles werden.«

»Zum Bade usw. eingeladen«: der Anhang des Mädchens. – »Freiwerber«, weil sie freiwerben. – »Alles«, das Bad usw. – »Es wird schon werden«, wenn Prajāpati gnädig ist. – »Denselben Tag«: an jenem Tage sollen sie mit dem Baden usw. sich nicht einverstanden erklären.

Je nach dem Gebrauche des Landes heirate man gemäß dem Lehrbuche nach irgendeinem Hochzeitsmodus von denen des Brahma, des Prajāpati, der rṣi's oder der Götter. – Das sind die Regeln für das Freien.

»Je nach dem Gebrauche des Landes«: d. h. entsprechend dem in jedem einzelnen Lande geltenden Brauche. »Nach irgendeinem Hochzeitsmodus von denen des Brahma, des Prajāpati, der rṣi's oder der Götter«, da diese gesetzmäßig sind. So heißt es: »Bei der Brahma-Art gebe ein Freund das schön geschmückte Mädchen hin, nachdem er es herbeigeholt hat; Prajāpati-Art nennt man es, wenn man dabei sagt: ›Übe zusammen mit ihm Tugend!‹ Die rṣi-Hochzeit wird es genannt, wenn man Reichtümer und ein Paar Kühe mitgibt; die Götterart ist es, wenn ein Priester am Altare die Handlung vollzieht«. – »Gemäß dem Lehrbuche«, nach der im Gṛhya angegebenen Regel.

§ 24 - Die Prüfung der Verbindungen

DA DAS WERBEN nicht stattfindet, wenn man die Verbindung noch nicht geprüft hat, nachdem man ein Mädchen nach seinen Angehörigen usw. ins Auge gefasst hat, folgt jetzt die Prüfung der Verbindungen.

Hier gibt es einige Verse:

Gemeinschaftliche Spiele, Versergänzungen usw., Heiraten und innige Vereinigungen sind nur mit Ebenbürtigen zu unternehmen, nicht mit Höheren oder Niedrigeren.

»Versergänzen usw.«: so zusammen Spiele unternehmend. »Innige Vereinigungen«, Freundschaften. – »Nur mit Ebenbürtigen«, Gleichen, indem sie an Ansehen durch Abstammung, Angehörige, Vermögen und Aussichten gleich sind.

So ist die Verbindung eine dreifache, je nachdem der sich Verbindende ebenbürtig ist oder höher oder tiefer steht. (Der Verfasser) beschreibt das je nach dem Zwecke:

Wenn der Liebhaber wie ein Diener lebt, nachdem er das Mädchen genommen hat, so wisse man, dass das eine hohe Verbindung ist, welche von Verständigen gemieden wird.

»Nachdem er das Mädchen genommen«, um das Feuer herumgeführt hat. – »Wie ein Diener«, ein Sklave, da er des Vermögens und der Aussichten ermangelt. – »Hohe Verbindung«, infolge der Verbindung mit einer höher stehenden Person. – »Von Verständigen gemieden«: die das aber nicht sind, gehen eine solche Verbindung ein.

Wenn er, umgeben von seinen Verwandten, wie ein Herr lebt, so ist auch diese, niedrige, Verbindung unrühmlich und wird von den Trefflichen getadelt.

Wenn der Liebhaber, nachdem er das Mädchen gewonnen hat, den Gebieter spielt, da er Vermögen und Aussichten besitzt. – »Von seinen Verwandten«, dem Schwiegervater, Schwager usw., die als Diener fungieren, »umgeben«. – »Unrühmlich«, nicht zu preisen, da die ihr entsprechende Stellung in der Welt fehlt. – »Von den Trefflichen«, die den Lauf der Welt kennen.

Wenn ein Spiel getrieben wird, wobei man beiderseitig Wonne kostet und welches einander auszeichnet: diese Verbindung wird eingegangen.

»Wobei man beiderseitig Wonne kostet«, ein Spiel, bei dessen gegenseitiger Anwendung sowohl der Anhang des Freiers, als auch der Anhang des Mädchens Wonne genießt, »und welches einander auszeichnet«: in welcher Verbindung das geschieht, »diese Verbindung wird, eingegangen«, d. h. von

Trefflichen geschlossen. Die beiden ersten aber werden nicht eingegangen: so ist der Sinn.

Welche von jenen beiden ist die bessere? Darauf sagt (der Verfasser):

Wenn man auch eine hohe Verbindung eingegangen ist, soll man sich später den Anverwandten unterwerfen; nicht aber soll man eine niedrige Verbindung schließen, die von den Trefflichen getadelt wird.

»Wenn man auch eine hohe Verbindung eingegangen ist, soll man später sich den Anverwandten unterwerfen«, selber in das Haus der Verwandten gehen, d. h. nicht in das Haus des Schwiegervaters. – »Nicht aber«: das ist unbedingt verboten.

§ 25 - Das Gewinnen des Vertrauens des Mädchens

WENN MAN NUN auch das Mädchen auf diese Weise erlangt hat, so ist sie doch noch nicht zutraulich und kann noch nicht gebraucht werden. Darum folgt nun »das Gewinnen des Vertrauens des Mädchens«.

Hier beschreibt nun (der Verfasser) die Abhaltung der hierbei gebräuchlichen glückverheißenden Zeremonien nach der Hochzeit:

Wenn sie beide vereint sind, findet drei Nächte lang das Lagern auf dem Erdboden statt, Enthaltsamkeit und Essen ohne Melasse und Salz; ebenso sieben Tage lang Baden unter Musik und Gesang, Toilettemachen, gemeinsames Essen, Ansehen von Aufführungen und Verehrung der Angehörigen. – Das betrifft alle Kasten.

»Wenn sie beide vereint sind«, indem sie durch die Verheiratung zusammengekommen sind. – »Drei Nächte lang«: das Wort Nacht soll die Geschehnisse in der Nacht andeuten. »Lagern auf dem Erdboden«, Ruhen auf der Erde, nicht im Bette. »Enthaltsamkeit«, solange die Opferzeremonie des vierten Tages noch nicht vollbracht ist. Begatten am Tage ist nämlich verboten. – »Melasse«, Zuckerrohrsaft, Sirup usw. »Salz«, Steinsalz usw. Mahlzeiten ohne diese: die hauptsächlich mit Honig, Milch und Schmelzbutter bereitet sind. – Das finde in der Nacht statt; indem es unter der Zahl der nächtlichen Begehungen erwähnt wird. – »Ebenso sieben Tage lang«, so gut wie drei Tage lang; d. h. nach diesen noch sieben weitere Tage. Das Wort Tag soll die Geschehnisse am Tage andeuten. – »Baden« unter Musik und unter Gesang, Singen. »Toilettemachen«, Schmuckanlegen. »Gemeinsames Essen«, an ein und derselben Stelle. Auch vorher fand schon gemeinsames Essen statt, aber infolge der Ausführung des Gelübdes ohne Melasse und Salz und nachts. »Ansehen von

Aufführungen«, Betrachten der »Angehörigen«, Schauspieler usw. »Verehrung«, vermittelst von Odeurs, Kränzen usw. »Das betrifft alle Kasten«: das gilt für alle vier Kasten, Brahmanen usw., da es nicht verboten ist. Das geht in der Welt unter dem Namen der zehntägigen Feier. Und so heißt es: »Nachdem man im Hause des Mädchens wie ein Fürst die Feier der zehn Tage vollbracht hat, gehe man samt der Gattin in seine Behausung oder wie es sonst Sitte in der Familie und im Lande ist.«

Nun nennt der Verfasser das Mittel, das Vertrauen zu gewinnen:

Hierbei nähere man sich ihr in der Nacht und in der Einsamkeit mit zarten Werbungen.

»Hierbei«, in der zehntägigen Feier. – Das Mädchen ist von zweierlei Art: zum geschlechtlichen Verkehre geneigt oder das Gegenteil. Bei der ersten wird das Vertrauen zu gewinnen gesucht mit Rücksicht auf den Liebesgenuss; bei der zweiten, um Furcht und Verschämtheit zu beseitigen. – »In der Nacht«, weil da die Ängstlichkeit nur gering ist. – »In der Einsamkeit«, im Hochzeitsgemache, indem da die Verschämtheit weicht. – »Mit zarten Werbungen«, mit Worten, Berührungen usw., die keine Verwirrung hervorrufen.

Warum findet die Annäherung statt? Darauf antwortet (der Verfasser):

Wenn das Mädchen nämlich drei Nächte lang den Liebhaber ohne ein Wort zu äußern und wie eine Säule dastehen sieht, dürfte es seiner überdrüssig werden und ihn als dritte Menschenform verachten. – So sagen die Anhänger des Bābhravya.

Wenn es ihn »wie eine Säule«, stumm und ohne Bewegung dort »ohne ein Wort zu äußern dastehen sieht, dürfte es seiner überdrüssig werden«, unwillig sein, weil sie mit einem stummen Bauer verheiratet sei; »und ihn verachten«, als Eunuchen, wegen seiner Unbeweglichkeit, und hierbei Gedanken der Missachtung fassen.

Da bei dieser Ansicht alles unbedenklich zugelassen wird, gibt (der Verfasser) ein Verbot:

Man nähere sich und gewinne ihr Vertrauen, aber übertrete das Gelübde der Enthaltsamkeit nicht. – So lehrt Vātsyāyana.

»Man nähere sich«, damit sie der Sache nicht überdrüssig wird, »und gewinne ihr Vertrauen«, damit sie zur fleischlichen Vereinigung geneigt wird; »aber man übertrete das Gelübde der Enthaltsamkeit nicht«; da ein Bruch des Gelübdes zur Unzeit, auch wenn sie dazu geneigt ist, ungesetzlich ist.

Der sich Nähernde gehe zu Werke, ohne etwas zu überhasten.

»Der sich Nähernde« usw. Das ist eine weitere Ausführung jenes »mit zarten Werbungen«. »Ohne etwas zu überhasten«: d. h., er handele, ohne selbst eine Berührung heftig auszuführen.

Warum? Darauf antwortet (der Verfasser):

Blumenartig sind ja die Frauen und müssen sehr zart umworben werden. Wenn sie von Leuten, die ihr Vertrauen noch nicht besitzen, ungestüm umworben werden, lernen sie die geschlechtliche Vereinigung hassen. Darum nähere man sich in zarter Weise.

»Blumenartig«, blumengleich, »sind die Frauen« alle: besonders die Mädchen; »und müssen sehr zart umworben werden«: bei ihnen gilt nur zartes Werben, gekennzeichnet durch Berühren usw. »Von Leuten, die ihr Vertrauen noch nicht besitzen«: die es aber gewonnen haben, denen gereicht ein »ungestümes« Werben nicht zum Vorwurfe. »Lernen die geschlechtliche Vereinigung hassen«, indem sie ihnen unerwünscht wird. Darum »in zarter Weise«, sanft. Für alle Arten der Werbung gilt das als erste Regel.

(Der Verfasser) nennt nun, da die Ausführung der Werbungen unmöglich ist, wenn jener noch nicht zur freien Entfaltung gekommen ist, das Mittel dazu:

Wo er jedoch selbst mit List ungehemmtes Auftreten erreichen kann, da dringe er vor.

»Mit List«: vermittelst irgend einer schlauen List, die den Umständen entspricht. »Wo er ungehemmtes Auftreten«, bei der Unterhaltung oder dem Spiele mit ihrer Freundin für sich selbst Raum »erreichen kann«, eben »da«, vermittelst der Unterhaltung oder des Spieles »dringe er vor« gegen sie.

Wenn er nun freie Hand bekommen hat, beginnt er zunächst mit der Umarmung. So sagt (der Verfasser):

Vermittelst der Ausführung der Umarmung, wie es ihr recht ist, da sie nicht zu lange dauert.

»Wie es ihr recht ist.« Wieso ist es ihr recht? Darauf antwortet (der Verfasser): »Da sie nicht zu lange dauert«: unmittelbar, nachdem sie ausgeführt ist, wird aufgehört, so dass sie keine Verwirrung bewirkt.

Er beginne mit dem Oberkörper, da dieser etwas aushält.

»Mit dem Oberkörper«: »er beginne« zunächst mit dem Teile, der oberhalb ihres Nabels liegt; »da dieser etwas aushält«; er kann die Annäherung vertragen. Nicht mit dem Unterleibe, weil das Verwirrung verursacht.

Bei einer, die das Jungfrauenalter erreicht und von früher her schon vertraut ist, bei dem Scheine der Lampe, bei einem Mädchen und bei einer, mit der man noch nicht vertraut ist, in der Dunkelheit.

»Bei dem Scheine der Lampe«, die in dem Hochzeitsgemache sich befindet. »Bei einer, die das Jungfrauenalter erreicht und von früher her schon vertraut ist«, da hier keine Furcht und Verschämtheit vorhanden ist. – »Bei einem Mädchen und bei einer, mit der man noch nicht vertraut ist, in der Dunkelheit«, wegen der überaus großen Verschämtheit. – Wenn sie auch schon das Jungfrauenalter erreicht hat, ist sie doch geheiratet worden mit Rücksicht auf andere Glück verheißende Merkmale, indem das nur ein leichter Fehler ist.

Wenn sie die Umarmung geduldet hat, gibt er ihr mit dem Munde Betel. Wenn sie darauf nicht eingeht, lasse er sie es nehmen durch freundliche Reden, Verwünschungen, Gegenforderungen und Fußfälle. Selbst ein verschämtes und heftig zürnendes Weib kann einem Fußfalle nicht widerstehen: das ist allgemein gültig.

»Gibt ihr mit dem Munde Betel«: mit seinem eignen Munde, indem Geduld bei dem Küssen erwünscht ist. – »Wenn sie darauf nicht eingeht«, sie den Betel nicht annimmt, »lasse er sie es nehmen durch freundliche Reden«, liebenswürdige Worte, »Verwünschungen«: »Bei meinem Leibe beschwöre ich dich!« – »Gegenforderungen«: »Gib du mir es!« oder »Fußfälle«, das letzte Stadium. Denn es gibt außer dem Fußfalle kein weiteres Mittel, dass die Frau die Verschämtheit aufgibt und den Zorn fahren lässt. »Das ist allgemein gültig«: nicht nur bei einem Mädchen, sondern auch anderswo.

Bei Gelegenheit des Darreichens desselben gebe er ihr einen zarten, lauteren und nicht übermäßigen Kuss. Wenn sie damit gewonnen ist, bringe er sie zum Sprechen. Um das zu hören, frage er, gleichsam als wisse er es nicht, nach irgend etwas, was sich mit wenigen Lauten beantworten lässt. Wenn sie hierbei nicht dreist wird, frage er wiederholt, voller Freundlichkeit und ohne sie zu verwirren. Wenn sie auch dann nicht redet, fahre er beharrlich fort.

»Zart«, wobei kein Festpacken stattfindet, da ein solches in Verwirrung setzt. – »Lauter«, (nur) Berührung verursachend. »Nicht übermäßig«, lautlos. Über einen schallenden Kuss würde sie beschämt sein. – »Wenn sie damit gewonnen ist«, durch den Kuss günstig gestimmt ist, »bringe er sie zum Sprechen«, damit sie redet. (Der Verfasser) gibt das Mittel hierfür an: »Um das zu hören«, um sie sprechen zu hören. »Irgend etwas«, was sie gerade gesehen oder gehört hat, »was sich mit wenigen Lauten beantworten lässt«, indem es leicht zu erzählen ist. »Gleichsam als wisse er es nicht«; sonst dürfte sie merken, dass er sie zum Sprechen bringen will. – »Wenn sie hierbei nicht dreist wird«, schweigend dasteht. »Voller Freundlichkeit«, voller Artigkeit. – »Fahre beharrlich fort« in dieser Weise.

Sie bekommt doch die Beharrlichkeit satt? Dazu sagt (der Verfasser):

Alle Mädchen nämlich lassen sich die von dem Manne angewendeten Worte gefallen; aber sie sagen nicht einmal ein geringfügiges Wort dagegen. So sagt Ghotakamukha.

»Angewendet«, immer wieder gesprochen. – »Lassen sich gefallen«, da dabei die Liebe sich offenbart. – »Nicht einmal ein geringfügiges«, aus nur wenig

Buchstaben bestehendes, wenn auch mit einem Doppelsinne versehenes, »sagen sie«, da sie von Scham überwältigt sind.

Hier nennt (der Verfasser) die Art und Weise, wie das Mädchen sprechen soll:

Wenn sie aber beharrlich gefragt wird, soll sie durch Bewegen des Kopfes Antworten geben; bei einem Zanke aber soll sie den Kopf nicht bewegen.

»Durch Bewegen des Kopfes«: wenn sie gefragt wird: »Weißt du es?« soll sie die Antwort: ›Ich weiß es‹ durch Auf- und Abbewegen des Kopfes geben; die Antwort: ›Ich weiß es nicht‹ durch Seitwärtsbewegen des Kopfes: um sich vor Dreistigkeit in acht zu nehmen. – »Bei einem Zanke aber«: wenn einmal, während sie nicht spricht, durch eine List ein Wortstreit entstanden ist in Gestalt von Treiben und Wiederantreiben, »soll sie den Kopf nicht bewegen«, wenn sie gefragt wird: »Bist du zornig oder nicht?« um eben den Zorn anzudeuten.

Wenn aber kein Zank vorliegt, und man erfahren will, ob Liebe vorhanden ist, für diesen Fall gibt (der Verfasser) an, wie sie sprechen soll:

»Verlangst du nach mir oder verlangst du nicht nach mir? Gefalle ich dir oder gefalle ich dir nicht?« So befragt bleibe sie lange stehen und, wenn beharrlich gedrängt, bewege sie den Kopf dementsprechend; wird sie aber noch weiter gedrängt, so widerstrebe sie.

»Verlangst du nach mir oder verlangst du nicht nach mir?« – Das ist eine Frage zur Gegenwart. »Gefalle ich dir oder gefalle ich dir nicht?« ist eine Frage für die Zeit vor der Hochzeit. – »Sie bleibe lange stehen«: die Frage ist schwer zu beantworten. Soll sie die erste Hälfte bejahen, so ist das Dreistigkeit und Leichtfertigkeit; wenn die andere Hälfte bejaht wird, Härte. Darum wird sie von dem Liebhaber »beharrlich gedrängt«, um zu hören, was bei der Zweifelfrage wohl gewählt werden mag. Wenn sie nun so beharrlich gedrängt wird, passt für sie die Bejahung beider Hälften: so sagt (der Verfasser): »Dementsprechend«, d. h. sie bewege ihr Haupt in beiden Fällen, entsprechend der ersten und der zweiten Hälfte. – »Wird sie aber weiter gedrängt«, wird sie von dem Liebhaber, da sie nichts Bestimmtes offenbart hat, noch weiter getrieben, »so widerstrebe sie«: um ihren Zorn auszudrücken, rede sie Verkehrtes: »Du gefällst mir nicht; ich verlange nicht nach dir!«

(Der Verfasser) gibt nun für den Fall, dass sie schon von früher her bekannt ist, die Regeln an für die Ausführung des Sprechens:

Wenn sie vertraut ist, lässt man eine geneigte und für beide Teile vertrauenswürdige Freundin dazwischen treten und eine Geschichte erzählen. Dabei lächele sie mit gesenktem Antlitz. Wenn jene zuviel sagt, schelte und streite sie. Sie aber sage im Scherz selbst Dinge, die jene nicht gesagt hat, mit den Worten: ›Das hat sie gesagt‹. Hierbei stoße sie sie weg, und um Antwort gebeten bleibe sie still sitzen. Wenn sie aber beharrlich gefragt wird, sage sie mit undeutlichen Lauten und unsicherem Sinne: ›So etwas sage ich nicht!‹ – Den Liebhaber blicke sie bisweilen lächelnd von der Seite an. – Das ist die Einleitung der Unterhaltung.

»Eine Freundin«, eine aus der Zahl der Freundinnen, die ihnen »geneigt« ist »und für beide Teile vertrauenswürdig«, mit beiden vertraut, indem sie die Vorgeschichte derselben kennt. Sie lässt man »dazwischen treten«, macht man zur Vermittlerin; und nun beginnt das Erzählen. Man lässt sie »eine Geschichte erzählen«, die dem Liebhaber früher passiert ist: d. h. »Gefalle ich ihr oder nicht?« – »Dabei«: »Seit du bei dem und dem Spiele mit ihr bekannt geworden bist, seitdem gefällst du ihr!« Während die Freundin so berichtet, »lächele sie mit« vor Scham »gesenktem Antlitz«, um anzudeuten, dass es sich wirklich so verhält. – »Wenn sie«, die Freundin, »zuviel sagt«, von übermäßiger Zuneigung berichtet, »schelte« die Liebhaberin »und streite sie«, zanke mit ihr. »Sie aber«, die Freundin, »sage selbst Dinge, die jene – die Liebhaberin – nicht gesagt hat«: ›Wenn du heute noch die Hochzeit feierst, ist es schön!‹ – »Hierbei«, bei dem Berichten von der Zuneigung. »Mit unsicherem Sinne«, wegen der Undeutlichkeit der Laute; um ihre Naivität anzudeuten. – »Den Liebhaber blicke sie lächelnd bisweilen«, von Zeit zu Zeit, infolge ihrer Vertrautheit, »von der Seite an«, indem sie das Gesicht hebt; um das Übermaß ihrer Zuneigung anzudeuten.

Wenn sie so vertraut geworden ist, lege sie ohne ein Wort zu sagen in seine Nähe den erbetenen Betel, Salben und Kranz oder befestige es an seinem Obergewande. Bei dieser Gelegenheit berühre er sie mit dem tönenden Nägelmale oben an den Brustknospen. Wird ihm gewehrt, dann sage er: ›Umarme auch du mich, dann will ich es nicht wieder tun?‹ Unter dieser Bedingung bringe er sie dazu, ihn zu umarmen. Er selbst führe seine Hand bis zur Nabelgegend und wieder zurück. Allmählich setze er sie auf seinen Schoß und gehe weiter und weiter. Wenn sie nicht darauf eingeht, setze er sie in Furcht.

»Wenn sie so vertraut geworden ist«, durch Umarmen, Betel, Küsse und Unterhaltung. – »Ohne ein Wort – ›nimm!‹ – zu sagen«. »Erbeten«, von dem Liebhaber. – »Lege«, stelle hin. – »Bei dieser Gelegenheit«, während sie das hinlegt, oder »es an seinem Obergewande befestigt«. – »Mit dem tönenden Nägelmale«, das früher beschrieben worden ist; »an den Brustknospen«: das Wort »Knospe« ist gewählt, weil übermäßig heftige Berührung unterbleiben soll, wegen ihrer Jugend. – »Wird ihm gewehrt«, dann »bringe er sie dazu, ihn zu umarmen« unter der Bedingung der Berührung. Diese Bedingung nennt der Verfasser: »Umarme auch du mich«. – »Bis zur Nabelgegend«, bis zum Nabel hin, »führe er die Hand und wieder zurück«, um es zu wiederholen und seine Geduld zu zeigen. Der Sinn ist: er führe die Hand immer wieder hin. – »Allmählich«, nicht mit einem Schlage, »setze er sie auf seinen Schoß«. – »Weiter und weiter«, mit Nägel- und Zahnwunden; »wenn sie nicht darauf eingeht«, auf das weitere Vorrücken, »setze er sie in Furcht«.

Wieso? – Das sagt (der Verfasser):

»Ich werde auf deiner Unterlippe Zahnwunden hervorbringen und Nägelmale auf der Wölbung der Brüste; und nachdem ich dasselbe bei mir selbst getan habe, werde ich bei der Schar deiner Freundinnen erzählen, du hättest es getan. Was wirst du dann dazu sagen?« – Mit solchen Einschüchterungen für Kinder, die aber zugleich eine Beruhigung für sie sind, verwirre er sie nach und nach. In der zweiten und dritten Nacht, wo sie etwas mehr vertraut ist, arbeite er mit der Hand.

»Nachdem ich dasselbe bei mir selbst getan habe«. Zahn- und Nägelwunden. – »Was wird die Schar der Freundinnen zu diesem bösen Treiben einer eben erst Verheirateten anderswo sagen?« – Damit schreckt man Kinder. Bei dem Führen solcher Reden ist aber auch die Beruhigung des Kindes schon mit enthalten, dass man nicht so handeln werde. – »Er verwirre sie nach und nach«: mache sie seinen Absichten willfährig. So wird in der ersten Nacht ihr Vertrauen gewonnen; »in der zweiten und dritten Nacht«, wo ein Überschuss dagegen vorhanden ist, »arbeite er mit der Hand«, bewirke er, dass sie an den Achseln, Schenkeln und der Schamgegend die Berührung mit der Hand zu fühlen bekommt.

(Der Verfasser) gibt das Mittel für das Arbeiten mit der Hand an:

Er verschreite zu dem Küssen an allen Gliedern.

»An allen Gliedern«: wenn sie auf die Stirn, die Augen usw. geküsst wird, wird sie verwirrt und geht auf alles ein.

Nun gibt (der Verfasser) die Regeln für das Arbeiten mit der Hand an:

Wenn er die Hand auf die Schenkel gelegt hat und die Handlung des Streichelns vollbracht ist, streichle er der Reihe nach auch die Vereinigungsstelle der Schenkel. Wird das Streicheln verboten, dann verwirre er sie durch die Frage: »Was ist da weiter dabei?« – und fahre ruhig damit fort. Ist das vollendet, so folgt das Befühlen der Schamgegend, das Losbinden des Gürtels, das Lösen des Untergewandes, das Ablegen der Kleider und das Streicheln der Vereinigungsstelle der Schenkel. Das alles geschieht von ihm unter anderen Vorwänden. Hat er den Penis eingeführt, so ergötze er sie; nicht zur Unzeit aber breche er das Gelübde. Er unterrichte sie, zeige die eigne Zuneigung und beschreibe die früheren Wünsche; für die Zukunft lasse er erkennen, dass sein Benehmen in Willfährigkeit gegen sie bestehen werde; die Furcht vor Nebenbuhlerinnen beseitige er; und wenn sie mit der Zeit allmählich den Mädchenstand verlassen hat, nähere er sich ihr, ohne sie zu erschrecken. – Das ist das Gewinnen des Vertrauens des Mädchens.

»Auf die Schenkel«: hierbei gilt folgende Reihenfolge: Zu erst wird der Oberkörper gestreichelt; ist das vollendet, dann streichele er die Schenkel, nachdem er »die Hand auf die Schenkel gelegt hat«; dann »der Reihe nach die Vereinigungsstelle der Schenkel«. Hierbei, bei der Streichelung der Verbindungsstelle der Schenkel »verwirre er sie« durch Küsse und tönende Nägelmale; »und damit«, mit dem vorher angeführten Streicheln, »fahre er ruhig fort«, um Geduld zu zeigen. »Ist das vollendet«, das Streicheln an der Schamleiste, »dann folgt das Befühlen der Schamgegend«. Unter dem Vorwande des Streichelns nehme er »das Losbinden des Gürtels« usw. vor.

Die wiederholte Erwähnung des Streichelns an der Schamleiste soll andeuten, dass man davon nicht lassen soll, da man auf die Weise auch die Scham berühren kann. »Das alles« die Beschäftigung mit dem Berühren der Scham usw. »geschieht von ihm – dem Liebhaber – unter anderen Vorwänden«: nach den drei Nächten ist das vorzunehmen, indem man etwas anderes vorgibt; d. h. ohne einen Bruch des Gelübdes zu begehen. – »Hat er den Penis eingeführt«, nach dem Opfer am vierten Tage, »so ergötze er sie«: das Ergötzen besteht in der Hervorrufung der Liebeswonne ohne Erschrecken. – »Er unterrichte sie«, bringe ihr die vierundsechzig Künste bei; »zeige die eigene Zuneigung«, durch Gebärden und Äußeres, »und beschreibe die früheren Wünsche«, die er alle sich ausgedacht hat: ihre Lippen zu trinken usw. »Für die Zukunft«, für die bevorstehende Zeit, »lasse er erkennen, dass sein Benehmen in Willfährigkeit gegen sie bestehen werde«: »Was du sagst, das muss ich tun!« »Die Furcht vor Nebenbuhlerinnen beseitige er«, dass sie durch eine zweite Frau hintangesetzt werden könne. Und wenn sie im Laufe der Zeit »den Mädchenstand verlassen hat«, eine junge Frau geworden ist, »nähere er sich ihr, ohne sie zu erschrecken«. Auch dann gilt dieselbe Reihenfolge, die deutlich innezuhalten ist.

(Der Verfasser) sagt, indem er das Gesagte zusammenfasst:

Es gibt hier einige Verse:

So willfahrend mache man das Mädchen mit List bereit: auf diese Weise wird es voller Zuneigung und recht vertraut.

»So willfahrend«, nachdem man die Gedanken ihres Herzens erkannt hat. – »Mit List«, durch Kniffe. – »Mache man das Mädchen bereit«, gewinne man ihr Vertrauen. Was geschieht dann? Darauf sagt (der Verfasser): »Auf diese Weise«, nachdem es recht »vertraut« geworden ist, »wird es voller Zuneigung«. So ist zu verbinden.

Hierbei gibt er noch eine besondere Regel:

Nicht durch übermäßiges Anklammern an die natürliche Ordnung, noch durch übermä-
ßiges Handeln gegen die natürliche Ordnung erlangt man das Ziel bei den Mädchen;
darum gewinne man sie durch den Mittelweg.

»Das Ziel«, die Liebeswonne. Hier, bei dem Vorgehen nach der »natürlichen
Ordnung« wäre das der Weg auch für die Zukunft; und dann gäbe es keinen
Erfolg auf diesem Gebiete, da sein freier Wille getötet wird. Handelt man
»gegen die natürliche Ordnung«, gegen das Herkommen, wie soll man dann
Erfolg auf diesem Gebiete haben, da Abneigung eintritt? »Darum gewinne
man sie durch den Mittelweg«, mit List.

Was für einen Erfolg hat das Gewinnen des Vertrauens? Darauf antwortet
(der Verfasser):

Wer sich darauf versteht, das Vertrauen der Mädchen zu gewinnen, was ihm selbst
Liebe einbringt und bei den Frauen den Stolz mehrt, der wird bei ihnen beliebt werden.

»Mehrt«, indem das das Wesen der höflichen Umwerbung ausmacht. Das
Wort »Frauen«, während man von Mädchen sprechen sollte, soll andeuten,
dass bei der ersten Vereinigung das ganz allgemein gilt. Den Lohn dieser
Erkenntnis gibt (der Verfasser) an, indem er sagt: »Der wird bei ihnen beliebt
werden.«

Wer aber ein Mädchen als zu schamhaft verschmäht, der wird gleich einem Vieh verach-
tet, da er sich auf Gedanken nicht versteht.

Mit Ungestüm aber genossen von einem, der das Mädchenherz nicht zu nehmen weiß,
bekommt sie Furcht, Zittern, Verwirrung und Hass zugleich.

Wenn sie nicht zum Genusse der Liebe gekommen oder durch ihn mit Verwirrung
besudelt ist, wird sie entweder zur Männerfeindin, oder sie geht, feindlich gesinnt, einem
andern als diesem nach.

»Als zu schamhaft«: aus diesem Grunde ist kein Mädchen zu verschmähen! –
Dies ist eine weitere Ausführung jener Stelle: »Wenn das Mädchen drei Nächte
lang den Liebhaber dastehen sieht, ohne dass er ein Wort äußert, dürfte es
seiner überdrüssig werden und ihn verachten.« – »Genossen«, beschlafen. –
»Furcht«, so dass sie ihm nicht einmal vor die Augen zu treten wagt; »Zittern«,
Beben des Leibes, wenn sie an ihn denkt; »Verwirrung« Abwendung vom
Essen usw. – »Wenn sie nicht zum Genusse der Liebe gekommen ist«, da sie
als allzu schamhaft verschmäht wird. – »Mit Verwirrung besudelt«, da sie
ungestüm genossen worden ist. – »Männerfeindin«: sie hasst alle Männer und
ist ihnen feindselig gesinnt, da sie meint, dass jeder so ist; weil sie die (wahre)
Liebe nicht genossen hat. Daher verlässt sie diesen und geht zu einem anderen
Manne.

§ 26 - Das Herangehen an ein Mädchen

DAS GEWINNEN DES VERTRAUENS eines Mädchens, welches man unter Beachtung der Regeln für das Freien erlangt hat, ist nun abgetan. Bei einer aber, die man nicht erlangen kann, auch wenn man um sie freit, gibt es vier Hochzeitsarten, die der Gandharven usw. Zuvörderst gibt (der Verfasser) die Gründe an, weshalb sie nicht erlangt werden kann:

Ein an Geld Armer, wenn auch an Vorzügen Reicher; oder einer mit mäßigen Vorzügen, aber arm an Vorwänden; oder ein reicher Nachbar; einer, der von den Eltern und Brüdern abhängt; oder einer, der als Kind gilt und ein gewöhnlicher Gast ist, soll aber nicht um das Mädchen freien, da es unerreichbar ist. Von Kindheit an soll er selbst sie sich geneigt machen. Und wenn er, mit solchen Eigenschaften, im Hause eines Onkels im Südlande als Kind, von Vater und Mutter getrennt, in demütiger Stellung weilt, soll er die infolge des Geldreichtums für ihn unerreichbare Tochter des Onkels, auch wenn sie vorher schon versagt ist, zu gewinnen suchen; auch nach einer anderen, außerhalb Stehenden, soll er trachten. Da auf diese Weise bei dem Mädchen der Dharma erreicht wird, so ist diese Erlangung preiswürdig, sagt Ghotakamukha.

»Ein an Geld Armer«, ein Mittelloser bekommt das Mädchen nicht, auch wenn er an Vorzügen, Angehörigen u w. reich ist. – »Oder einer mit mäßigen Vorzügen, aber arm an Vorwänden«: dessen Vorzüge, Schönheit, Charakter usw. mäßig sind und der arm an Vorwänden ist, da die Hauptsache, Angehörige, fehlt. – »Oder ein reicher Nachbar«, der in der Nähe ihres Hauses wohnt, bekommt sie nicht, aus Geldstolz und da er Streit usw. über das Grenzgebiet erhebt. – »Ein Abhängiger«, Unselbständiger, da die Eltern und Brüder noch da sind, bekommt sie nicht, auch wenn er Geld hat.

»Oder einer, der als Kind gilt und ein gewöhnlicher Gast ist«, der wie ein Knabe angesehen wird und auch ungehinderten Zutritt im Hause hat, bekommt sie nicht, da man ihn nicht beachtet. – Wenn man nicht freit, wie kann man sie da erlangen? Darauf antwortet (der Verfasser): »Von Kindheit an soll er sie sich geneigt machen.« Denn wenn sie Zuneigung hegt, lässt sie sich von selbst nach dem Gandharvenritus heimführen. Denn »der Gandharvenritus besteht in der eigenmächtigen Verbindung«. Darum werden die verschiedenen Weisen namhaft gemacht, um durch Galanterie gegen das Mädchen dasselbe geneigt zu machen. In welcher Gegend nun hauptsächlich eine derartige Gepflogenheit herrscht, mit Bezug darauf sagt (der Verfasser): »Mit solchen Eigenschaften«, der Armut usw. versehen; »im Südlande«, da man hier die Tochter des Mutterbruders heiraten kann; »von Vater und Mutter getrennt«, da sie tot sind, »in demütiger Stellung« mit der Familie des Onkels vereint. »Auch wenn sie vorher schon einem andern zugesagt ist« oder auch in dem Falle, dass sie nicht zugesagt ist. – »Auch nach einer andern, außerhalb Stehenden, soll er trachten«, die nicht Tochter des Onkels ist und außerhalb der Verwandtschaft mit den Eltern steht. Hier heißt es, selbst handeln, da es sich um eine Person handelt, deren sehr wünschenswerter Besitz nur durch eigene Tätigkeit erlangt wird.

Damit deutet (der Verfasser) an, dass diese Regel auch in anderen Gegenden gilt. – Da von Jugend auf die Erstrebung des Dharmas geschieht und bei dem Mädchen um des Dharma willen die durch Sehen und Unterhaltung gekennzeichnete Erlangung stattfindet, »so ist diese Erlangung«, das Gewinnen, bestehend in dem Geneigtmachen, »preiswürdig«. Wie sonst sollte durch das bloße Sehen ein Erlangen möglich sein? – Und die Gandharvenhochzeit usw. ist gesetzlich gebilligt: so heißt es denn: »Da (unter den Heiratsformen) sind die vier ersten rechtmäßig; einige meinen, die sechs ersten.« –

Je nach der Art der Annäherung unterscheidet man zwischen Knaben und Jünglingen. Mit Bezug auf die ersteren sagt (der Verfasser), wie man ein Mädchen sich geneigt machen könne:

Mit ihr zusammen treibe er Blumensammeln, Flechten, Häuserbauen, Puppenspiel und Speise und Trank bereiten. Er richte sich nach dem Grade der Bekanntschaft und dem Alter. Das Würfelspiel, Webespiel, Par oder unpar, Kleinfingerspiel usw., Mittelfingerfangen, Sechssteinsspiel und andere lokale Spiele soll er mit Rücksicht auf ihre Neigung mit ihren damit beschäftigten Sklaven und Sklavinnen und mit ihr spielen. Bewegungsspiele: das Augenschließen, Anfangen, Salzkarawane, Windschlagen, Weizenhaufen, Fingertippen und andere lokale Spiele mit den Freundinnen.

»Mit ihr«, dem Mädchen. – »Sammeln«, von einem hohen Baume. »Flechten«, der Blumen. – »Häuserbauen«, aus Holz oder Lehm; sehr kleine. – Puppen bestehen aus Garn, Holz usw. – »Speise und Trank bereiten«: richtige Speisen aus Reiskörnern, andere aus Sand. – »Nach dem Grade der Bekanntschaft und dem Alter«: indem er darauf achtet, ob seine Bekanntschaft noch sehr jung oder vorgeschritten und das Alter kindlich oder jugendlich ist, handele er dementsprechend. Das wird nicht weiter ausgeführt. – »Würfelspiel«, Spiel mit Würfeln. »Webespiel«: das Weben von Zeugstreifen. – »Par oder unpar«; bekannt! – »Kleinfingerspiel usw.«, pañcasamaya usw. – »Mittelfingerfangen«, das Ergreifen des Mittelfingers, der durch Umstellen der Finger versteckt wird. – »Sechssteinespiel«, wobei sechs ganz kleine Steine mit dem Innern der Hand hochgeworfen und mit dem Rücken aufgefangen werden. – Das Wort »usw.« bedeutet: auch noch andere »lokale Spiele«, Fünfspiel, Handausstrecken usw. – »Mit Rücksicht auf ihre Neigung«, wohin der Geliebten der Sinn steht. – »Mit ihren damit beschäftigten Sklaven und Sklavinnen«: wenn ihre Sklaven und Sklavinnen spielen, soll er mitspielen; und, nachdem er so zu ungehindertem Auftreten gelangt ist, auch »mit ihr«.

»Bewegungsspiele«, womit körperliche Anstrengung verbunden ist. Diese nennt der Verfasser: »Augenschließen«: hierbei lässt man einen die Augen schließen, die übrigen verstecken sich an versteckten Orten; darauf tut jener die Augen auf und wen er findet, dem werden die Augen geschlossen. – »Anfangen«, ein Spiel mit schwarzen Früchten. – »Salzkarawane«, bekannt als Salzmarkt. – »Windschlagen«: wobei man die Arme wie ein Paar Flügel ausstreckt und sie wie ein Rad dreht. – »Weizenhaufen«. Das Wort ›Weizen‹ ist elliptische Bezeichnung für Reis. Hierbei nimmt jeder einzelne unter vielen einige Rupien, tut sie in den Reis, vermischt sie damit und macht so und so viele Teile. Nun nehmen jene nach Belieben je einen Teil und suchen die Rupien: wer sie hierbei nicht findet, gibt eine andere. – »Fingertippen«: hierbei schließt einer die Augen; die andern tippen ihn auf die Stirn und fragen: ›Wer hat dich angetippt?‹ – »Und andere lokale Spiele«: Froschspiel, Einfuß usw. – Das sind gewöhnlich die Mittel der Annäherung für einen Knaben.

(Der Verfasser) nennt nun diejenigen, welche gewöhnlich einem Jünglinge zukommen:

Welche er als ihre Vertraute kennt, mit der soll er feste Freundschaft schließen und auf vertrauten Umgang achten. Ihre Milchschwester soll er außerordentlich mit Liebe und Fürsorge behandeln. Denn wenn diese (ihm) geneigt ist, kann sie, auch wenn sie den Stand der Dinge kennen gelernt hat, ihn und sie vereinigen, ohne ihn abzuweisen. Auch wenn sie nicht darum angeredet wird, kann sie als Lehrerin handeln: Wenn sie nämlich den Stand der Dinge auch nicht kennt, kann sie doch aus Zuneigung seine Vorzüge ins rechte Licht setzen, damit die Umworbene Zuneigung empfindet.

Wonach auch immer die Umworbene Verlangen zeigt, alles das möge er ausfindig machen und ihr verschaffen. Seltsame Spielzeuge, auch solche, die man nur selten bei anderen (Mädchen) findet, mache er ihr mühelos zurecht. Hierbei zeige er ihr einen mit vielen Streifen versehenen und mit kleinen Linien verzierten Ball und sonstige; ferner Puppen aus Garn, Holz, Büffelhorn und Elfenbein; aus dem Überreste des Honigs, Mehl und Ton. Er zeige ihr seine Kochkunst, um Essen zu kochen; zwei aus Holz gefertigte, verbundene Schafe, ein männliches und ein weibliches; Ziegen und Schafe, Gotteshäuser aus Ton, gespaltenem Rohr oder Holz gefertigt; Käfige für Papageien, Nachtigallen, Liebespredigerkrähen, Reiher, Hähne und Rebhühner; Wassergefäße von seltsamer Form; Amulette, zierliche Lauten; Toilettegefäße, Lack; roten Arsenik, gelben

Arsenik, Zinnober, Schwarzes usw.; ferner Sandel und Saffran; Betelfrüchte und Blätter je nach der Zeit, schenke er je nach Möglichkeit heimlich, die offenen Sachen offen. Er strebe dahin, dass sie merkt, dass er alle ihre Gedanken befriedigt. Zum Sehen bitte er heimlich. Ebenso beginne er eine Unterhaltung. Als Grund für das heimliche Schenken gebe er die Furcht vor den Eltern an und dass auch ein andrer nach dem Geschenke verlangt. Wenn die Zuneigung wächst, dann ergötze er sie, falls sie an Geschichten Gefallen findet, durch entsprechende, herzerfreuende Erzählungen. Wenn sie an wundersamen Dingen Gefallen findet, dann setze er sie in Erstaunen durch Zauberkunststücke.

Ist sie für die Künste eingenommen, so erfreue er sie mit seiner Geschicklichkeit darin; liebt sie den Gesang, mit ohrbezaubernden Gesängen; am Tage Āśvayuī, Astamīcandraka und Kaumudī, an Festtagen, bei Prozessionen, Verfinsterungen oder wenn sie auf dem Heimwege ist, mit mannigfachen Kränzen, verschiedenen Arten Schmucksachen für die Ohren, besonders mit reichen Perlengehängen und dem Spenden von Kleidern, Ringen und Schmucksachen, wenn er nicht meint, dass es ihm Schaden bringt. Da er hervorragendere Kenntnisse als andere Männer besitzt, lehre er ihre Milchschwester, bei dem Vorhandensein von Männern, die vierundsechzig Künste.

Durch den darauf abzielenden Unterricht offenbare er seine Gewandtheit im Liebesgenusse bei der Umworbenen. Er zeige sich selbst unausgesetzt in feiner Kleidung; und dass sie Liebe empfinde, merke er an ihren Gebärden und ihrem Äußern. Jungfrauen nämlich lieben in erster Linie einen Mann, den sie kennen und der sich beständig zeigt. Aber auch wenn sie lieben, treten sie doch nicht selbst werbend auf, nach der gangbaren Redensart. — Das ist das Herangehen an ein Mädchen.

»Ihre Vertraute«, der Liebhaberin. — »Feste«, ununterbrochene, »Freundschaft soll er schließen und auf vertrauten Umgang achten«, in dem Gedanken: ›Sie, die Milchschwester, wird meine Sache führen‹ In irgend einer Weise stellt er sich auch gegen sie freundschaftlich. — »Milchschwester«, die Tochter der Amme. »Liebe« bringt Freude in der Gegenwart, »Fürsorge« in der Zukunft, —

Nun nennt (der Verfasser) den Gewinn bei einem außerordentlichen Geneigtmachen: »Denn wenn diese (ihm) geneigt ist«, Zuneigung empfindet, »kann sie, auch wenn sie den Stand der Dinge kennen gelernt hat«, nachdem sie die Gedanken des Liebhabers durchschaut hat, dass er die Geliebte ersehnt, »ohne ihn abzuweisen«, ohne den Liebhaber zurückzustoßen, »ihn und sie vereinigen«, die Liebhaberin, indem sie sie durch Beseitigen von Furcht und Scham vorwärts treibt. — »Auch wenn sie nicht darum angeredet wird, kann sie als Lehrerin handeln«: wenn sie auch von dem Liebhaber nicht mit Bezug darauf, seine Lehrerin bei der Vereinigung sein zu wollen, aufgefordert wird, so kann sie doch die Vereinigung herbeiführen: so ist zu verbinden. — »Wenn sie nämlich den Stand der Dinge auch nicht kennt«, wenn sie auch nicht weiß, dass der Liebhaber jene erstrebt, »so kann sie doch seine Vorzüge ins rechte Licht setzen«; »aus Zuneigung«, auf Grund der Zuneigung, welche die Milchschwester gegen den Liebhaber hegt. – »Wo auch immer«, bei dem Verfahren, die Zuneigung zu erlangen. »Das möge er ausfindig machen«, in Erfahrung bringen »und ihr verschaffen«, zurechtmachen. – Die »Spielzeuge« beschreibt der Verfasser später. – »Bei anderen« Mädchen. – »Nur selten«, nicht häufig. – »Mühelos«: das deutet die Geschicklichkeit an, es zu erreichen. – Nun beschreibt er die Spielsachen: »Einen Ball«, der »mit kleinen Linien verziert« ist: das soll andeuten, dass er zu den kostbaren Dingen gehört. – »Und sonstige«, da ja die Streifen sehr mannigfach sein können. – »Holz«, Baumstoff. – »Büffelhorn«, Horn. – »Puppen«, künstliche Kinder »zeige er«. – »Überreste des Honigs«, Wachs. – »Kochkunst«, die Tätigkeit, die sich auf die Küche bezieht, heißt Kochkunst.

Das Wort ›Essen‹ ist elliptisch gebraucht: gemeint ist das Zeigen einer Tätigkeit, die zum Zwecke das Bereiten von Essen usw. nach den im Lehrbuche angegebenen Regeln hat. Das ist ja das hauptsächlichste Wissen der Frauen. – »Er zeige zwei verbundene«, aus einem Holze gefertigte, »Schafe, ein männliches und ein weibliches«, um die Unmöglichkeit der Trennung anzudeuten. – »Ziegen und Schafe«, aus Holz gefertigt. Da das elliptisch gesagt ist, so sind auch Kühe und Pferde usw. gemeint. – »Aus Ton, gespaltenem Rohr oder Holz gefertigte Gotteshäuser«, Göttertempel. – »Käfige für Papageien« usw. aus Ton usw. gefertigt. Hier liest (der Verfasser) ›Liebespredigerkrähe‹. – »Wassergefäße«, Stücke von Conchylien, Perlenmuscheln, aus Ton, Holz oder Stein gefertigt, »von seltsamer Form«, von farbigem Aussehen, Äußeren. – »Amulette«, die im Alphabete der Diagramme genannt sind. – »Zierliche Lauten«: sehr kleine. – (»Puppenstuben«, wo die Puppen hingestellt werden.) – »Toilettegefäße«, womit man die Toilette anordnet. – »Schwarzes«, Pulver von Lapislazuli, welches zum Malen passt. – »Blätter« vom Betelbaume. – »Je nach der Zeit«: d. h. je nachdem sie zu den verschiedenen Zeiten Verlangen hat, das zeige er dann. – »Je nach Möglichkeit«, wo er imstande ist, heimlich vorzugehen, da gebe er es, indem Saffran usw. nicht offen vorzuzeigen ist. »Offene Sachen«, Bälle usw., gebe er offen ab, da mit diesen offen zu hantieren ist. – »Dass er alle ihre Gedanken befriedigt«: er führt alles aus, was im Leben gewünscht wird, wenn alle Wünsche zusammenkommen. – Er bitte, dass er seine Gaben heimlich geben dürfe: Warum? Darauf sagt (der Verfasser): »Zum Sehen«, um des Sehens willen. Wenn sie heimlich gesehen wird, lässt sie sich unbesorgt verehren. – »Ebenso beginne er eine Unterhaltung«: durch den Mund eines andern beginne er, der Förderung halber, eine Unterhaltung. – Als Grund aber für die Heimlichkeit gilt zweierlei: »er gebe seine eigne Furcht vor den Eltern an«: ›Deine Eltern könnten unwillig werden!‹ – »und dass auch ein andrer danach verlangt«: auch ein andrer, der das gesehen hat, hat auch Verlangen danach und könnte es wegnehmen. – »Durch entsprechende Erzählungen«, die er selbst vorbringt, von Sakuntalā, der Gemahlin des Königs; »herzerfreuende«, andere von Liebe handelnde. – »Wenn sie an wundersamen Dingen Gefallen findet«, zu Wundern Neigung hat. »Künste«, Blätter einzuritzen usw. »Liebt sie den Gesang«: die nochmalige Nennung des Gesanges, wiewohl er unter den Künsten mit eingeschlossen ist, geschieht, weil er eine Hauptsache ist; denn gewöhnlich liebt die Welt den Gesang. »Am Tage Āśvayujī«: die unter Wachen und Spielen gefeierte Vollmondnacht im Monat Aśvina; »Aṣṭamīcandraka«, am achten Tage der dunklen Hälfte des Monates Mārgaśīrṣa: dann nämlich wird gegessen, nachdem man am Tage gefastet hat, sobald der Mond aufgegangen ist; »Kaumudī«: trotz der allgemein gebräuchlichen Nennung dieses Tages ist doch zu beachten, dass der gemeint ist, an dem von den Mädchen die Mondscheibe verehrt wird; das geschieht am Vollmondstage im Monate Kārttika.

»An Festtagen«: am Indra-Feste usw. – »Prozessionen«, zu Ehren einer Gottheit; »Verfinsterungen« von Sonne und Mond. – »Wenn sie auf dem Heimwege ist«, nach Hause geht. – »Mit mannigfachen Kränzen« usw. setze er sie in Erstaunen: so ist der Zusammenhang. – »Wenn er nicht meint, dass es ihm Schaden bringen wird«: falls er bei solchen Spenden für sich keinen Schaden sehen sollte. – »Da er hervorragendere Kenntnisse als andere Männer besitzt«. ›Die Milchschwester soll meine Vorzüge gegenüber anderen Männern einsehen!‹ – »Bei dem Vorhandensein von Männern«: sie hat also schon mit andern Männern Umgang gehabt: wie sollte sonst von einem Vorzuge die Rede sein? – »Durch den darauf abzielenden Unterricht«, vermittelst des Unterrichtes der Milchschwester. »Gewandtheit im Liebesgenusse«, Erfahrung darin. – »Er zeige sich selbst unausgesetzt«; das Mittel dazu ist die »feine Kleidung«. – »Dass sie Liebe empfinde«, im Herzen Zuneigung fühle, nachdem sie ihn in diesem Aufzuge gesehen hat, »merke er an ihren Gebärden und ihrem Äußeren«, an gewissen Zeichen. – Warum soll er sich denn unausgesetzt zeigen? Darauf antwortet (der Verfasser): »Jungfrauen nämlich«, die in das jugendliche Alter eingetreten sind, »lieben«, ersehnen, »einen Mann, den sie kennen«, mit dem sie viel verkehren, »und der sich beständig zeigt«, sich stets sehen lässt. – »Sie treten nicht selbst werbend auf«, aus einem gewissen Schamgefühle usw.

§ 27 - Erklärung der Gebärden und des Äußeren

ES HIEß OBEN: »Dass sie Liebe empfinde, merke er an ihren Gebärden und ihrem Äußern.« Jetzt wird deren Erklärung, deutliche Beschreibung gegeben. So sagt (der Verfasser):

Die Gebärden und das Äußere wollen wir jetzt behandeln.

Hier ist »Gebärde« ein Verändern des Benehmens und »Äußeres« die Liebe in Mund und Augen. Dies Beides ist weiter unten nach den Umständen zu beachten.

Auge in Auge sieht sie ihn aber nicht an. Wenn er sie ansieht, zeigt sie Verlegenheit, Ihren prächtigen Körper enthüllt sie ihm unter einem Vorwande. Sie betrachtet den Liebhaber, wenn er andere Gedanken hat, versteckt ist und vorübergegangen ist. Nach etwas gefragt antwortet sie lächelnd, mit undeutlichen Lauten und unsicherem Sinne, ganz langsam und das Antlitz geneigt. Sie liebt langes Verweilen in seiner Nähe. In der Ferne stehend redet sie in der Meinung, dass er sie sehen könne, die Umgebung an unter Veränderungen des Gesichts; diese Stelle verlässt sie nicht; irgend etwas erblickend stößt sie ein Lachen aus; dort beginnt sie eine Erzählung, um verweilen zu können; sie umarmt und küsst ein auf ihrem Schoße sitzendes Kind; sie malt einer Dienerin ein Stirnzeichen; auf ihre Umgebung gestützt zeigt sie diese und jene Scherze; sie vertraut seinen Freunden; ihre Worte hält sie hoch und befolgt sie; mit seinen Dienern hält sie Freundschaft, unterhält sich und spielt mit ihnen; sie beauftragt sie mit ihren Geschäften, als wäre sie die Herrin; wenn sie zu einem andern von dem Liebhaber erzählen, hört sie aufmerksam zu; von der Milchschwester angetrieben betritt sie die Behausung des Liebhabers; sie dazwischen stellend verlangt sie mit ihm zu spielen, zu scherzen und zu sprechen; sie vermeidet, ungeschmückt gesehen zu werden; um den Ohrschmuck, einen Ring oder Kranz von ihm gebeten nimmt sie es beherzt von dem Gliede ab und legt es in die Hand der Freundin; was er ihr gegeben hat, behält sie stets; bei der Erwähnung anderer Freier ist sie bestürzt und mit deren Anhang verkehrt sie nicht.

»Auge in Auge sieht sie ihn nicht an«, aus Scham: mit abgewendetem Antlitz. »Jenen aber«, den Liebhaber. – »Wenn er sie ansieht«, der Liebhaber, »zeigt sie Verlegenheit«, indem sie das Gesicht senkt. – »Prächtig«, außerordentlich herzerfreuend. »Ihren Körper«, Brüste, Achseln usw. – »Unter einem Vorwande«, unter dem Vorwande, sie verhüllen zu wollen. Wenn »er andere Gedanken hat«, nicht aufpasst; »versteckt ist«, in der Einsamkeit weilt »und vorübergegangen ist«, sich entfernt hat. – »Nach etwas gefragt«, von dem

Liebhaber. Durch die Worte »lächelnd« usw. wird das Verlangen nach Zuneigung und die Verlegenheit angedeutet. – »In seiner Nähe«, in der Nähe des Liebhabers. – »Die Umgebung«, die eigne. – »Unter Veränderung des Gesichtes«: unter Brauenrunzeln und Seitenblicken. – »Diese Stelle«, von wo aus sie ihn sehen kann. Dort »irgend etwas erblickend«, bricht sie in Lachen aus, indem sie schräg blickt. – »Dort beginnt sie eine Erzählung«, indem sie eine Freundin auffordert. – »Ein Kind«, einen Knaben, den sie auf ihren Schoß gesetzt hat. – Diese Küsse und Umarmungen sind »übertragene«. – »Sie malt einer Dienerin«, der eignen, »ein Stirnzeichen«, wobei sie den Liebhaber anblickt. – »Auf ihre Umgebung gestützt«, auf dem Schöße der Begleiterinnen sitzend. »Diese und jene«, Ordnen des Haares, Gestikulationen, Gähnen usw. – »Seinen Freunden«, den Freunden des Liebhabers. »Sie vertraut«, offenbart ihnen ihr Wesen. »Ihre Worte« behandelt sie mit Hochachtung, indem sie dementsprechend handelt. – »Mit seinen Dienern«, den Dienern des Liebhabers. – »Sie«, die Diener des Liebhabers. – »Wenn sie«, die Diener, »zu einem andern erzählen«. – »Darauf«, auf diese Erzählung. – »Von der Milchschwester angetrieben«, hinzugehen. – »Die Behausung«, das Haus. – »Sie dazwischen stellend«, die Milchschwester vorschiebend, »verlangt sie«, mit dem Liebhaber Spiele usw. zu spielen. »Gesehen zu werden«, von dem Liebhaber. – »Sie nimmt es beherzt ab« mit dem Gedanken: ›Wird er es wohl annehmen?‹ – »In die Hand der Freundin«: aus Scham gibt sie es ihm [nicht direkt] in die Hand. – »Sie behält stets«, aus Pietät. – »Mit deren Anhang«, mit dem Anhange der anderen Freier.

Die beiden Paragraphen zusammenfassend sagt (der Verfasser):

Es gibt hier zwei Verse:

Wenn man diese von Liebe erfüllten Gebärden und dieses Äußere gesehen hat, so erwäge man um der Vereinigung mit dem Mädchen willen diese und jene Mittel.

»Diese«: unter Veränderung des Geschlechtes muss man es mit »Gebärden« und »Äußere« verbinden. – »Von Liebe erfüllt«, von Zuneigung begleitet. – »Um der Vereinigung willen«: unter der Vereinigung ist hier der Gandharvenritus, gekennzeichnet durch das Zusammengehen, zu verstehen. – »Mittel«, Umwerbungen.

Von dreierlei Art ist das Mädchen: Kind, Mädchen und Erwachsene. (Der Verfasser) gibt nun der Reihe nach die Art des Umwerbens an:

Durch kindliche Spiele ist das Kind zu gewinnen, durch die Künste die im Jugendalter Stehende; und die Zärtliche vermittelst des Gewinnens von Vertrauten.

»Durch die Künste« die Liebliche. – »Die Zärtliche«, die Erwachsene. Diese ist zu gewinnen durch das Geneigtmachen derjenigen, die ihr Vertrauen genießen.

§ 28 - Die Bemühungen eines einzelnen Mannes

DER VERFASSER gibt den Inhalt des Paragraphen an:

Wenn sie ihr Äußeres und ihre Gebärden hat erkennen lassen, gewinne man das Mädchen mit List.

»Mit List«: die Listen sind eben das Mittel der Gewinnung: sie wird durch dieselben gewonnen. Gehen sie von einem aus, der dabei keinen Beistand hat, so spricht man von den »Bemühungen eines einzelnen Mannes«. Einige gibt es auch, wenn der Betreffende einen Beistand hat. Sie sind von zweifacher Art: äußerliche und innerliche.

Mit Bezug auf die ersten sagt (der Verfasser):

Bei dem Spiele und den Unterhaltungen ergreife er beim Streiten bedeutsam ihre Hand.

»Beim Streiten«, indem er einen Wortstreit führt, »ergreife er bedeutsam ihre Hand«, damit sie merkt: »Er hat mich geheiratet«.

Er bringe die Regeln für die Umarmungen, die berührende usw., wie oben angegeben, zur Ausführung.

»Die berührende usw.«; die Vierzahl: berührende, durchbohrende, reibende und pressende »bringe er zur Ausführung«, je nach den Umständen, da er ja nun freies Auftreten erntet.

Bei der Ausführung des Blätterritzens zeige er ihr ein Paar, welches seine eignen Gedanken andeuten soll.

»Welches seine eignen Gedanken andeuten soll«, die geschlechtliche Vereinigung. – »Ein Paar« Gänse usw.

So zeige er auch bisweilen anderes.

»Auch anderes«, was ein Paar bildet, ein Stirnzeichen usw., bedeutungsvoll. »Bisweilen«; bei beständigem Zeigen nämlich schließt sie auf bäuerisches Wesen und verliert das neugierige Verlangen.

Bei dem Wasserspiele tauche er fern von ihr in das Wasser, begebe sich in ihre Nähe, berühre sie und tauche dort auf.

»Berühre sie«, nämlich unter Wasser. – »Tauche dort auf«, in der Nähe der Geliebten.

Bei dem Jungblattspiele usw. teile er ihr ganz besonders seine Liebe mit.

»Bei dem Jungblattspiele usw.«, den lokalen Spielen, »teile er ihr ganz besonders seine Liebe mit«, vermittelst des oben genannten Blätterritzens usw., welches seine eignen Gedanken andeuten soll.

Er erzähle seinen Kummer, ohne ihn (geradezu) mitzuteilen.

»Er erzähle seinen Kummer«, ›Ich weiß nicht, was für ein Schmerz meine Seele betroffen hat!‹ – Auch »ohne ihn (geradezu) mitzuteilen« findet hierbei doch mehr und mehr ein Erzählen statt, da es eine Hauptsache ist.

Auch einen liebevollen Traum, unter anderer Flagge.

»Unter anderer Flagge«, er erzähle: ›Im Traume habe ich mit einer, die dir an Aussehen glich, ein Zusammentreffen gehabt‹.

Im Theater und in der Gesellschaft der Angehörigen setze er sich in die Nähe; hierbei berühre er sie unter einem anderen Vorwande.

»Die Gesellschaft der Angehörigen« ist eine gesellige Unterhaltung derselben. – »Er setze sich in die Nähe« der Liebhaberin. – »Hierbei«, bei dem Nahesitzen, »im Theater« usw. »berühre er sie unter einem anderen Vorwande«, indem er irgend etwas anderes vorgibt.

Um der Stütze willen setze er Fuß auf Fuß.

»Um der Stütze willen«: die Stütze besteht darin, dass er seine Glieder an die ihrigen anlehnt. Er setzt seinen eigenen Fuß auf den ihrigen.

Darauf berühre er nach und nach eine Zehe nach der andern.

»Darauf«, in der Zeit nachdem das erreicht ist. – »Nach und nach«, nachdem er eine kleine Weile hat verstreichen lassen; »berühre« er ihre Zehen.

Mit der großen Zehe stoße er an die Nägelspitzen.

»Mit der großen Zehe stoße er an die Nägelspitzen«, setze er sie in Bewegung.

Hiermit fertig trachte er von Stufe zu Stufe weiter.

»Hiermit fertig«, mit dem Nägelanstoßen, »trachte er von Stufe zu Stufe«, von einer Stelle zur andern, Schamgegend, Schenkel, Hinterbacken usw. zu berühren, in Stufenleitern.

Um sie dreist zu machen, beschäftige er sich eingehend damit.

»Um sie dreist zu machen«, damit sie es geduldig erträgt, »beschäftige er sich eingehend damit«, mit dem vorher Erlangten.

Mit Bezug auf die innerlichen Mittel sagt (der Verfasser).

Bei dem Reinigen der Füße drücke er ihre Zehen mit der Zange seiner Zehen.

»Bei dem Reinigen der Füße«, wenn sie ihm Wasser zum Waschen der Füße gibt; »drucke er mit der Zange seiner eignen Zehen«.

Bei dem Überreichen oder der Annahme eines Gegenstandes ist eine darauf gerichtete Liebesregung zu bekunden.

»Eine darauf gerichtete Liebesregung«: wenn er einen »Gegenstand«, eine Betelfrucht usw., überreicht oder annimmt, ist mit dem Gegenstande eine Liebesregung zu bekunden: d. h. er überreiche oder nehme ihn an unter Berührung mit den Nägeln.

Am Schlusse des Mundausspülens bespritze er sie mit dem Wasser.

»Am Schlusse des Mundausspülens«: wenn sie Wasser darreicht zum Mundausspülen, so treffe er sie am Ende desselben mit einem Schluck Wasser.

In der Einsamkeit und in der Dunkelheit mit ihr zusammensitzend mache er sie dreist; ebenso wenn sie das gleiche Lager benutzen.

»Zusammen«, in Gesellschaft beieinander. »Mache er sie dreist« durch Berühren mit den Nägeln; da in dieser Zeit das Mädchen wenig verschämt ist. Ebenso mache er sie auch dreist, »wenn sie das gleiche Lager benutzen«

Hierbei offenbare er seine Liebe, der Wirklichkeit entsprechend, ohne sie zu verwirren.

»Hierbei«, bei dem Sitzen oder Liegen, »offenbare er seine Liebe der Wirklichkeit entsprechend« mit Gebärden, nicht mit Worten aus Furcht vor einer Abweisung. – »Ohne sie zu verwirren«: damit sie nicht erschrickt.

Wenn er es mit Worten tun will, so gibt (der Verfasser) die Regeln an:

»In der Einsamkeit habe ich etwas zu erzählen!« – Mit diesen Worten lasse er dort wortlos seine Liebe erkennen, wie wir es in dem Abschnitte über die fremden Frauen beschreiben werden.

»Ich habe etwas zu erzählen!« Nur soviel ist zu sagen: und wenn sie dann fragt: »Was denn?« – so spreche er »wortlos«. Das ist gemeint. – »Dort«, bei der Andeutung mit diesen Worten; »lasse er sie seine Liebe erkennen«, sein Verlangen nach geschlechtlicher Vereinigung. Auf welche Weise? Darauf antwort(der Verfasser): »Wie« usw. Dort wird er über die Prüfung des Wesens reden, wie es sich damit verhält. Die Offenbarung der Liebe durch Gebärden und Äußeres ist nur eine Offenbarung der Zuneigung.

Nun nennt (der Verfasser) die Bewerbungen innerlicher Art seitens des Mannes, der ihre Liebe erkannt hat:

Wenn er aber ihre Liebe erkannt hat, hole er sie unter dem Vorwande einer Krankheit in seine Behausung, um sich mit ihr zu unterhalten.

»Unter dem Vorwande einer Krankheit«, indem er erheuchelten Kopfschmerz usw. vorgibt. – »In seine Behausung«, seine Wohnung »Hole er sie«, durch eine Vertraute, die er schickt.

Wenn sie gekommen ist, beauftrage er sie, seinen Kopf zu drücken. Er nehme ihre Hand und lege sie sich in bedeutsamer Weise auf Augen und Stirn.

»Seinen Kopf zu drücken«: »er beauftrage sie«: ›Der Kopf schmerzt mich: drücke ihn mit der Hand‹.

Um den Vorwand eines Heilmittels zu haben, trage er ihr seine ärztliche Behandlung auf.

Damit sie weiß, »dieser sein Zustand kommt meinetwegen«.

»Das musst du machen! Das ist nämlich von keinem andern außer einem Mädchen herzustellen.« – Wenn sie gehen will, entlasse er sie mit der Absicht des Wiederkommens.

»Wenn es von dir hergestellt wird, ist es wirksam.« – »Absicht«, dahin zielend, dass sie wiederkommt.

Die Anwendung dieser Kniffe geschehe drei Nächte und drei Tagabschnitte lang.

»Dieser«, die das Mädchen auszuführen hat. »Drei Nächte und drei Tagesabschnitte lang geschehe die Anwendung,« die Ausführung.

Nun nennt (der Verfasser) den Erfolg bei dieser Anweisung:

Wenn sie kommt, so mehre er die Unterhaltung, um sie beständig sehen zu können.

»Die Unterhaltung« mit Künsten oder kleinen Erzählungen. Der Sinn ist, damit sie, damit beschäftigt, recht lange bleibt.

Auch mit anderen Frauen zusammen, um ihr Vertrauen zu gewinnen; und weiter und weiter gehe er mit den Umwerbungen; nicht aber verrate er es mit Worten.

»Auch mit anderen«: da auch mit diesen ein vertrauliches Verhältnis gepflegt werden muss: das ist der Sinn. »Nicht aber«:

Hier nennt (der Verfasser) ein Versehen:

Selbst einer, dessen Liebe weit gediehen ist, hat nämlich kein Glück bei den Mädchen, wenn er (der Werbung) überdrüssig wird: so sagt Ghotakamukha.

Selbst einer, der außerordentliches Vertrauen genießt, hat kein Glück, da die Mädchen vielfach umworben sein wollen. Die Erwähnung des Ghotakamukha geschieht ehrenhalber, indem seine Ansicht nicht verpönt ist.

Wenn er sie aber für vollständig gewonnen ansieht, dann nähere er sich ihr.

»Wenn er sie aber für vollständig gewonnen ansieht«, infolge der vielen Umwerbungen dem Vorhaben geneigt, »dann nähere er sich ihr«.

Nun gibt (der Verfasser) die Zeit an:

Am Abend und in der Nacht, in der Dunkelheit, sind die Frauen von geringer Ängstlichkeit, zum Beischlafe entschlossen und leidenschaftlich und weisen den Mann nicht zurück. Darum sind sie zu dieser Zeit zu benutzen, lautet die gewöhnliche Redeweise.

»Am Abend«, zu Beginn der Nacht. – »In der Nacht«, die durch die drei Nachtwachen gekennzeichnet ist. Auch hier »in der Dunkelheit«, weil man da alle Weiber, die man haben will, gewinnen kann. – »Von geringer Ängstlichkeit«, da sie von niemandem gesehen werden. – »Leidenschaftlich«, voll Verlangen nach der fleischlichen Vereinigung. – »Weisen den Mann nicht zurück«, wehren ihm nicht. – »Darum sind sie zu dieser Zeit ... zu benutzen«, zu verwenden, bei den gewünschten Unternehmungen.

Wenn jedoch die Bemühungen eines einzelnen Mannes nicht stattfinden können, lasse er sie in seine Nähe bringen mit der Milchschwester oder Freundin, die in die Sache eingeweiht ist, mit jener vertraut verkehrt und diese Sache verschweigt. Dann umwerbe er sie wie oben.

Wegen der weiten Entfernung kann die selbständige Bemühung eines einzelnen Mannes bisweilen nicht stattfinden und erfordert einen Beistand. – »Die in die Sache eingeweiht ist« indem sie Kenntnis davon hat, dass der Liebhaber die Liebhaberin in seine Nähe zu bringen wünscht. – »Mit jener vertraut verkehrt«, bei der Liebhaberin in Ansehen steht. So beschaffen ist aber die »Milchschwester«, oder eine »Freundin«. Die »die Sache« in Gestalt des Aufsuchens des Geliebten, »verschweigt«, d. h. einen anderen Zweck vorgibt. – »Dann wie oben«: d. h. es ist zu Werke zu gehen, je nach den Umständen, wie es oben hieß: »Beim Streiten, beim Spiele und bei den Unterhaltungen«.

Oder er sende seine Sklavin ab, damit sie zunächst ihre Freundin wird.

»Seine«: als Beistand ist der Sinn.

Bei Opfern, Hochzeiten, Prozessionen, Festen, Orgien, bei Volksaufläufen gelegentlich der Schaustellungen und hier und dort ersehe man Gebärden und Äußeres, prüfe die Zuneigung und nähere sich der am einsamen Orte Befindlichen. Frauen nämlich, deren Liebe man erkannt hat, kehren nicht um, wenn sie am rechten Orte und zur rechten Zeit angegangen werden. So sagt Vātsyāyana. – Das sind die Bemühungen eines einzelnen Mannes.

»Bei Opfern«: Opfer usw. sind die Veranlassung, dass sich die Menschen ganz damit allein beschäftigen. – »Hier und dort«, auch bei anderen Gelegenheiten, die nicht genannt sind, ist der Sinn. – »Man prüfe die Zuneigung«: ›Diese ist keine Kokette oder hat zweierlei Herzen; wohl aber die andere‹ – »Man nähere sich«, d. h. nach dem Gandharvenritus. – »Deren Liebe man erkannt hat«, denen Zuneigung man sicher ist. Sie ist erkannt zur erwünschten Zeit, zur Zeit eines Opfers usw., zu Beginn des Abends usw.

§ 29 - Das Aufsuchen des zu gewinnenden Mannes

WIE EIN MANN, der an Geld arm ist usw., das Mädchen, weil es anders unerreichbar ist, auf eigne Faust zu gewinnen sucht, so kann auch ein ebensolches Mädchen, da es von niemandem in die Ehe gegeben werden wird, selbständig auf die Suche gehen. So spricht (der Verfasser) von einem »Aufsuchen des zu gewinnenden Mannes«. Aufsuchen, Geneigtmachen.

Warum wird sie nicht gefreit? Darauf antwortet er:

Ein Mädchen von geringer Gelegenheit, wenn auch reich an Vorzügen; arm an Geld, wenn auch aus edlem Geschlechte; das von Gleichgestellten nicht aufgesucht wird oder der Eltern beraubt ist oder im Hause von Verwandten lebt, soll auf eigne Faust sich um ihre Verheiratung kümmern, wenn sie das jugendliche Alter erreicht hat.

»Von geringer Gelegenheit«, ohne Umgebung. »Wenn auch reich an Vorzügen«; indem sie von jenen nicht in die Ehe gegeben werden wird. Oder »arm an Geld, wenn auch aus edlem Geschlechte«. – »Von Gleichgestellten«, reichen, ebenbürtigen Männern derselben Kaste. »Oder der Eltern beraubt ist« und wegen des Mangels an schützenden Verwandten »nicht aufgesucht wird«. »Wenn sie das jugendliche Alter erreicht hat« ist zu jedem einzelnen Gliede hinzuzufügen. – »Soll sich auf eigne Faust um ihre Verheiratung kümmern«, indem dann die Selbstwahl erlaubt ist. So heißt es denn: »Drei Jahre soll die Tochter warten, indem das gebilligt wird; nach dieser Zeit aber soll sie selbst einen entsprechenden Gatten suchen«.

(Der Verfasser) gibt das Mittel an, einen entsprechenden Gatten zu erlangen:

Sie umwerbe mit Kindesliebe einen mit Vorzügen versehenen, kräftigen und ansehnlichen Mann.

»Einen mit Vorzügen versehenen«, mit den Vorzügen eines Liebhabers versehenen; »kräftigen«, im Kampfe usw. »und ansehnlichen«, schönen. Ein Mann, dem sich die um die Gewinnung Besorgte mit einer Liebe nähert, wie sie in der Kindheit bei dem Spielen herrscht, wird glücklich erlangt. Das ist der Sinn.

(Der Verfasser) nennt noch andere Eigenschaften:

Oder von wem sie meint: »Er wird mir von selbst, ohne Rücksicht auf die Eltern, infolge der Schwachheit des Fleisches angehören«, den mache sie sich geneigt durch Umwerben voller Liebe und Fürsorge und beständiges sich Zeigen.

»Ohne Rücksicht«, indem er mich von meinen Eltern zur Frau verlangt. Da er die Sinne zu zügeln nicht imstande ist: von wem sie das voraussetzt, den möge sie umwerben; so ist der Zusammenhang. – »Voller Liebe und Fürsorge«: Liebeswerbungen bereiten darum Wonne. – Geneigtmachen, gewinnen.

Die Mutter stelle sie in Gesellschaft der Milchschwestern und Freundinnen jenem vor Augen.

»Die Mutter stelle sie«: oder, wenn die Mutter nicht mehr lebt, eine unterge-schobene Mutter. – »In der Gesellschaft der Freundinnen«, damit die Verschämtheit weicht. Zu ergänzen ist: mit äußerlichen und innerlichen Aus-rüstungen.

Mit Bezug auf das erste sagt (der Verfasser):

Mit Blumen, Wohlgerüchen und Betel in der Hand sei sie in der Einsamkeit und am Abend bei ihm. Beim Offenbaren ihrer Geschicklichkeit in den Künsten, bei dem Massieren und dem Drücken des Kopfes zeige sie ihre Erfahrung. Sie erzähle dem Wesen des Umworbenen entsprechende Geschichten und richte sich danach, wie es in dem ›Herangehen an ein Mädchen‹ angegeben ist.

»Sie sei bei ihm«, gehe in die Nähe des Liebhabers, um ihre Geschicklichkeit zu zeigen. »Sie zeige ihre Erfahrung«. Nicht mit einem Schlage sage sie zu; d. h., sie handele ebenso wie der, der sich ein Mädchen gewinnen will. »Dem Wesen des Umworbenen entsprechende«, ihm angenehme. Die Werbungen, die für den Liebhaber gegenüber einem Mädchen angegeben worden sind, nach diesen richte sie sich, »wie es angegeben ist«.

Auch wenn sie ihm ganz nahe steht, soll sie den Mann nicht selbst angehen; denn eine junge Frau, die den Mann selbst angeht, verliert ihr Glück. So lehren die Meister.

»Auch wenn sie ihm ganz nahe steht«, auch wenn sie von Liebe erfüllt ist, »soll sie den Mann nicht selbst angehen«. Die Erwähnung der Meister geschieht ehrenhalber, indem ihre Ansicht nicht verpönt ist. – Wenn er sich nähert, dann greife sie zu.

Die von ihm angewendeten Umarmungen aber nehme sie in gehöriger Weise an. Umarmt zeige sie keine Aufregung. Eine zarte Äußerung nehme sie hin, als verstände sie sie nicht. Das Ergreifen ihres Mundes geschehe nur mit Gewalt. Wenn sie um Ausführung des Liebesgenusses gebeten wird, geschehe die Berührung der Pudenda nur unter Schwierigkeiten.

»Die von ihm angewendeten«, äußerlichen »Umwerbungen«. »In gehöriger Weise«, damit er nicht abgeneigt wird. – Mit Bezug auf das Innerliche sagt (der Verfasser): »Umarmt«. – »Keine Aufregung«: d. h. aus dem Grunde: »Der Liebhaber merke nicht, dass ich verwirrt bin«. – Eine »Äußerung«, die die Liebe des Liebhabers andeutet, »nehme sie hin«, weise sie nicht zurück; aber auch hier nur eine »zarte«, undeutliche. Das ist das Besondere bei der Ausführung. »Als verstände sie sie nicht«: um dreistes Benehmen zu vermeiden. – »Geschehe nur mit Gewalt«; d. h., es ist dabei so zu verfahren, dass er den Mund nur durch Anwendung von Gewalt fasst. – »Ausführung des Liebesgenusses«: wenn sie von dem Liebhaber durch Auflegen ihrer Hand auf seine Pudenda um Darstellung der eignen Kenntnis gebeten wird, dann »geschehe die Berührung der Pudenda des Liebhabers nur unter Schwierigkeiten«.

Hierbei gibt (der Verfasser) eine besondere Regel an:

Wenn auch aufgefordert, sei sie selbst nicht gar zu offen, da die Zeiten sich ändern können. Wenn sie aber meint: ›Er ist mir zugetan und wird nicht zurücktreten,‹ dann beschleunige sie den Werbenden behufs Austritts aus dem Kinderstande; und wenn sie den Stand des Mädchens verloren hat, melde sie es den Vertrauten. – Das ist das Aufsuchen des zu gewinnenden Mannes.

»Nicht gar zu offen«, indem sie alle Teile und alles Zubehör der Liebe offenbart, ist der Sinn. Der Grund ist: »da die Zeiten sich ändern können«. – »Er wird nicht zurücktreten«, wird mich nicht verlassen. – »Den Werbenden«, an heimlichem Orte. »Austritt aus dem Kindesstande«: sie treibe ihn an, dass er ihr die Jungfernschaft nimmt, unter Beobachtung des Gandharvenritus. – »Den Vertrauten«, den Freundinnen, der Milchschwester usw. »Melde sie es«, dass sie nach der Gandharvenart geheiratet worden ist. –

§ 30 – Erlangung des Mädchens infolge der Annäherung

WENN DAS den zu gewinnenden Mann aufsuchende Mädchen von vielen umworben wird, so spricht man von einer »Erlangung des Mädchens infolge der Annäherung«; d. h. das Mädchen handelt unter Betrachtung der Annäherung.

Hier gibt es einige Verse:

Wen das umworbene Mädchen aber für eine Stütze und für ein Glück hält, für passend und ergeben, den nehme sie zum Gatten.

»Stütze«: indem sie meint, dass man sich auf ihn stützen könne. »Glück«: da das äußerliche Glück des Liebesgenusses die Ursache für das innerliche, spätere Glück ist. – »Passend«: ihren Gedanken entsprechend. – »Ergeben«, nach ihren Worten handelnd. – Wen sie dafür hält, »den nehme sie zum Gatten«; d. h. sie handele danach.

Wenn sie ohne Rücksicht auf Vorzüge, Schönheit und Erfahrung einen Gatten nur aus
Verlangen nach Geld sucht, selbst mit Inkaufnahme von Nebenbuhlerinnenrivalitäten,

so locke sie nicht an sich einen mit Vorzügen ausgestatteten, ergebenen, fähigen, heftig
verlangenden Mann, der sie mit allen Mitteln umwirbt.

»Ohne Rücksicht«: bei einer Selbstwahl, wobei sie auf Vorzüge keine Rücksicht nimmt, da sie nicht vorhanden sind: er ist eben nur reich! »Selbst mit Inkaufnahme von Nebenbuhlerinnenrivalitäten«: nicht nur ohne solche: indem reiche Leute gewöhnlich viele Frauen haben. – Hierbei »locke sie nicht an sich«, weise sie ab, »einen mit Vorzügen ausgestatteten«, tugendreichen, »fähigen«, kräftigen, »heftig verlangenden Mann«, schlechterdings verlangenden.

Wer aber reich ist, viele Gattinnen besitzt und sich um sie bewirbt, den soll sie, auch wenn er Tugenden besitzt, nicht an sich locken. Das zeigt (der Verfasser), indem er sagt:

Besser ein Ergebener, wenn er auch arm ist und einer, der sich allein besitzt, wenn er
auch keine Vorzüge hat, als einer, der viele besitzt, mag er auch mit Tugenden
ausgestattet sein.

»Der sich allein besitzt«, der nur seine Familie zu ernähren hat. »Einer, der viele besitzt«, einer für viele. – Wer jedoch reich ist, Frauen besitzt, mit Vorzügen ausgestattet und ergeben, den soll sie an sich locken, ist der Sinn.

Nun nennt (der Verfasser) die Mängel an einem, der nicht ergeben ist:

Gewöhnlich haben reiche Leute viele Frauen, die sich frei bewegen können: aber wenn
auch der äußerliche Genuss da ist, so sind sie doch, trotz des äußerlichen Glückes, ohne
Vertrauen.

»Gewöhnlich«. Daher eben nimmt ein Reicher viele Frauen und diese können sich ganz besonders »frei bewegen«, sind unbehindert. Der Grund ist der »äußerliche Genuss«. Durch den Genuss einer Wohnstätte usw. sind sie äußerlich glücklich, aber »ohne Vertrauen«, d. h. sie entbehren des inneren Glücke welches Liebeslust heißt.

Wenn aber ein niedriger Mann sich bewirbt oder ein Graukopf und viel Verreisender, so
ist dieser der Vereinigung nickt würdig.

»Niedrig«, aus geringem Geschlechte, mag er auch mit den obigen Tugenden versehen sein. – »Ein Graukopf«, Greis; und einer, der stets in der Fremde weilt.

Wer ganz nach Belieben seine Werbung anstellt, auf heuchlerisches Spiel versessen ist und
Frau und Kinder hat, der ist der Verbindung nicht würdig.

»Ganz nach Belieben«: wer nach Herzenslust bei der Werbung zu Werke geht; d. h. mit Gewalttätigkeiten; unter vielfachen Vorspiegelungen an »heuchlerischem Spiele« hängt »und Frau und Kinder hat«, ein eheliches Weib besitzt und Kinder von ihr hat, oder eins von beiden.

Ein ergebener Mann aber, wenn auch im übrigen so wie angegeben, ist der Verbindung würdig; so sagt (der Verfasser):

Bei Gleichheit der Tugenden ist unter den Bewerbern nur ein Freier, der sie freien wird: hier dieser Bewerber nimmt den Vorrang ein: sein Wesen nämlich bildet die Zuneigung.

»Bei Gleichheit« der genannten »Tugenden«. – »Nur ein Freier«: sie freien, daher heißen sie Freier. Alle sind »Bewerber«, unter diesen ist »nur ein Freier, der sie freien wird«, der zum Freien tauglich ist ... – »Hier dieser« treffliche »Bewerber nimmt« bei seinem hervorragenden Wesen »den Vorrang ein«, ist der beste, da sein Wesen in der Zuneigung besteht.

§ 31 – Die Hochzeitsfeier

DIE AUF SOLCHE WEISE GEWONNENE und zur Selbstwahl Verschrittene verbinde man mit sich durch den Gandharvenritus. Umgekehrt, durch den der Halbgötter usw. So ergibt sich denn »die Hochzeitsfeier«. Hierbei findet man gewöhnlich den Gandharvenritus angewendet. – Inzwischen gibt (der Verfasser) die Regel an, wie sie durch fremde Hilfe gewonnen wird:

Gewöhnlich nähert man sich, wenn man, bei der Unmöglichkeit, das Mädchen allein zu sehen, ihre Milchschwester durch Liebe und Fürsorge gewinnt.

»Die Milchschwester«, d. h. die schon einen Mann hat. »Man nähert sich«, wenn man sie »durch Liebe und Fürsorge gewinnt«: man schicke sie als Bevollmächtigte in ihre Nähe.

Sie gewinne jene, indem sie den Liebhaber nicht zu kennen vorgibt, durch seine Vorzüge; sie schildere ihr ganz besonders die herrlichen Tugenden des Liebhabers; die Fehler der übrigen Freier, die ihren Gefühlen widerstreiten, ziehe sie ans Licht: den Mangel am Verständnis für Vorzüge seitens der Eltern, ihre Habgier und den Leichtsinn der Verwandten. Sie erzähle ihr von den anderen, ebenbürtigen Mädchen, der Śakuntalā usw., die nach eigner Wahl einen Gatten fanden und der Liebeslust teilhaftig wurden, während man in feinen Familien Frauen findet, die unter der Rivalität der Nebenbuhlerinnen zu leiden haben, Abneigung empfinden, unglücklich sind und verlassen werden. Sie schildere seine Zukunft, das ununterbrochene Glück, da sie allein bleiben wird, und seine Zuneigung zu der Geliebten. Wenn sie Verlangen empfindet, beseitige sie ihre Gefahr, Ängstlichkeit und Scham mit Gründen und führe alle Geschäfte einer Botin. Sie bemerke: »Der Liebhaber wird dich mit Gewalt gewinnen, gleich als wüsstest du nichts davon«; so dürfte es wohlgetan sein.

»Sie«, der sich der Mann genähert hat. »Indem sie den Liebhaber nicht zu kennen vorgibt«, um eine verkehrte Ausführung zu vermeiden. »Durch seine«, des Liebhabers, »Vorzüge«. – »Die ihren Gefühlen widerstreiten«: d. h. so, dass sie sie nicht wünscht. – »Mangel am Verständnis für Vorzüge und Habgier«: ›Deine Eltern verstehen nichts von Vorzügen und sind habgierig, dass sie einen tugendreichen Mann aufgeben und einem andern, reichen, an Tugenden armen nachjagen.‹ – Indem sie denken: »Dieser entspricht mir nicht«, entschließen sie sich »nach eigner Wahl«, nicht nach dem Wunsche der Eltern. Mit Bezug darauf erzähle sie Geschichten, wie sie sich mit Śakuntalā usw. begeben haben.

Als Kauśika die Apsarase Menakā erblickt hatte, welche von Indra abgeschickt worden war, um seine Bußübungen unschädlich zu machen, erwachte seine Leidenschaft und er genoss sie. Da sie seinen Samen aufgenommen hatte, gebar sie dort eine Tochter, ließ sie im Walde zurück und fuhr gen Himmel. Das von einem Vogelschwarme (śakunta) umgebene Mädchen nahm der große Heilige Kanva in seine Einsiedelei und zog es aus Erbarmen auf. Treffend gab er ihr den Namen Śakuntalā. Als sie mit der Zeit das jugendliche Alter erreicht hatte, erblickte sie den gelegentlich der Jagd dorthin gekommenen König Dusyanta und verheiratete sich mit ihm nach eigner Wahl. – Das Wort ›usw.‹ bedeutet, dass sie auch auf andere Mädchen hinweisen soll, die die Gattinnen von Königen geworden sind. – »In feinen Familien« werden die Töchter von dem Vater aus Gewinnsucht hingegeben und haben dann bestimmt »unter der Rivalität der Nebenbuhlerinnen zu leiden«. Dann findet man, dass sie »Abneigung empfinden« gegen ihre Umgebung, »verlassen werden« und »unglücklich sind«. Darauf deute sie hin. – »Seine Zukunft«, die für später bevorstehende hohe Stellung mit Worten wie: »Es wird wirklich dahin kommen«. – »Das ununterbrochene Glück, da sie allein bleiben wird«, da sie die einzige Gattin bleiben wird, indem das Elend der Streitigkeiten der Nebengattinnen ihr fern bleiben wird, schildere sie; und die »Zuneigung« des Liebhabers.

»Wenn sie Verlangen empfindet«: sie empfindet Verlangen, aber sie sieht das Bedenkliche des Unternehmens; mit Bezug darauf sagt (der Verfasser): »Gefahr«: irgendwoher drohendes Verderben; »Ängstlichkeit«, Furcht vor den Eltern; »und Scham«, vor der Umgebung »beseitige sie mit Gründen«, listigen Mitteln und Beweisen. – »Geschäfte einer Botin«, das in dem Abschnitte über die fremden Weiber zu beschreibende Bewirken des Hintergehens. – »Gleich als wüsstest du nichts davon«: »Er wird dich mit Gewalt gewinnen, gleich als wüsstest du nichts davon«: so trifft dich keine Schuld. – »So«, auf diese Weise, dürfte es wohlgetan sein.

Die Erlangte, an geeigneter Stelle Befindliche heirate der Liebhaber, nachdem er aus dem Hause eines Brahmanen Feuer geholt, heiliges Gras gestreut, nach Vorschrift geopfert und dreimal herumgegangen ist. Darauf melde er es der Mutter und dem Vater. Heiraten nämlich, die angesichts des Feuers geschlossen werden, sind unlöslich: so lautet die Überlieferung der Meister.

»Die Erlangte«, die Gewonnene, am einsamen Orte Weilende. »Eines Brahmanen«, da das dortige Feuer geheiligt ist. – »Nach Vorschrift«, nach der Regel seines Grhya. – »Dreimal herumgegangen«, um das Feuer geschritten. – »Er melde es« durch einen Diener, dass sie von dem Liebhaber geheiratet worden ist. – »Sind unlöslich«: das bedeutet, dass sie von keinem anderen geheiratet werden kann. Bei rechtmäßigen Heiraten ist das Vorhandensein von Feuer erforderlich.

Nachdem er sie befleckt hat, teile er es langsam seinen Angehörigen mit. Er wirke dahin, dass die Verwandten unter Vermeidung häuslichen Ungemaches und aus Furcht vor der Strafe sie ihm geben. Darauf gewinne er ihre Verwandten durch liebevolles Umschmeicheln und Zuneigung. So handele man nach dem Gandharvenritus.

»Nachdem er sie befleckt hat«, d. h. nachdem er sie beschlafen hat, nicht bloß geheiratet: »teile er es langsam seinen Angehörigen mit«, damit sie sie aufnehmen; und damit die Eltern sie in diesem Zustande sogar hergeben, sagt (der Verfasser): »Die Verwandten« der Geliebten. – »Unter Vermeidung häuslichen Ungemaches«: dass sie von dem Liebhaber heimlich gewonnen worden ist, bildet ein Ungemach, einen Makel: wird sie ihm nicht überlassen, so leidet die Familie Schaden. – »Und aus Furcht vor der Strafe«: wenn der König hört, dass sie so handeln, dann dürfte er über sie Strafe verhängen. – »Ihm«, eben dem Liebhaber.

Mit Bezug auf ein Mädchen, welches daheim festgehalten wird, sagt (der Verfasser):

Wenn sie ihre Einwilligung nicht gibt, gewinne er eine andere, dort aus und ein gehende anständige Frau, die von früher bekannt ist und ihm wohl will, und lasse jene durch sie unter dem Vorgeben eines anderen Zweckes an einen zuträglichen Ort bringen. Darauf hole er aus dem Hause eines Brahmanen Feuer, ganz wie oben.

»Wenn sie ihre Einwilligung nicht gibt«, wenn sie nicht von selbst sich heiraten lässt. – »Dort aus und ein gehende«, vertraute, »andere anständige Frau«, mit der sie von früher verbunden ist, durch das Wohlwollen der Eltern, und die »ihm«, dem Liebhaber, »wohl will«. Diese »gewinne er«, besteche er mit Geld.

»Zuträglich«, geeignet. – »Lasse sie holen«, durch einen Boten, indem er einen andern Zweck angibt. – »Ganz wie oben«: d. h. wie vorher angegeben, »aus dem Hause eines Brahmanen« usw.

Wenn die Hochzeit bevorsteht, lasse sie die Mutter derselben Reue empfinden wegen der Fehler des in Aussicht genommenen Gatten. Darauf führe sie mit ihrer Erlaubnis den Liebhaber nachts in das Haus einer Nachbarin. Darauf hole sie aus dem Hause eines Brahmanen Feuer, ganz wie oben.

»Mit ihrer Erlaubnis«, mit der Einwilligung der Mutter, nachdem sie Reue bekommen hat. – »In das Haus einer Nachbarin«, indem diese durch Geld gewonnen worden ist. – Das ist die zweite Art.

Oder er umschmeichele eine recht geraume Zeit ihren gleichalterigen, an Hetären oder fremden Weibern hängenden Bruder vermittelst nicht leicht auszuführender Liebesdienste und freundlicher Aufwartungen. Schließlich teile er ihm seine Absichten mit. Gewöhnlich nämlich lassen junge Leute sogar ihr Leben für ihre Freunde von gleichem Charakter, gleichen Neigungen und gleichem Alter. Darauf lasse er sie durch ihn zu einem andern Zwecke herbeiholen; an einen zuträglichen Ort, wie oben.

»Ihren Bruder« von ähnlichem Alter, der ganz besonders anhänglich ist. »Vermittelst nicht leicht auszuführender«, schwer zu leistender, »Liebesdienste«: durch das Verschaffen von schwer zugänglichen Frauen usw. »Freundlicher Aufwartungen«, liebenswürdigen Behandelns u. a. Das ist die Regel für das Gewinnen. – »Seine Absichten«: ›Ich wünsche deine Schwester zu heiraten.‹ – »Zu einem andern Zwecke« ... d. h. unter dem Vorgeben eines andern Zweckes. Auch hierbei lasse er die Geliebte holen. – Das ist die dritte Art.

Der Ritus der Dämonen besteht in dem Erlangen eines schlafenden oder trunkenen Mädchens. Mit Bezug darauf sagt (der Verfasser):

Am Astamīcandrikā-Feste usw. lasse die Milchschwester sie einen berauschenden Trank trinken und führe sie zu dem Liebhaber an einen zuträglichen Ort, indem sie irgend einen persönlichen Grund vorgibt. Wenn er sie dort, während sie infolge des berauschenden Getränkes ohne Bewusstsein ist, befleckt hat, dann wie oben.

»Am Astamicandrikā-Feste« wird am Tage unter andächtigen Übungen gefastet und in der Nacht gewacht, bis der Mond aufgeht. – Darauf »lasse die Milchschwester«, die dem Liebhaber zugetan ist, »sie einen berauschenden Trank trinken«, Schnaps usw. – »Irgend einen persönlichen Grund«: d. h. »Ich bin weggegangen, indem ich meinen Ring liegen ließ; lass uns dorthin gehen!« Unter diesem Vorwande führe sie sie hin. – »Dort«, an dem zuträglichen Orte. – »Bewusstsein«, Besinnung. – »Befleckt hat«: ›nachdem er sie befleckt hat, teile er es langsam seinen Angehörigen mit. Er wirke dahin, dass die Verwandten« usw. wie oben. – Das ist die eine Weise.

Wenn er die Schlafende und, nachdem er die Milchschwester entfernt hat, Alleingelassene befleckt hat, während sie ohne Bewusstsein ist, wie oben.

»Die Schlafende und Alleingelassene«: die auf dem Schöße Eingeschlafene. Das ist die zweite Art. Hierbei findet kein Herbeiholen von Feuer usw. statt, da der Ritus ungesetzlich ist.

Der Ritus der Teufel besteht in dem gewaltsamen Raube: mit Bezug darauf sagt (der Verfasser):

Wenn der Liebhaber erfahren hat, dass sie nach einem andern Dorfe oder nach einem Garten sich begibt, so verjage oder töte er die Wächter, mit Freunden wohl umgeben, und raube das Mädchen. – Das ist die Hochzeitsfeier.

»Nach einem andern Dorfe«: aus dem einen Dorfe in ein anderes. »Mit Freunden wohl umgeben«, indem er viele wohlgerüstete Freunde bei sich hat. – »Die Wächter«, die Beschützer des Mädchens. – »Er verjage sie«, dass sie sie im Stiche lassen und fliehen; »oder töte sie«, mit Schwerthieben »und raube das Mädchen«, wie Kṛṣṇa die Rukmiṇī. Auch hierbei findet kein Herbeiholen von Feuer usw. statt, da dieser Ritus ungesetzlich ist. – »Die Hochzeitsfeier«, das Gebiet des Gandharvenritus usw.

Welche unter den acht Hochzeitsarten ist nun die beste und wonach entscheidet man das? – Darauf antwortet (der Verfasser):

Immer der vorangehende Hochzeitsritus dürfte der beste sein, da er zu Recht besteht; wo aber von einem vorangehenden keine Rede sein kann, wähle man immer den folgenden.

»Da er zu Recht besteht«, d. h. da er nach den Satzungen des Rechtes zustande kommt. Hierbei sind die vier vorangehenden die gesetzlichen. Nach dieser Auffassung sind der Brahma-Ritus usw. besser als der Gandharvenritus. Hier sagen einige: »Immer der vorangehende«, je nach dem mehr oder meist. Nach der einen Auffassung gibt es nur sechs Arten und davon ist der Gandharvenritus besser als der der Halbgötter, und diese beiden gelten noch für gesetzlich; trotzdem ist aber auch hierin je nach der Reihenfolge der Rang ein verschiedener: so gut wie der Gandharvenritus ist eben der der Halbgötter nicht! Einige sagen: »Der Ritus der Halbgötter ist besser als der der Dämonen, da dieser gesetzwidrig ist; und auch der Ritus der Dämonen ist besser als der der Teufel, wiewohl er gesetzwidrig ist, da der Ritus der Teufel in Gewalttätigkeit besteht. ›Immer der Folgende‹, ist anders infolge der anderen Ausführung.«

Der Gandharvenritus ist der beste. So sagt (der Verfasser):

Da der Lohn der Feier der Hochzeiten die Zuneigung ist, so steht der Gandharvenritus, mag er auch der mittelste sein, doch in hohem Ansehen als treffliche Verbindung.

»Feier«, Schließung. Der »Lohn« ist die »Zuneigung«. Sonst wäre ja die Heirat nutzlos, wenn die Zuneigung ausbliebe. »Mag er auch der mittelste sein«: wenn man nach der einen Ansicht nur sechs annimmt. »Treffliche Verbindung«: hierbei findet eine herrliche, in Zuneigung bestehende Verbindung statt; und wegen dieser trefflichen Verbindung heißt er der Gandharvenritus.

Da es sich so verhält, ist er der beste. So sagt (der Verfasser):

Da der Gandharvenritus Wonne bringt, ohne viel Mühe vorgenommen werden kann und ohne Freien geschieht, sein Wesen aber in der Zuneigung besteht, so gilt er als der allerbeste.

»Da er Wonne bringt«, die Ursache von Wonne ist, »ohne viel Mühe vorgenommen werden kann«, gewöhnlich: d. h. im allgemeinen ist er mühelos auszuführen; »und ohne Freien geschieht«, indem kein Freien dabei stattfindet.

– ENDE –

Begleitworte

Vorwort des indischen Herausgebers

DAS KĀMASŪTRA DES VĀTSYĀYANA ist hier von einigen wahrlich in irriger Weise zur Sprache gebracht worden; deshalb will ich dazu einen Kommentar mit dem Titel Jayamaṅgalā schreiben, nachdem ich mich vor dem Allwissenden verneigt habe.

Hier (in Indien) gibt es vier Kasten, die der Brahmanen usw., und vier Lebensstufen: den Brahmanenschüler, den Hausherrn, den Einsiedler und den Bettler. Dabei gilt für die Hausherren unter den Brahmanen usw. das dreifache Lebensziel, da ihnen die Erlösung (von den Banden der Welt) noch nicht erwünscht ist, und zwar ist dabei nach der Meinung der Liebeskundigen die Liebe als Ergebnis von Frömmigkeit und Erwerb das erhabenste Ziel und die Krone des Ganzen. In der Überzeugung nun, dass sie ohne Hilfsmittel nicht entsteht, hat der Meister Mallanāga (Vātsyāyana), um diese Mittel anzugeben, vorliegendes Lehrbuch verfasst, indem er sich dabei den Meinungen älterer Lehrer anschloss.

Muss man aber nicht die in den Lehrbüchern niedergelegten (Satzungen über) Frömmigkeit und Erwerb annehmen, da sie die Liebe ergeben? Gewiss! Aber wiewohl die Liebe aus ihnen sich ergibt, erfordert sie doch andere Regeln, da ihr Wesen in der fleischlichen Verbindung besteht: diese erfordert Regeln, die Kenntnis dieser jedoch schöpft man aus dem Kāmaśāstra, nicht aber aus den Lehrbüchern über Frömmigkeit und Erwerb. Der Verfasser hat ja auch weiter unten den Leitsatz: »Da die Liebe in der fleischlichen Vereinigung von Mann und Frau besteht, verlangt sie Regeln, und diese lernt man aus dem Kāmasūtra.« Hier sind also diese Mittel zu nennen: die Angabe derselben ist der Zweck, den das Lehrbuch der Liebe verfolgt. Wie sollte man anders aus dem Lehrbuche lernen?

Leute aber, die das Lehrbuch nicht studiert haben, können die Kenntnis der Mittel, die darin enthalten sind, erlangen, wenn sie sich von anderen unterrichten lassen; denn von selbst kommt sie nicht. Wenn aber doch fremder Unterricht stattfindet, warum wird dann das Lehrbuch selbst nicht anerkannt? Gleicht doch auf diese Weise die Kenntnis der Mittel den Buchstaben, die ein Holzwurm dargestellt hat! Denn dann weiß man nicht, was man tun und lassen soll, um richtig zu handeln; und dann geschieht es, dass bei der Fülle von Regeln von solchen Lebemännern nichtzünftige Schöne für zünftige angesehen werden. Und so heißt es denn: »Wenn einem, der das Lehrbuch nicht kennt, einmal etwas glückt, so ist das nicht hoch anzuschlagen, sowenig wie ein von dem Holzwurme gebildeter Buchstabe.«

Wenn nun auch manche, die das Lehrbuch der Liebe kennen, bei ihren Unternehmungen wenig beholfen sind, so liegt die Schuld eben an ihnen und nicht am Lehrbuche. Wo die Erkenntnis mangelhaft ist, sind die Lehrbücher ja überall gleich wertlos: nicht alle, die sich in den Lehrbüchern über Heilkunde usw. auskennen, denken nun auch an bekömmliches Essen usw. Darum haben diejenigen ihre Förderung dem Lehrbuche zu verdanken, die voller Lernbegier zugleich liebevoll daran glauben.

Nun sagt der Verfasser, in der Meinung, dass, nachdem er zuerst die Gottheit angerufen habe, dann die Abfassung des Buches in ungehemmtem Laufe vor sich gehe:

Dem Dharma, Artha und Kāma Verneinung!

Hier findet kein unregelmäßiges Vorangehen eines Wortes vor dem anderen statt, wiewohl Artha (nach Pānini), als mit einem Vokal anfangend und schließend, voranstehen müsste: denn Dharma gilt mehr. Der Verfasser sagt ja später: »Immer das Vorangehende ist das Wichtigere.«

Warum nun ruft er diese an, da es doch noch andere Gottheiten genug gibt? Das erklärt er:

Weil sie in dem Lehrbuche immer wiederkehren.

Eine Regel lautet: »Bei der Behandlung von zur Sache gehörenden und nicht zur Sache gehörenden Gegenständen gilt die Erfassung des zur Sache gehörenden Gegenstandes als das Wichtigste.« Und wie in diesem Lehrbuche hier die Liebe als Lebensziel in den Vordergrund gestellt ist, so durch ihre Vermittlung auch Frömmigkeit und Erwerb: denn wer nach den dort gegebenen Regeln lebt, erreicht die Dreizahl der Lebensziele.

So sagt der Verfasser auch später: »Die Dreizahl soll man zu erreichen suchen, eines an das andere anknüpfend. So ergeben sich mit einer ebenbürtigen Frau, die noch keinem anderen angehört hat und dem Lehrbuche gemäß erlangt worden ist, Frömmigkeit und Erwerb, Söhne, Verwandte, Mehrung des Anhanges und ungekünstelte Liebeslust.« – Da nun jene drei Ziele im Mittelpunkte des Interesses stehen, sind auch deren Schutzgottheiten an die Spitze gestellt worden. Diese sind aus Ehrfurcht bei ihrem Namen zu nennen. Sonst würde ihre Anrufung nicht am Platze sein, wenn sie nicht für die noch zu kennzeichnende Frömmigkeit usw. die Schutzgottheiten bedeuteten. Dass sie aber wirklich die Schutzgottheiten sind, ergibt sich aus der Überlieferung. Die Kenner alter Legenden erzählen nämlich: »Purūravas, der von der Erde in den Himmel gegangen war, um Sakra zu schauen, erblickte dort leibhaftig die Frömmigkeit usw. Er trat hinzu und erwies nur der Frömmigkeit, unter Vernachlässigung der beiden anderen, seine Verehrung, worauf er von diesen, die über die Hintansetzung empört waren, verflucht wurde. So ward er infolge des Fluches des Kāma von Urvaśī getrennt. Als das mit Mühe und Not wieder gutgemacht war, wuchs infolge des Fluches des Artha seine Habsucht so außerordentlich, dass er einem Brahmanen das Vermögen raubte. Da schlugen ihn die Grasbüschel tragenden Brahmanen, welche darüber aufgebracht waren, dass sie wegen der Wegnahme des Geldes keine Opferhandlungen usw. mehr vollbringen konnten, dass er starb.«

Verneinung auch den Lehrern, die das Wesen derselben zur Erkenntnis gebracht haben (avabodhaka).

»Derselben«, der Frömmigkeit usw. »Wesen«, Satzung. Sie erwecken (avabodhayanti), also bringen zur Erkenntnis: Lehrer der Satzungen derselben ... Die das Lehrbuch darüber verfasst haben, um die Satzungen derselben aufzustellen, denen sei Verneigung dargebracht; d. h. anderen nicht. Warum? Darauf sagt er:

Wegen der Verbindung damit.

Der Sinn ist, weil sie mit diesem Lehrbuche hier in Verbindung stehen. Das (vorliegende) Lehrbuch ist nämlich verfasst worden unter Abkürzung der von ihnen geschriebenen Lehrbücher.

Mit den Worten »Prajāpati nämlich« usw. fährt der Verfasser fort, wobei er der klaren Erkenntnis der Überlieferung halber die Reihenfolge der früheren Lehrer kennzeichnet:

Prajāpati nämlich trug, nachdem er die Geschöpfe erschaffen hatte, vor ihnen die Satzungen der drei Lebensziele, als die Grundbedingung ihrer Erhaltung, in hunderttausend Kapiteln vor.

»Prajāpati nämlich«: das Wort »nämlich« bedeutet den Grund. Diese richtige Überlieferung wird Glied für Glied mit den alten Lehrern belegt. – »Grundbedingung ihrer Erhaltung«: Die Geschöpfe haben drei Stadien, die als Schöpfung, Erhaltung und Vernichtung gekennzeichnet werden. Darunter ist die Erhaltung das ununterbrochene Fortbestehen nach der Schöpfung. Sie ist nun von zweierlei Art: glücklich oder unglücklich. Ebenso ist die Dreizahl der Lebensziele zweifach: annehmbar oder verwerflich. Im ersteren Falle Frömmigkeit, Erwerb, Liebe; im zweiten Mangel an Frömmigkeit, Mangel an Erwerb, Hass. So ist also der Lebensgang glücklich, der von der Frömmigkeit, unglücklich, der nicht von der Frömmigkeit geleitet wird; Erwerb bringt hier Genuss und tugendhaften Wandel, Armut mühseliges Leben und tugendlosen Wandel; Liebe bringt Glück und Nachkommenschaft, Hass keines von beiden. Ein solcher vom Glücke verlassener, kinderloser Mann führt ein Leben (wertlos) wie Gras. So ist also die Dreizahl der Lebensziele die Grundbedingung der Erhaltung. Da nun die Annahme oder Abweisung jener Dreizahl, je nachdem sie annehmbar oder verwerflich ist, nicht ohne Regeln stattfinden kann, so gibt es dafür das Lehrbuch, welches diese Regeln lehrt und bei gebührender Beachtung die Grundlage (für ein glückliches Leben) bildet. – »In hunderttausend«, einem laksa. – »Er trug vor«: damals war das das Gebräuchlichste, da es noch keine besonderen Lehrbücher gab. – In der Überzeugung, dass die Überlieferung Eigentum aller Menschen ist, trug er dieselbe, indem er sie in seinem Herzen wieder überdachte, als allgemeines Erinnerungsbuch mit Nachdruck vor.

Davon sonderte Manu Svāyambhuva einen Teil ab, der den Dharma betraf.

»Davon«: Das von Prajāpati Gesagte bestand aus drei Teilen; davon sonderte Manu das, wo der Dharma behandelt war, ab; Brhaspati das, wo der Artha und Nandin das, wo die Liebe behandelt war. – »Svāyambhuva«: wegen der Machtlosigkeit des Todesgottes ihm gegenüber. »Einen Teil, der den Dharma betraf«: das, wo der Dharma gelehrt wird. Der Sinn ist: das Dharmaśāstram.

Brhaspati den Teil, der den Artha betraf.

»Den Teil, der den Artha betraf«: d. h., er schrieb das Arthaśāstram. – Bei diesen beiden ist die Zahl der Kapitel nicht angegeben, da sie nicht bekannt sind.

Und des Mahādeva Diener Nandin lehrte gesondert in tausend Kapiteln das Lehrbuch der Liebe.

»Des Mahādeva (Diener)«: der dem Mahādeva nachgeht. Das ist kein anderer, beliebiger Mann namens Nandin; denn es heißt: »Als Mahādeva ein göttliches Jahrtausend mit Umā zusammen das Glück des Liebesgenusses genoss, trat Nandin an die Tür des Schlafgemaches und trug das Lehrbuch der Liebe vor« – Hier ist die Zahl der Kapitel angegeben, da das Buch bekannt ist.

Dasselbe aber verkürzte auf fünfhundert Kapitel Auddālaki Svetaketu.

»Dasselbe aber«: das von Nandin gelehrte. Von diesem einen Teil. Das Wort »aber« bedeutet das Spezialisieren. »Auddālaki«: Svetaketu, welcher ein Kind des Uddālaka ist. – Mit dem Besuchen fremder Frauen war es nämlich auf Erden früher so, dass es heißt: »Wie gekochte Speise, o Fürst der Könige, sind allen gemeinsam die Weiber: darum soll man sich über sie nicht ereifern, sich nicht in sie verlieben, sondern sie nehmen wie sie sind.« – Durch die Regeln, die in dem Lehrbuche des Auddālaki stehen, ist die Bestimmung so getroffen worden, dass es heißt: »Enthaltung der Brahmanen vom schweren, gepressten Rauschtranke und der Menschen von fremden Frauen, wie der fromme Einsiedler Auddālaka lehrt. Mit der Erlaubnis des Vaters verfertigte darauf der fromme Büßer Svetaketu ruhig das Lehrbuch, wobei er festsetzte, wen man besuchen dürfe und wen nicht.«

Dasselbe aber verkürzte wiederum auf anderthalbhundert Kapitel Bābhravya Pāñcāla in sieben Abschnitten, einem allgemeinen, einem über den Liebesgenuss, einem über den Verkehr mit Mädchen, einem über die verheirateten Frauen, einem über fremde Weiber, einem über die Hetären und einer Upanisad.

»Dasselbe aber«: wie es von Auddālaki verkürzt worden war. Er »verkürzte es wiederum«, inhaltlich und dem Wortlaute nach. Früher war das Besuchen fremder Frauen allgemein verboten, hier aber im Speziellen: darum spricht er hier auch von einem Abschnitte über fremde Weiber. – »Anderthalb«: um fünfzig vermehrt. – »Allgemein«, weil er den folgenden Abschnitten gemein ist. – »Über den Liebesgenuss«, weil der Liebesgenuss sein Thema ist. – »Über den Verkehr mit Mädchen«, ein Abschnitt, in welchem der Verkehr, der Liebesgenuss, mit Mädchen behandelt wird. – »Über die verheirateten Frauen«, dessen Gegenstand die Gattin ist. – Ebenso ist es mit dem Abschnitte »über fremde Weiber«. – »Über die Hetären«, weil sein Gegenstand die Hetären, das Treiben der Hetären sind. Ebenso ist es mit dem Upanisad-Abschnitte: Upanisad = Geheimlehre. – Das Erwähnen des allgemeinen Teiles usw. geschieht, um die Gliederung des Lehrbuches anschaulich zu machen: so viel Gegenstände stehen in dem Buche. – Der Meister verkürzte danach sein Lehrbuch ebenso. »In sieben«, um sich zu beschränken. – Wo die Gegenstände der Kapitel zusammengefasst sind (adhikriyante), das nennt man Abschnitt (adhikarana). –»Bābhravya«: ein Pāñcāla, der der Sohn des Babhru ist ...

Davon behandelte Dattaka auf eine Aufforderung der Hetären von Pātaliputra hin den sechsten Abschnitt, den »über die Hetären«, gesondert.

»Davon«: von dem von Bābhravya verkürzten Buche. – »Den sechsten«: um zu zeigen, dass dies die gehörige Ordnung ist und keine andere. Die Zahlangabe ist (eigentlich) mit Unrecht aus dem (anderen) Texte entnommen: über die fortlaufende Zählung werden wir noch eingehend reden. – »Von Pātaliputra«: die in einer Stadt in Magadha, Pātaliputra mit Namen, wohnen ... – »Auf eine Aufforderung hin«: Irgendein Brahmane aus Mathurā schlug in Pātaliputra seine Wohnung auf. Als er schon vorgerückten Alters war, ward ihm ein Sohn geboren, bei dessen Geburt die Mutter starb. Der Vater überließ diesen einer anderen Brahmanin dort an Sohnes Statt und ging mit der Zeit in eine andere Welt ein. Die Brahmanin aber meinte: »Das ist mein angenommener Sohn« (dattaka) und gab ihm danach den Namen. Von ihr erzogen, lernte er nun in kurzer Zeit alle Wissenschaften und Künste; und da er eifrig disputierte, ward er bekannt als Meister Dattaka.

Eines Tages nun kam ihm der Gedanke, das Treiben der Welt in seinem Höhepunkte kennenzulernen, das besonders bei den Hetären zu finden sei. Da ging er nun Tag für Tag zu dem Hetärenvolke, nachdem er mit ihnen bekanntgeworden war, und lernte das Treiben dort so gut kennen, dass er selbst von ihnen angegangen werden konnte, um Unterweisungen von ihm zu empfangen. Da sprachen die Hetären, die Vīrasenā an der Spitze, zu ihm: »Unterrichte uns, wie wir die Männer ergötzen sollen« Auf diese Aufforderung hin »behandelte er gesondert«. So berichtet die eine Legende. Eine andere aber, die auch Glauben gefunden hat, erzählt in ansprechender Weise wie folgt: »Ein gewisser Dattaka wurde von Siva, den er auf einer Prozession zur Erzielung von Kindersegen mit dem Fuße gestoßen hatte (?), verflucht und in ein Weib verwandelt. Im Verlaufe der Zeit durfte er einen Wunsch tun, worauf er wieder zum Manne wurde. Als solcher gab er, auf beiden Gebieten erfahren, die Sonderdarstellung. – Wenn er nun das Werk des Bābhravya bearbeitet hat, was hat er dann in seinen Lehrsätzen Besonderes geboten, dass man von seiner Kenntnis des doppelten Geschmackes spricht? Und wenn diese Sache auch dem Verfasser einleuchtete, würde er sagen ›Dattaka, der einen doppelten Geschmack besitzt, behandelte auf eine Aufforderung usw.‹ –

Im Zusammenhang damit behandelte Cārāyana den allgemeinen Teil besonders; Suvarnanābha den Abschnitt über den Liebesgenuss; Ghotakamukha den Abschnitt über den Verkehr mit Mädchen; Go nardīya den Abschnitt über die verheirateten Frauen, Gonikāputra den Abschnitt über fremde Weiber, Kucumāra die Upanisad. So ward dieses Lehrbuch von vielen Meistern stückweise abgefasst und sein. Zusammenhang unterbrochen. Weil nun dort die von Dattaka usw. verfassten Abschnitte des Lehrbuches nur Bruchstücke sind, das des Bābhravya aber wegen seines Umfanges schwer zu studieren ist, wurde der ganze Stoff (von Vātsyāyana) zu einem kleinen Texte zusammengefasst und so dieses Kāmasūtram geschrieben.

Dattaka hatte den Abschnitt über die Hetären besonders behandelt: nun schrieben »im Zusammenhange damit« Cārāyana usw. ebenfalls besonders, ausführlich. Ausführlichkeit in den Texten gibt Gelegenheit, eigene Meinungen aufzustellen: das wird (der Verfasser) in seinem Lehrbuche an den betreffenden Stellen nachweisen. – Mit den Worten »So ward« usw. gibt er den Endzweck seines eignen Werkes an: »Dieses Lehrbuch«, das von Bābhravya verfasste. – »Stückweise«, indem sie einzelne Teile machten. »Zusammenhang unterbrochen«, gleichsam etwas unterbrochen, wie man es hier und da sehen kann. Das soll heißen: das von Nandin usw. Geschriebene ist eben unterbrochen. – »Dort«, im Gange des Werkes. »Abschnitte des Lehrbuches«, gleichsam seine Glieder. – Weil es »Bruchstücke« sind, kann man daraus alle die Sachen, die zu dem Körper der Liebe gehören, nicht zumal erfassen. – »Des Bābhravya«: Er gibt nun die Schattenseiten des obzwar vollständigen, von Bābhravya vorgetragenen Lehrbuches an: wenn es auch vollständig ist, so ist es doch »wegen seines Umfanges« unbequem zu studieren. Darum wurden die sieben Werke in sieben Abschnitten »zusammengefasst«. »Der ganze Stoff zu einem kleinen Texte«: das deutet die Vollständigkeit und bequeme Handhabung an. – »Dieses«, damit meint er das Beabsichtigte; »geschrieben«, damit kündigt er das Vollendete an.

Mit den Worten »Hier« usw. gibt (der Verfasser) die einzelnen Teile des Inhaltes seines Buches an:

Hier die Darlegung seiner Abschnitte und Paragraphen: Übersicht über das Buch, Erreichung der drei Lebensziele, Darlegung des Wissens; Leben des Elegants; Erörterung über die Freunde und die Befugnisse der Botin des Liebhabers. So weit der erste, allgemeine Teil: fünf Kapitel, fünf Paragraphen.

Darstellung des Koitus nach Maß, Zeit und Temperament; Arten der Liebe; Untersuchung über die Umarmungen; Mannigfaltigkeit der Küsse; die Arten der Nägelwunden; Regeln für das Beißen mit den Zähnen; Gebräuche in den einzelnen Ländern; Arten der Lagerung während des Beischlafes; absonderliche Weisen des Koitus; Anwendung von Schlägen und die dabei gebräuchlichen Ausführungen des sīt-Machens; der umgekehrte Liebesgenuss, Stellungen des Mannes beim Liebesgenuss; das Auparistakam; Anfang und Ende des Liebesgenusses; verschiedene Arten der geschlechtlichen Liebe; Liebesstreit. – So weit der zweite Abschnitt, über den Liebesgenuss. Zehn Kapitel, siebzehn Paragraphen.

Regeln für das Freien; Prüfung der Verbindungen; Gewinnen des Vertrauens des Mädchens; das Herangehen an ein Mädchen; Erklärung des Äußeren und der Gebärden; die Bemühungen eines einzelnen Mannes; das Aufsuchen des zu gewinnenden Mannes;

Erlangung des Mädchens infolge der Annäherung; Hochzeitsfeier. – So weit der dritte Abschnitt, über den Verkehr mit Mädchen. Fünf Kapitel, neun Paragraphen.

Benehmen der einzigen Gattin; Wandel während der Reise des Mannes; Benehmen der ältesten Gattin gegenüber den Nebenfrauen; Benehmen der jüngsten Gattin; Benehmen der Witwe, die wieder geheiratet hat; Benehmen der Zurückgesetzten; Leben im Harem; des Mannes Umgang mit vielen Gattinnen. – So weit der vierte Abschnitt, über die verheirateten Frauen. Zwei Kapitel, acht Paragraphen.

Darstellung des Charakters von Mann und Frau (und die) Gründe der Zurückhaltung; die bei den Frauen vom Glück begünstigten Männer; die mühelos zu gewinnenden Frauen; das Anknüpfen der Bekanntschaft; die Annäherungen; die Prüfung des Wesens; die Taten der Botin; das Liebesleben großer Herren; das Treiben der Frauen im Harem; die Bewachung der Frauen. – So weit der fünfte Abschnitt, über die fremden Weiber. – Sechs Kapitel, zehn Paragraphen.

Musterung der Besucher; Gründe des Besuchens; Zurückweisen der Besucher; Hingebung an den Geliebten; Mittel für den Erwerb von Vermögen; Kennzeichen eines Gleichgültigen; Erkennen der Gleichgültigkeit; Verfahren bei dem Fortjagen; Wiederannahme eines Ruinierten; Arten des Gewinnes; Prüfung der Aussichten auf Gewinn und Verlust und des Risikos; Arten der Hetären. – So weit der sechste Abschnitt, über die Hetären. Sechs Kapitel, zwölf Paragraphen.

Bezaubern der Frauen; Gefügigmachen; Stimulantien; Wiedererweckung der erstorbenen Leidenschaft; Mittel, den Penis zu vergrößern; besondere Praktiken. – So weit der siebente Abschnitt, die Upanisad. Zwei Kapitel, sechs Paragraphen.

So ergeben sich sechsunddreißig Kapitel, vierundsechzig (?) Paragraphen und sieben Abschnitte. Tausend Sloken nebst einem Viertel.

Das ist die Übersicht über das Buch.

»Hier«, der folgende Text. – Wo die Gegenstände abgehandelt, zur Sprache gebracht werden (prakriyante), das heißt Paragraph (prakarana). Deren und der Abschnitte »Darlegung«, kurze Bezeichnung. – »Übersicht über das Buch«, »Erlangung der drei Lebensziele« usw. sind die behandelten Gegenstände. In Übereinstimmung damit tragen auch Teile von Büchern dem (Inhalt) entsprechende Bezeichnungen, wie z. B. das Gedicht »Tod des Kamsa«.

Dieses Lehrbuch nun besteht aus zwei Hauptteilen: der Hauptsache und den Zusätzen. So ist das, wodurch die Wollust eingerichtet, erzeugt wird, eine Hauptsache; z. B. Umarmungen. Wodurch das gelehrt wird, das ist auch eine Hauptsache: (z. B.) der Abschnitt über den Liebesgenuss. Wodurch Männer und Frauen vollständig gewonnen werden, das ist ein Zusatz; d. h. (z. B. der Abschnitt) »Mittel zur Vereinigung«. Wodurch das gelehrt wird, das ist ebenfalls Zusatz: z. B. die vier Abschnitte über den Verkehr mit Mädchen. Hierbei geschieht das Verrichten der Hauptsache und Zusätze nicht ohne die Beobachtung des Allgemeinen: darum wird vorher dieses abgehandelt. Die Upanisad aber wird der Verfasser zuletzt bringen, da sie zur Geltung kommt, wo Hauptsache und Zusätze nicht ausreichen. Beides aber fällt unter Hauptsache und Zusätze, indem es einen Teil davon bildet. – Dort im allgemeinen Teil ist am Anfange der Paragraph »Übersicht über das Buch« genannt, weil dasselbe darin zusammengefasst wird. Mit dem »sechsunddreißig« usw. nennt er die Zahlen in seinem Buche nach Gliedern und im ganzen. Die Zahl der Kapitel gibt er dabei an, um zu zeigen, dass es im Vergleich mit den früheren Büchern klein ist; die Zahl der Paragraphen und Abschnitte, ohne auf andere zu zielen; die Zahl der Sloken, um zu zeigen, dass es nicht zu klein und nicht zu groß ist. – Als Übergang zu dem weiteren Texte sagt er:

Nachdem diese kurze Übersicht desselben gegeben worden ist, wird nun die ausführliche Darstellung folgen: denn erwünscht ist den Wissenden hienieden eine gedrängte und (zugleich) eine breite Darstellung.

»Desselben«, des Lehrbuches. – »Wird nun die ausführliche Darstellung folgen«, nach der kurzen Übersicht. – Auf die Frage, weshalb er denn das Buch so angelegt habe, antwortet er: »Denn erwünscht«. Diejenigen, welche »hienieden« mit dem Lehrbuche vertraut sind, heißen »Wissende«. Diesen ist es erwünscht, wenn sie ein Lehrbuch in kurzer und (zu gleich) breiter Darstellung im Herzen tragen. Denn wenn der Stoff der Paragraphen bekannt ist, ergibt sich nach Belieben tiefere Versenkung in denselben ohne Unsicherheit.

Vorwort des Übersetzers der dritten Auflage

MEINE URSPRÜNGLICHE ABSICHT ist es gewesen, eine dritte Ausgabe der Übersetzung des *Kāmasūtram,* falls eine solche überhaupt nötig werden sollte, nur im Anschluss an eine kritische Bearbeitung des Sanskrit-Textes zu veröffentlichen. Die dazu unerlässlichen Vorarbeiten, in erster Linie die Beschaffung und Sichtung alles erreichbaren handschriftlichen Materials, habe ich mir in den letzten zehn Jahren angelegen sein lassen, soweit es meine anderen Arbeiten und Pflichten erlaubten.

Leider ist das Resultat meiner Bemühungen bisher kein glänzendes gewesen. Was ich an Manuskripten des Textes und des Kommentars von *Yaśodhara* gesehen habe, ist alles von mittelmäßigem Werte; und ohne mich hier in eine eingehende Würdigung dieser Manuskripte einzulassen, will ich doch bemerken, dass sie sicher auf die selbe Quelle zurückgehen und, was *Yaśodhara* anlangt, die selbe Lücke enthalten, die *Durgāprasād's* editio princeps aufweist. Ich möchte es also vorläufig nicht riskieren, an die Herstellung des Textes nach europäischen Grundsätzen zu gehen, so nützlich ein solches Unternehmen im Hinblick auf die außerordentliche Wichtigkeit des *Kāmasūtram* auch sein mag, die zu meiner Freude erst ganz kürzlich von einer solchen Autorität wie Pischel betont worden ist, in dem Sammelwerk »Die orientalischen Literaturen«).

Ich habe mich also genötigt gesehen, der neuen Auflage der Übersetzung nur diejenige Unterstützung zuteil werden zu lassen, die einige gute Lesarten in den Handschriften sowie ein im Laufe der Jahre geschärftes Verständnis gewähren können. Für den letzten Teil war mir von größtem Nutzen der Text des Yaśodhara, den Kedār Nāth, der Sohn Durgāprasād's, Bombay 1905 veröffentlicht hat: »mudranāvaśistā Vātsyāyanīya-kāmasūtrasya tīkā Yaśodharaviracitā Jayamangalā ... Durgāprasāgarayantre Kedāranāthasya krte Mumbayyām Nirnayasāgarayantre mudritā.« So weist denn der Upanisad-Abschnitt gegen früher ganz erhebliche Verbesserungen auf. Aber auch in den übrigen Teilen habe ich eine Menge Änderungen und, wie ich hoffe, Verbesserungen anbringen können, so dass es sich bei der vorliegenden Ausgabe keineswegs um einen bloßen Neudruck handelt. [...]

Benutzt habe ich folgende Handschriften:

A. Für den Text des Vātsyāyana allein:

1. Grantha-Ms. auf Palmblätter geschrieben, 196 Bl., angeblich = Hultzsch II, 991. Die hier aufgeführte Handschrift enthält aber nur 54 Blätter und ist für unsereinen unzugänglich.

2. Nāgarī-Ms. des Indian Institute, Oxford, No. 150.

3. Nāgarī-Ms. von 60 S. 2°, = L 183.

4. Weber 2237.

5. Eine in meinem Besitz befindliche, von Venis besorgte Abschrift von NP VIII, 66.

6. Abschrift von Stein 64, ebenfalls in meinem Besitz.

7. Abschrift des Ms. der Madras Government Library (mit beigefügtem Kommentar des Bhāskaranrsimha); in meinem Besitz.

8. Ms. IO 396.

9. Mss. Seshagiri Sastri, Report I, No. 57 und II, No. 305; Varianten hieraus von dem indischen Kopisten eingetragen in die in meinem Besitz befindliche Abschrift A 7.

B. Für den Text, zusammen mit dem Kommentar des Yaśodhara:

1. Ms. Notices, Vol. XI, p. 25 (des Alphabetical Index of Mss. purchased up to 1891), No. 313. 22 Bl.

2. Ms. Peterson II, 109 22 Bl.

3. Ms. Peterson IV, 25 (No. 665). 126 Bl.

4. Ms. Weber 2238.

5. Ms. Stein 64. Abschrift in meinem Besitz.

C. Für den Text des Yaśodhara allein:

1. Abschrift eines Ms. unbekannter Herkunft (Benares?) in meinem Besitz; an A 5.

D. Vātsyāyanas Text mit dem Kommentar des Bhāskaranrsimha:

1. Ms. Bhandarkar, Report ... Bombay Presidency, Bombay 1897, No. 985. Dazu A 7.

*

Außer dem, was ich aus diesem Material für die vorliegende Neuausgabe entnommen habe, sind natürlich auch diejenigen Änderungen berücksichtigt worden, die in meinen »Beiträgen zur indischen Erotik« Platz gefunden haben. Dort ist auch die Stellung, die das Kāmasūtram in der indischen Literatur einnimmt, sowie auch seine Bedeutung hinlänglich gekennzeichnet, so dass ich hier darauf verweisen darf.

Dass der ersten Auflage meiner Übersetzung überdies die ehrenvolle Auszeichnung zuteil wurde, mit Unterstützung der Königlichen Akademie der Wissenschaften zu Berlin gedruckt zu werden, dürfte nicht zuletzt für die Bedeutung des Kāmasūtram sprechen.

Richard Schmidt

Vorwort zur fünften Auflage

Zur vorliegenden 5. Auflage habe ich nichts weiter zu bemerken, als dass ich den Text gründlich durchgesehen und stilistisch manches geändert habe, was hoffentlich zugleich eine Verbesserung bedeutet. Neues Material habe ich inzwischen nicht mehr ausfindig machen können; an eine kritische Ausgabe des Originaltextes ist also immer noch nicht zu denken. Ich verweise aber auf die Arbeiten von H. Jacobi (SBA 1911, p. 962 und 1912, p. 840) und J. Jolly (Zeitschrift der Deutschen Morgenländischen Gesellschaft, Bd. 68, 1914), die auf die merkwürdigen Parallelen zwischen dem Kāmasūtram und dem Kautilīya Arthaśāstram aufmerksam gemacht haben.

Richard Schmidt

Vorwort zur sechsten Auflage

Auch zur vorliegenden sechsten Auflage habe ich nichts weiter zu bemerken, als dass ich den Text gründlich durchgesehen und einige nötige stilistische Änderungen vorgenommen habe.

Richard Schmidt